肖殿昌 ◎ 编著

MEIYOU GUANGHUAN DE
YINGXIONG

没有光环的英雄

—— 东北革命根据地农村参战军人战斗生活故事

黑龙江教育出版社

图书在版编目（CIP）数据

没有光环的英雄：东北革命根据地农村参战军人战斗生活故事 / 肖殿昌编著. -- 哈尔滨：黑龙江教育出版社，2024.6. -- ISBN 978-7-5709-4382-1

Ⅰ．K269.3

中国国家版本馆CIP数据核字第20243VU400号

没有光环的英雄
——东北革命根据地农村参战军人战斗生活故事

MEIYOU GUANGHUAN DE YINGXIONG
——DONGBEI GEMING GENJUDI NONGCUN CANZHAN JUNREN ZHANDOU SHENGHUO GUSHI

肖殿昌　编著

选题策划	侯　擘
责任编辑	张　鑫　李中苏
装帧设计	刘乙睿
责任校对	赵美欣
出版发行	黑龙江教育出版社
地　　址	哈尔滨市道里区群力第六大道1313号
印　　刷	哈尔滨市石桥印务有限公司
开　　本	787毫米×1092毫米　1/16
印　　张	23.75
字　　数	330千字
版　　次	2024年6月第1版
印　　次	2024年6月第1次印刷
书　　号	ISBN 978-7-5709-4382-1　　定　价　68.00元

如需订购图书，请与我社发行中心联系。联系电话：0451-82533087
如有印装质量问题，影响阅读，请与我公司联系调换。联系电话：0451-82342231
如发现盗版图书，请向我社举报。举报电话：0451-82533087

序　言

为伟大的时代精神而讴歌

在很长的时间里，我被一群特殊的人和一种不灭的精神所吸引，他们就是为共和国解放事业而经历枪林弹雨的老战士，也是响应国家号召回乡务农，参加社会主义农村建设的复员和伤残军人。

我的家乡佳木斯，当年被称作"东北小延安"，这里是东北的革命根据地，这里有很多参加过战争的老兵。当年，这里曾是东北抗日联军奋战的白山黑水腹地。抗日战争初期在这里举旗抗日的就有三个民主联军，他们大部分都是不甘被欺压的当地农民。这里也曾是中国解放战争的主要战场和大后方，中国人民解放军第四野战军中的很多战士，都是在这里应征入伍的；当年辽沈战役时，这里每天向前线输送一个连的兵力。就是这些生长于此的热血男儿，为了解放全中国，为了让人民当家做主，血拼辽沈，威震平津，打遍了全中国。在抗美援朝战争时，由于这里临近前线，几乎每个村子都有几十人上了战场。这些热血青年，率先挺进战场杀敌，拼杀出了令敌人闻风丧胆的"万岁军"的美名，为保家卫国，血染了三千里江山。这里也是百万官兵开发北大荒粮仓的三江平原，这里聚集了来自全国各地的英雄豪杰，他们像星星之火，在这片古老富庶的土地上迅速燎原。

我爱他们，因为他们是当年魏巍笔下"最可爱的人"；我爱他们，因为他们是为我们打下江山，用他们的鲜血和骨气教育激励我辈不断奋进的英雄先烈；

没有光环的英雄
―― 东北革命根据地农村参战军人战斗生活故事

我爱他们，因为我的父亲就是和他们一样热血的老战士。这些昔日青春飞扬的战士，大多已经变成八九十岁的老人，在经历了五六十年的人生风雨和沧桑变迁后，他们身上的军人气质仍然不减当年。最让人钦佩的是，他们依然有着坚定的信仰、高昂的斗志、高尚的气节，有着那个时代的人的铮铮铁骨，也有慷慨激昂地抒发自己内心情感的激情。我被他们的精神深深地打动，心中激情澎湃，头脑中不断萦绕着那些身影，他们那种不熄的精神震撼着我，促使我不断地去思索寻觅，因此我开始了长时间的、大面积的专题采访。

我的采访完全抛弃了摄影家以摄影图片为主的框架，我觉得生动的战斗故事更为重要，于是计划出版这本以讲参战军人战斗生活纪实故事为主的图书，并且以图文结合的内容形式展现，试图用文字叙述战斗故事，用图片展示主人公的形象和现实生活。我所采访的人，只有一部分人能够比较完整地讲述他们的战斗经历；而这些人，也都是在战场上经历了残酷的战争洗礼。其中大多数人已经因年迈和疾病丧失了思维，更痛心的是，我不断听到昔人已故的消息，其中不乏战功卓绝的英雄，那些珍贵的关于战争和英雄的历史记忆随着他们的离去，被永远尘封了。我强烈地感到了时间的紧迫和责任的重大，开始了夜以继日的采访、编写。

给我讲故事的人，大多是不识字的农民，参军打仗时也大多是普通士兵，最高的级别，也仅是曾经当过连排长，后按一般战士复员。他们一辈子在农村生活，也再没有见过什么大的世面。但是，他们朴实真诚，没有什么豪言壮语，更没想如作秀表演般去张扬地展现自己。他们用他们的思维去思考表述战争，他们用他们的眼光看待历史和现在。他们讲的都是自己在战场上亲历的生死厮杀的真实感受，也有一些鲜为人知的战争史实，更为可贵的是他们那种默默奉献一生的宝贵精神。他们的战斗故事平常且琐碎，境界和觉悟也都有限。但是，他们都是英勇悲壮的，他们每个人都有那么一两点英雄的壮举。这里有很多的幽默诙谐，在引人发笑中，我体会到了他们在面对艰难困苦和生死考验时的乐观与豁达。他们中有的人是从一个爱贪小便宜且胆小的农民，在生死考验的瞬间而变成坚强勇士的；有的人因受了

序　言

一些感召，想要为国家和人民尽一点责任，从而挺身报国杀敌的；有的人是讲情感大义，为了保护战友而舍生忘死，做出仁义之举的；有的人是以服从命令为军人天职，从而舍生忘死冲上战场的。这其中有很多人虽然受过很多委屈却默默忍受，但他们的信念永远坚定不倒。他们时刻不忘自己身为军人的天职，响应党和国家的号召，卸下戎装，忘记荣誉，回到家乡建设农村，在清贫艰苦中无怨无悔地奉献自己的一生。

从每个人的经历中，你都会感觉到，他们是从一群普通的农民逐渐成长起来的革命军人，是一群有血有肉有感情的，爱亲人、爱战友、爱家乡、爱祖国的人，是一个鲜活的英雄群体。他们比那些经过影视加工的勇士更鲜活，更有生活气息。在他们那里，我才了解了什么是真正的战争，知道了什么是残酷，什么是亲情，这是用文字都不能够尽情描述和企及的话题。我想，我应该尊重历史，尊重给我讲故事的人，尽量客观地去描述。我想，我也没有很高的文学水平，我不应该用随意的修辞和议论妄加评论。

一个国家和民族，在每个历史时期都会生成一种特有的精神。这种精神，历经千百年的发展，最后汇聚凝练在一起，就会形成立于世界之林且高尚不朽的民族精神。

老战士这一特殊群体所展现的精神，是革命战争时期前赴后继打江山时不怕牺牲的先烈精神；是反抗法西斯侵略时不屈不挠的抗日精神；是中华人民共和国成立初期振奋、教育国人的"最可爱的人"的光荣精神；是艰苦奋斗和吃苦耐劳的民族精神；是中国几千年历史文明中的忠孝节义、舍己为人的牺牲精神。这些精神融入中华民族的民族精神。

尽管他们都并不是完美的，可我觉得他们更亲切、更伟大，是一种平凡的伟大。他们是一个个闪光的个体，而由他们组成的这个英雄群体有着高大的形象和崇高的精神。同时，我在他们身上也感受到了一种时代的精神，是一种民族振兴和积极向上的精神。

这些被我称为英雄的人，他们在战场上的英勇壮举自然是值得歌颂的，但更加深深打动我的是他们那种默默无闻、甘愿被埋没的精神，这是吹去黄沙才能见到的真金精神，应被后人铭记。当初，他们在战场上刚刚揩洗去血迹，刚刚掩埋完战友的尸体，就积极响应国家的号召回乡务农。他们无怨无悔，热情、积极地建设农村，贡献了自己的一生，而他们的子孙后代亦扎根于此，继续为建设家乡做出贡献。尽管他们当中有的人面临着很多困难，但他们依然不悔今生，始终不忘自己是名战士和共产党员。他们面对困难时信仰依然坚定，不屈于现实社会中出现的软骨邪风；他们即便是卧床不起时，还谆谆告诫子女，不要给党和政府添麻烦；他们在快走到生命的尽头时，依旧不改共产党人高尚的气节和坚定的信念。他们有骨气、有信仰，他们是我们民族的脊梁，他们是共和国的功臣。默默奉献，倾尽所有，无怨无悔，世代扎根于这片土地，这就是他们的真实写照。

经过一年多的采访，我的足迹踏遍了全市郊区和5个县60多个乡150多个村，采访了200多人。在农村老战士这个特殊群体中，我感受到了一种发人奋进的时代精神，那就是为了让祖国的红旗飘扬，不怕牺牲、艰苦奋战的精神，是被人们称为"最可爱的人"的那一代人坚贞不屈的革命精神，是能够体现中华民族的骄傲并能激励新一代人奋进的精神。这种精神的实质，就是他们始终坚定的信仰，还有那不屈不挠、坚韧不拔的追求。他们感谢中国共产党和毛主席给了他们新生，他们向往一个属于人民的新世界，他们为了感恩报答，为了解放劳苦大众，不惜征战沙场，不畏流血牺牲。为此，我们应该讴歌和传承这种精神。

肖殿昌

2016年8月30日

目 录

01. 汝克昌——身后那条深深的血路 ········· 001
02. 连春堂——悲壮的战歌 ············· 009
03. 王占臣——给共产党要饭的棍子 ········· 017
04. 于成恩——最后剩下的那个战士 ········· 024
05. 刘维东——小小的无名高地上 ·········· 030
06. 盖学礼——那枚褪色的军功章 ·········· 037
07. 滕庆华——没有影像的照片 ··········· 043
08. 唐凤山——"解放兵"的解放军 ········· 050
09. 吕月昌——英雄连的"逃兵" ·········· 058
10. 杨凤奎——荒山坟墓里的遭遇 ·········· 065
11. 李福文——家乡山坡上的小屋 ·········· 071
12. 高凤友——革命胜利就回家 ··········· 078
13. 王德福——"神炮手"的神奇经历 ········ 085
14. 崔文勤——深山那场肉搏战之后 ········· 091
15. 赵庆华——为了党员的名誉 ··········· 098
16. 田廷杰——蒙冤的那场战斗 ··········· 104
17. 李春福——胸前那朵大红花 ··········· 112
18. 陆仁、张凤英——我们是共产党的八路军 ····· 119
19. 刘玉金——小"山东侉子"警卫兵 ········ 126

20. 赵成文——"小鬼"小八路 · 132
21. 裴宽林——城里那个"小傻要饭的" · 139
22. 李树臣——死亡线上的钢铁运输兵 · 146
23. 孙佩起——神枪手的神话 · 152
24. 乔东来——墙角里闪现的泪光 · 158
25. 赵金玉——战场上的哭声 · 165
26. 韩凤林——无名高地上 · 172
27. 王洪福——最后的爆破组 · 177
28. 陈向义——为了光荣的名声 · 183
29. 张贵——土匪投诚的战士 · 190
30. 张玉——"万岁军"的军威 · 196
31. 樊永昌——"老五团"打出来的兵 · 202
32. 罗森义——将功折罪一碗酒 · 208
33. 辛万发——比班长还小的官 · 213
34. 王友昌——抬着担架打江山 · 220
35. 丁原学——"模范营"的英雄 · 226
36. 朱启——媳妇的家书 · 233
37. 张少明——战火中绽放的血泪 · 239
38. 肖春林——带血的印记 · 245
39. 邹洪录——怒吼的机枪 · 251
40. 杨庆丰——嘹亮的军号 · 257
41. 丁长友——双枪警卫员 · 265
42. 于凤先——不死的"英雄鬼" · 271
43. 肖振帮——为毛主席当兵 · 277
44. 张福奎——静静的河水 · 283
45. 赵树清——遥想战场当年 · 289

目 录

46. 于海军——没有拉线的手雷 ········· 296

47. 温德喜——遥遥望乡路 ············· 302

48. 宫本清——《侦察兵》里的侦察兵 ····· 308

49. 岳奎山——长短两支枪 ············· 314

50. 孙中海——初生牛犊不怕虎 ········· 319

51. 李生——亲如儿子的警卫员 ········· 325

52. 姚庆山——长白山上的敌情 ········· 331

53. 丁德斌——"小兵班"的娃娃兵 ······· 336

54. 刘长贤——隐瞒历史的海军少尉 ····· 342

55. 刘向田——漫漫伤寒路 ············· 347

附 录

1. 老战士军功章和纪念章 ············· 353

2. 老战士各种证件 ··················· 355

3. 老战士奖状、军人证、烈士证 ······· 357

4. 老战士保留的纪念物品 ············· 358

5. 老战士珍藏的军旅照片 ············· 360

6. 老战士功臣图 ····················· 363

01. 汝克昌——身后那条深深的血路

汝克昌，82岁，原四野38军113师334团警卫连班长，佳木斯郊区长发镇二龙山村人；1945年参军，在合江省（已撤销，现黑龙江省域内）老五团当警卫员，一年后由于想家被退回家；1948年又一次参军，在东北野战军1纵334团警卫连当战士，在天津战役中受伤；1950年随部队南下，部队被改编为四野38军113师334团，他在警卫连任班长，后直接到朝鲜参战，在上甘岭战斗中坚守阵地，身体多处负伤，后回国；1953年，在健康团复员，回家务农。（2006.7.20）

1949年1月，汝克昌所在的部队在辽沈战役胜利后，奉命进关参加解放天津的战役。1949年1月14日上午，总攻天津的战斗打响了，先是500多门大炮从东、西、南三个方向对着天津城同时开火，然后各部队开始攻城。汝克昌他们团的任务是从西北门进攻，他所在团警卫连也和大部队一起投入战斗。天津守敌利用地势，在护城河里放满了3米深的水，妄图阻挡解放军的进攻。我军攻到城墙下

没有光环的英雄
——东北革命根据地农村参战军人战斗生活故事

的护城河时,受阻攻不进去,师部调来了一辆装甲车在前面开路,他们连就尾追冲锋。没有想到,河边埋了很多地雷,一个连环爆炸,装甲车的铁链子就被炸断了,停在那里不动了,后面的战士无法上去,只好都隐蔽在城墙下打枪。

这边的部队进攻的同时,另一边的部队也开始了架桥,敌人猛烈地向解放军架桥的位置开火打炮,在炮火硝烟和枪林弹雨中,战士们倒下了一大片。师部又派来一辆装甲车,停在河边向城墙上的守备敌人打炮,掩护战士们快速架起了桥。突击队战士扛着红旗冲上炸豁了的城墙,其余战士开始爬城墙,强攻进城。汝克昌拎了一支冲锋枪率先冲上了城墙,腿刚一迈上去,还没等看清冲锋的方向,一个蹲在暗处的国民党兵,"啪"一枪打在了他的屁股上,他伸手一摸,子弹在棉裤上还热乎呢。那国民党兵以为把他打死了,戴着帽子还藏在那里不动,汝克昌偷偷歪头看了他一眼,拿起冲锋枪一下打了三发子弹,就地撂倒了那个敌人。随后,他赶紧站起来,端起冲锋枪冲着周围就横扫一气,然后和几个先上去的战士边喊叫边挥手,最后跟大部队会合后冲进了城里。

汝克昌当志愿军时的照片。他先后两次参军。1945年部队扩编的时候,18岁的汝克昌参军,他岁数小人也长得小,部队就安排他给司令员当警卫员。1948年,他又一次参军。

总攻天津的战斗打了一天一夜,第二天早上大部分敌人都投降了,只剩下敌人的指挥部老巢还没找到。被俘虏的士兵有的不知道,有的不敢说,后来抓住了一个敌人的排长,便审问他司令在哪里,他起初怎么也不说,当时营长真

01. 汝克昌——身后那条深深的血路

急了，拿起手枪顶住他的脑门儿说："你说不说！不说一枪毙了你！"那国民党的排长吓得马上就招了："指挥部和司令在警备司令部的地下室里。"营长立即领着战士去了警备司令部。敌人的天津警备司令部全部是用钢筋水泥建筑的，周围的房子和围墙大部分都被炸倒了。我们问那个敌人的排长地下室在哪里，他看了半天，指着一片废墟说，里面有个大铁板盖住的就是。营长调来工兵扒了半天，露出一块炕席那么大的铁板。团长这个时候也闻讯赶来了，问那个排长底下有多少人，他说大概有两个排几十人，都是"双家伙"。团长让人找来一根棒子，他边敲边喊话说："你们外面的人都投降了，就剩下你们这几个了，你们投降怎么都好说，我们一个也不伤！"这个时候铁板开了一个口子，战士们都把枪口对准了地道口，敌人没有全部出来，只出来一个举着双手、戴着大盖帽像个副官的人。团长问他："你们司令在里面吗？"他点头说在里面。团长问为什么不出来，他说出来怕被你们打死。团长说："你进去告诉他出来投降，我们保证优待俘虏。"那个副官进去了半天，后来上来说他们还是不敢出来，让解放军当官的下去谈判。团长说："你们都这样了还谈什么判！"只见他一挥手，周围一大帮战士就冲了进去。战士们进到里面就大声喊："都举起手来，缴枪不杀！"这个时候国民党司令陈长捷还坐在桌子后的大沙发上，团长问："谁是陈长捷？"他站起来说："我是。"团长说："叫你们的部队都投降，我保证你的安全。"陈长捷挺壮实的，披着大斗篷就出来了，他拿起话筒喊话说："弟兄们出来吧，没有危险了，放下武器吧。"这句话还真管用，警备司令部周围很多国民党官兵都纷纷走出来缴械投降了。战士们进入地下室收拾所有的武器设备，把投降的国民党兵安排在另一个地方，团长还特意安排人把陈长捷送到师部去了。

部队南下一年多，到了1950年抗美援朝战争爆发，汝克昌已经是警卫连的班长，他们的部队已经被改编成四野38军113师334团。他们这支部队名震四方，在朝鲜战场上被称为英勇善战的"万岁军"。他们这个团和335团是"万岁军"的功臣团。

没有光环的英雄
—— 东北革命根据地农村参战军人战斗生活故事

10月25日，他们部队是第一批秘密入朝参战的，任务是坚持在运动中歼灭敌人，掩护朝鲜人民军向北撤退整顿。部队入朝就马不停蹄地追击"联合国军"，走到一个小车站正要休息时，看到一片松树林子，全都是美、英军撤退留下的汽车、大炮、装甲车和军用物资。大家正准备上去看清楚，来了几架英国侦察飞机，像只"大瞎蒙"（牛虻）嗡嗡了半天，又调来了几架轰炸机开始投弹，山上立刻燃起了熊熊大火。不一会儿，就看飞机莫名其妙地掉头，到前面的一个车站去进行轰炸了。大家猜测那里一定还有敌人留下的什么东西。当我们到了车站一看，有三节车厢还没有被炸，志愿军大部队马上就包围了过去，准备扫清敌人，缴获战利品。结果一进去，大家立即被眼前从没有见到过的场景惊呆了：三节车厢里，都是被扒光衣服的女人尸体，有200多具。她们都是年轻的朝鲜妇女，由于没有发现衣服，不知道她们是老百姓、学生还是军人。所有的人都是被残害致死的，很多人的下体和肚子都是被刺刀挑开的，实在是惨不忍睹。现场死一样的寂静，年轻的战士们脸色铁青，惊愕地面对着横躺竖卧、血流成河的妇女尸体。这样血腥、恐怖、屈辱的场面令所有人战栗愤慨，感觉头皮都炸起来了。他们怎么也没有想到，一个号称文明的"联合国军"，能够做出这样禽兽不如、下流残忍、令人发指的暴行。突然，队伍中爆发出咬牙切齿的咒骂声和哭叫声，很多战士愤怒得眼睛都瞪红了，手紧紧握着，浑身战栗，他们连哭带骂开始紧追敌人，心里满是怒火，憋着气要和那群"野兽"拼命。

10月的晚上，外面下着鹅毛大雪，大地一片混沌。汝克昌他们334团的战士急行军至清川江畔的花坪站，追上了约有一个营的正在溃退的敌人。战士们在机枪火力掩护下，来不及脱掉棉衣棉裤，就争分夺秒地强渡过江，冒着敌人的密集弹雨，一鼓作气地冲过江去，夺下了敌人的滩头阵地，把敌人压至新兴洞后，包围并全歼了这股敌人。战斗刚结束，战士们还来不及吃饭就紧急出发，一夜徒步行军100多里，在龙源里的一座山上包围了另一股溃逃的敌人。敌人集中了近三个师的兵力，在飞机、坦克、大炮的配合下，发疯一般向南突围。我军38军113师的两个团迎战，堵死了敌人的逃路，从四面包围了敌人，连个蚂蚁都跑不出

01. 汝克昌——身后那条深深的血路

去。战士们怀着刻骨的仇恨，一阵猛攻猛打，在外围的韩国部队早早就投降了，"联合国军"都怕死也投降了，他们其中有美国兵、印度兵、英国兵等。

汝克昌参加各种战役获得的纪念章。

在上甘岭阻击战中，汝克昌所在的113师官兵打得勇猛顽强。子弹打完了，战士们就用枪托、石头、牙齿和敌人拼命，顶住了南逃北援两路敌人的轮番进攻和相向夹击。113师的战士们守着山头和大河边，打了八九天，伤亡很大。阵地上兵力不足了，连队就提议，让他们团部的警卫连和通信连上去。他们连夜登上了阵地，到上面一看，没过膝盖深的雪都被炮火融化得没有多少了，一个守备连几乎没剩下几个人。连长让他们赶紧修筑工事，找机会吃饭，可是饭还没吃几口，敌人就黑压压地冲上来了。连长告诉战士们，要听口哨响声的统一指挥再打，于是汝克昌他们拧开手榴弹的盖儿准备战斗。敌人边走边观察，走走停停半天，敌军指挥官用小白旗一挥又上来了一批人，一边冲还一边叫喊。敌人冲到了阵地前20多米远处，连脸和鼻子都看得清清楚楚了，只听连长口哨声一响，战士们的机枪、手榴弹便一起射向敌人，打得敌人鬼哭狼嚎地往下跑。刚跑到半山腰，志愿军的炮火就打上来了，炮火一停敌又往上冲，这样来回打了三次，敌

没有光环的英雄
——东北革命根据地农村参战军人战斗生活故事

人一片片地倒下，伤亡惨重。

汝克昌他们阵地上的伤亡也很大，指导员牺牲了，副连长也负了重伤。这时，副连长说："我看来要不行了，汝克昌你就在阵地上指挥吧，咱们38军没有孬种，你一定要保住阵地。"汝克昌感受到了最后临别的悲壮，他的心情十分沉重。他想："我这次是死定了，就是死也要死出个样来，不能给那么多牺牲的战友抹黑。"他告诉大家要节省子弹，敌人不到跟前不能开枪，然后他就冲到了炮火硝烟中。敌人一次次向上冲锋，他和战士把冲锋枪、机枪、手榴弹、爆破筒都用上了，把敌人打退好几次，敌人被吓得不敢再冲锋了。这时，汝克昌觉得周围的战士也越来越少，到下午两点多战斗停止时，他马上站起来四处观察，这一看不要紧，他浑身鸡皮疙瘩都起来了，阵地上算上他仅剩三个人了，武器也只剩下一个火箭炮，还有一挺苏联重机枪，子弹多说有500多发。他倒吸了一口冷气，一想假如敌人现在冲上来那就完了。他正站那儿发愣时，被敌人发现了，就听"飕飕"两下迫击炮的响声，炮弹就落在他身边爆炸了，重机枪也被炸坏了，他的大腿也负了伤。他说，还没有觉得疼，血就流下来了，再看看身上，棉袄也被炸开了花，而这一看不要紧，他就再也起不来了。汝克昌挺着身把枪拿起来，急忙爬到防空洞，大声喊里面的连长："你快出来吧，重机枪炸坏了，射手也牺牲了，你不出来敌人上来就完了！"连长问他还有几个人，他说算上副连长就剩我们三个人了。连长马上打电话叫了增援部队，并对汝克昌说，你负伤挺重快下去吧，要不一会儿敌人打上来你也回不去了。说着，就看连长好像是用衣服袖子抹了一下眼泪，抄起一把冲锋枪，带着通信员就冲到阵地上去了。

汝克昌拖着伤腿往下爬，厚厚的大雪几次淹没了身子。他想，要是真被埋到雪里，敌人也就找不到他了，要是在这里静静地休息一会儿，睡一觉多好……突然，他马上想到了连长和副连长，他开始犹豫了，如果下去，连长他们怎么办？副连长重伤不也是没有下来嘛！我这样爬到下面流血过多也是个死，还不如在阵地上和连长他们一起战死，就是不死也不能被敌人抓到。一想到死他心里直发冷，但一瞬间反而又激起了他的决心和勇气。这个时候，他只觉得心跳得厉害，

01. 汝克昌——身后那条深深的血路

全身发冷，眼泪就在眼眶里打转。他猛地掉转翻身，向阵地的方向爬过去，他的身后面留下了一条深深的血路。由于流血过多他昏了过去，昏昏沉沉中，他好像听到了已经牺牲的战友的号叫和呐喊声，他猛地惊醒起来一看，原来是增援上来的大部队……

1953年，汝克昌被定为三等甲级残疾，从健康团复员回家务农。回来后干不了重活，右胳膊骨折不敢使劲，背上的伤口总发炎，残留的弹片距离脊椎太近，如果手术效果不好就会导致瘫痪。后来他被转到佳木斯的大医院进行手术，取出了一块弹片，另一块弹片卡在脊椎上至今没有被取出来。

汝克昌的家里始终收拾得干净利索。他老伴儿说："不知道的还以为我们家很有钱呢，实际上家里底子空，日子过得紧张，有几个钱都看病了。有些老战士去政府要补助，他从来不去。"

没有光环的 英雄
——东北革命根据地农村参战军人战斗生活故事

汝克昌有8个孩子,都在农村生活。他和老伴的土地自己种不了,由孩子代种。村里为照顾他身体上的伤病和生活上的困难,让他看机井,每年给他1 000元劳务费补贴家用。

汝克昌送我出门的时候,他好像想了半天,然后发自内心地对我说:"国家对我们老战士给予照顾,你们还这么重视,没有忘了我们,我知足了。"

02. 连春堂——悲壮的战歌

连春堂，80岁，原四野40军165师494团班长，桦川县苏家店乡北山村人。1948年参军，参加了辽沈战役、淮海战役，南下到湖南益阳参加土改和剿匪，曾担任班长、排长、团司务长，后在湖南军区汉寿大队复员。由于在战斗中患上精神病，被分配到佳木斯木材厂当收发员，后辞职回生产队当保管员和马夫。

（2006.5.18）

连春堂本人，看着是个不起眼的小老头，可是，他是一位少见的对战友有着深厚的感情，同时有着不同于别人的作战经历的老战士。他一开始就将我的采访带到了令人心碎的战争苦难中，他整个叙述的过程，就是他挥泪哭述的过程。他在战场上因惊吓而患上精神病，因此他所讲述的内容缺少一些逻辑性，但是，他讲的故事情节却是那样真实细腻，让人感觉身临其境。最后在怀念战友的哭声中，他为我唱了两段战斗歌曲，这让人在振奋和激昂中，感到心碎和

没有光环的英雄
——东北革命根据地农村参战军人战斗生活故事

痛楚,更加为了那些壮烈牺牲的烈士们,为了当年浴血奋战经历了痛苦历程的战士们而感慨激动。

连春堂没有按照时间的顺序讲故事,他也并不是有意想讲故事,他的意识不由自主地就回到了那场最紧张最激烈的战斗中,也是令他一生痛苦煎熬的往事中……

"南下到湖南益阳汉寿县剿匪时,有一天晚上熄灯了,我是排长,10点多接到区里来电话,说当地的土匪'红枪会'出来在油岗镇活动。他们那里也没有弄清楚具体情况,也没有说多少人。我们接到'情况'就得出发,不管怎么样,部队接到'情况'就得去。我就带领我们驻守在那里的一个排的战士出发了。湖南北部都是水,小道很窄,人都走不开,就五里地走了半天才到滴水岩。这个时候太阳就出来了,到了油岗镇,进去一看,当地驻守的17名战士都被杀死在驻地的房子四周,那情况可惨了,都给杀得全身是血呀!"

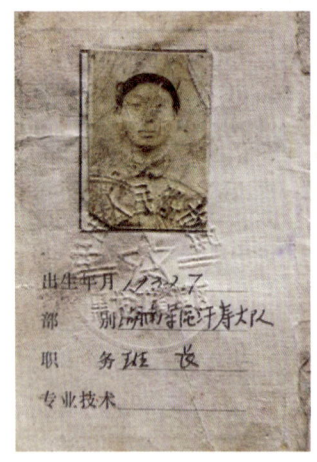

连春堂的复员证,子弹壳是他在湖南剿匪时留下的纪念。

说到这里,他早已经泣不成声了,停顿了半天他哭着接着说:"有好几个英勇不屈的战士被铁矛和竹子(做)的扎枪捅了七八个窟窿。我们直接跑出去追赶土匪,一过河距离油岗镇两里地就撵上了他们。我告诉一班长用机枪射击,这边还没有开打呢,那边土匪就开枪了。我们去的战士都是当地扩

02. 连春堂——悲壮的战歌

招来的新兵，才入伍十几天，还没有训练，枪都不会使，枪一响就都被吓跑了，就剩下我们四个人。土匪这个时候出来有好几百人，把我们四个人打分散了，我们一边打一边往一块聚，土匪把我们圈到了湖边上。四个人好不容易凑到一起了，一个机枪班长、两名战士，还有我。我们打'倒班'，一个在前面掩护抵抗，后面人撤退，然后另一个人接替，继续掩护，就这样一个换一个撤退。土匪成帮往上涌，我使用的手枪没有时间压不上子弹，我的裤脚子都被扎枪刺穿了，要是我慢一点就没有命了。由于有机枪掩护，我们最后才撤退到镇子里。到了镇子里被困得三天水米没打牙，电话不通，我们不敢出动，我们在城外的水壕里放满水，土匪就打不进来。我们正为难的时候，第二天六区的战士来支援了，我们远远看着增援部队上来冲到敌人堆里，我们在城墙上看得很清楚，所有人都高兴坏了，觉得这枪声都不一样了。带队的解放军排长指挥机枪开打，就听机枪突突响了几下，没声了。我说坏了，机枪不好使了。原来，他们带了一挺日本歪把子机枪，却没带油壶，机枪没法上油，打几下就停了，结果来增援的战士被敌人反攻打死好几个。第三天，元江分区过来了一个团来增援，结果其中有很多新兵，刚刚入伍，战斗力较弱，增援部队伤亡很大。到了第四天早上3点多钟，我们老远就听炮声隆隆，而且越来越近，就看南北大炮齐开花，一会儿大军就包围了南北河沿儿。司令员下令，严惩那些誓死与人民为敌的土匪。就看'红枪会'的土匪被部队撵得四处逃窜，我们也从城里冲出来配合增援部队清剿土匪……"

虽然连春堂的讲述都是自己质朴的语言，可是听起来令人非常揪心和震撼。我一再询问引导，连春堂才理顺出了他的战斗经历。他是1948年参加的四野40军165师494团，并当上了班长。他先参加了辽沈战役，后来南下到湖南益阳参加了土改和剿匪。说到辽沈战役时，他又激动得哭了起来。

没有光环的 英雄
—— 东北革命根据地农村参战军人战斗生活故事

/ 012

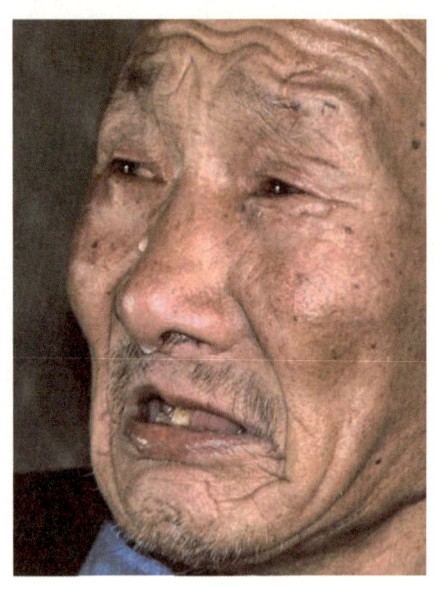

连春堂接着又参加了淮海战役和渡江战役。南下过黄河，在过一个铁索桥的时候，他就像红军过泸定桥那样，攥着铁索链倒着爬，后来被敌人的飞机轰炸，掉在二层网里面。有一次他在看红军过泸定桥的电视时，激动得号啕大哭，还为此犯了病，好长时间才痊愈。在给我讲述战斗经历的时候，连春堂就是这样哭述到最后的。

"我们晚上攻打吉林东南的团山子，那可费劲了，小山不大，障碍物可多了，都是一层层的铁丝网和绊脚桩。我们分三个部分包围，然后向上进攻。山上全都是碉堡，可不好打了，敌人都是火箭炮，连炸带烧，先上去的一个营，都被烧死了，那人烧得光溜溜的、糊了巴唧的、黑黢黢的，就下来一个排长。后来我们都轻装上阵了，把衣服都脱光了，裤衩都不穿，因为那火箭炮打哪儿哪儿着火，一划拉就浑身烧起来。我们浑身一个布丝都没有，肉皮子烧着了，就抓一把土盖上，这样才烧不透，即使这样还烧伤不少人呢！冲到山上，爆破敌人的碉堡时，上去一个团的兵力，吹着冲锋号，都拿爆破筒一批批上，一个团都打没了。"说到这里，他大声哭喊着说："冲到山顶一看，那人死得可多了，瞅着都能气死你呀！这有多少人能扛得住这么伤呀！事先谁也没有料到敌人的火力有这么猛，没想到死这么些人哪！大伙心里都特别难受，可心里难受你跟谁说去呀！大家都难受得哇哇大哭！"

"打四平最艰苦，师指挥部下令，凡是干部都冲在前面，我们团长和营连长都在前面带头冲。攻城打四个门，一点点往里挤，一次次往里攻打了好几悠（次），但兵力少地盘占不过来，冲进去的解放军到十字街左右分开打，第二次

02. 连春堂——悲壮的战歌

进去在大街上平推,第三次就打到街道巷子里去了。敌人都躲在地洞子和房子后,咱们在明处,他们在暗处。敌人的火箭炮很厉害,打死烧伤了很多人。冲进去就打交手仗,杀不死就往里冲,可着街往前推。进去的人死的呀!脚下踩着都啪嗒啪嗒的,都是血水呀!"说到这里他哭得不行,泪流满面,用毛巾擦了好几次眼泪。忽然他抬起头,大声哭着说:"死的都是好人哪!他们都比我强,都是我最好的战友,他们比亲兄弟还亲哪!我现在老是想他们,你就是想谁也不是白想嘛。我们团长,头天晚上结的婚,没等天亮就受了重伤,下战场到现在也不知道死活。我冲到街里的时候,就被枪打在了后腰上,后面哗哗淌血,我就觉得浑身打冷战直哆嗦,也不知道受伤了,还端着枪冲锋呢……"

"辽西战役(辽沈战役的一部分)打得更惨,都打混在了一起,就像棵白菜心似的,中间是敌人,外面是咱们,一圈圈包着打,包围的方圆有150里地,打了整整一个月。黑山阻击战时打得都是'死倒班',就是一个团的兵力,一个营先到阵地前沿上打7天,然后换下一个营打,前后倒班死守硬顶不丢阵地,打得好几天都吃不上饭。敌人的炮火很硬,转圈大小炮打,遍地都是被打死的人。那地方沙子地多,都是干河床子,冲锋的时候脚下一踩,露出的都是脑瓜子、脚巴丫子还有胳膊,场面太惨了。"

连春堂哭着给我讲述战斗故事的时候,每当他哭得讲不下去了,就会说:"我给你唱首歌吧,我难受得受不了的时候唱个歌就好了。"他唱的是当兵时部队的歌曲,可刚开个头就哽咽着唱不下去了,他说这个时候他最想部队和战友了。他稳定了好半天,才又接着唱了下去。他唱的第一首歌是《打四平》:

攻打四平,四平修得好哇,

城里有碉堡呀,城外有水壕呀,

国民党说大话,八路打不了呀,

国民党说大话,八路打不了呀。

我们首长调来一纵队呀,

野外摸四平呀,人人都高兴呀,

机枪扫呀手榴弹扔呀,我军去冲锋呀,

机枪扫呀手榴弹扔呀,我军去冲锋呀。

老人家满脸的泪水,呜咽地歌唱,歌声竟然如此嘹亮和悲壮。他哭着唱,唱着哭,悲怆的歌声震撼了一个屋子的人。我抹了一下脸上的泪水抬起头,这时我才发现他家的外边来了那么多的人,而人们都默默地低着头在倾听他的哭诉,前面几个孩子的眼睛里已经噙满了泪水。

连春堂先后被抽调当了营里和团里的警卫员,一直升至团里的司务长,相当于副营级干部。他称这个工作为"值星"官。由于他一个大字不识,经常出现亏空,没有办法,他就把自己的津贴全部都搭上了。他几次要求调动,团长都不同意,后来还给他配备了一名会计作为辅助。他自己很苦恼,

02. 连春堂——悲壮的战歌

常说,这到什么时候是个头呀!1953年由于连春堂病情严重,他在部队休养了很长时间,原来的副营级干部一职已不能胜任,部队就保留了他班长的职务准予复员。他被分配到佳木斯木材厂当警卫,在收发室工作时也会发病,会把所有信件和报纸都扔了。由于他经常犯病且文化水平不高,无法胜任工作,最后,他决定回乡参加农业生产,在生产队当保管员。再后来,保管员也干不了,就当了饲养员。

连春堂在部队经常发病。他说,就是在湖南汉寿和"红枪会"战斗的时候,由于高度紧张和惊吓才患病的。他老伴说,他一发病就整天唱部队歌曲,逮着谁就把谁当土匪揍,半夜里经常突然惊醒,逮着什么拿什么,嗷嗷喊叫地打仗冲锋,瞪着眼珠子两眼冒寒光可地愣跑,六七个人都拉不住。

连春堂复员的时候,部队给他定了残疾军人等级,后来在换证的时候他的精神病记录被转没了,他嫌麻烦也没有去找,近几年民政部门给他落实了政策,他才享受了残疾军人待遇。他说,自己精神不好,怕人家不相信他,再说,打仗也不是为了钱打的。

在生产队的时候,连春堂家里有八口人,口粮不够吃。他大儿子13岁就下地干活了,几个孩子都没有上完小学。他和妻子有三个孩子,有口粮地4.3亩,目前生活也比较困难。他讲述战斗故事的时候是哭诉着讲完的,而讲述自家生活困难的时候他竟然一点儿也没有哭。只是在说到"毛主席没了"的时候,他又难过得哭了。

连春堂原来的住房给老儿子结婚用了,他和老伴就住在大房边上的下屋中。

没有光环的英雄
——东北革命根据地农村参战军人战斗生活故事

房子陈旧漏雨,他指着天棚上的大窟窿说,上次下雨漏的,用塑料布苫上了也不管用。外屋漏雨更厉害,上面都看着天了。

乡民政助理经常帮助连春堂,冬天还给他送了一车煤烧火取暖,直到春天都没有烧完,连春堂一天要盖好几遍,生怕让雨水浇了不好烧。

我临走的时候,老人家是一路哭着送我出来的。他说我是这些年第一个采访他的人。他难舍难分地哭着一再问我:"你什么时候还来呀?你就是我们部队上的人!"我心里十分难受,有些受不了这样的场面,我出门开车冲了出去。当我把车开到门外的时候,回首一望,眼前的情景让我再也控制不住了,泉涌般的泪水噎住了我的喉咙,我拿起相机,拍摄下老人挥泪送别我的镜头。

03. 王占臣——给共产党要饭的棍子

王占臣，79岁，原四野43军121师骑兵团班长，富锦市二龙山镇永善村人（现居住富锦市）。14岁在从事党的地下工作的父亲带领下，在山东昌邑县（今昌邑市）参加了抗日武装游击队，母亲被日军残害致死。解放战争时期，部队改编到四野，他随部队参加了四平战役、辽西战役。在南下时他所在的部队改编为骑兵团，他又参加了海南岛渡海战役。1951年复员，他被分配到了三棵树铁路机务段工作；1955年为响应国家号召，报名到永善村建设农村初级社。（2006.1.18）

王占臣14岁就在老家山东昌邑县参加了抗日队伍。他的父亲早年就是共产党的地下工作者，由于党组织遭到破坏，他的父亲被叛徒出卖，敌人没有抓到他的父亲就要抓王占臣当人质，他的母亲就把他藏了起来，他整个夏天都睡在野外不敢回家。他父亲一看，这样长期下来没法生活，就秘密回来把他送到了抗日武装基干队，也就是当地的游击队。父亲还偷偷告诉他说，要是游击队领导嫌你岁数小不要，他们走哪里你就跟到哪里。他到了游击队后，游击队队长还真就让他

没有光环的英雄
——东北革命根据地农村参战军人战斗生活故事

王占臣复员时的照片。

回家，王占臣说什么也不干，天天跟着部队，人家也不给他发枪，就这样他当了一个"小兵张嘎"式的游击队员。敌人抓不住他，就在一次扫荡时把他母亲抓了去，在村子的大庙台阶上，日军逼着她交出丈夫和儿子，他母亲宁死不屈，当时他母亲已经怀孕8个月了，敌人一脚把她从台阶上踢了下去，当场流产引发大出血，孩子生下来就死了，他母亲挣扎了几下也惨死在地上。

当时的游击队也就20多个人，没有什么武器，就有些土枪和洋炮，白天找个老百姓家里睡觉，晚上出去摸敌人的岗哨弄几支枪。王占臣跟着人家屁股后面出去打游击，大家怕他人小跑不动，容易被敌人抓去，就总是照顾他。在打马潭日军据点时，游击队想进行突袭战，不料里面冲出来40多个日本兵，就与日军打了交手仗。战士们没有几支枪，很多人都是拿扎枪跟人拼，当时游击队员牺牲了好几个人。有个日本兵朝着王占臣过来，王占臣拿着扎枪左挡右挡，使出吃奶的劲跟高大的日本兵拼杀，无奈他人小，势单力薄，招架不住，就看日本兵一枪朝他的肚子狠刺了过来，他赶紧推开刺刀，结果还是刺到了他的膝盖上。正当危急时刻，那边一个队员一枪把日本兵打死了，王占臣也不知道害怕，也不管受没受伤，马上捡起日本兵的三八枪就跑。他兴奋于自己终于有了枪，跑出去几十里地他也不知道疼，还坚决地表示轻伤不下火线。王占臣从小在家胆子就大，家里外头都说他是个野孩子，他有了枪胆子更大了，有股生龙活虎、天不怕地不怕的劲头。在打潍坊的李家铺子据点时，他还像以往打仗那样，第一个冲锋在前面，在他跳进战壕里准备上炮楼的时候，突然撞见了一个日本兵。他掏出手榴弹就向敌人扔了过去，那个日本兵同时也向他这里扔手榴弹。就听"轰隆"一声响，也不知道谁的手榴弹响了，把日本兵炸死了，而他的腿也炸伤了。受伤的时候他还不知道，跑到半路上别人看到他大腿流血，他才

03. 王占臣——给共产党要饭的棍子

感觉出疼痛。他参加游击队短短几天的时间，就受了两次伤。

日本投降时，王占臣所在的部队由杨成武带领，秘密到山海关接收日本的武器装备，到了东北后他们就被整编为四野43军，此后他们开始了艰苦卓绝的开辟根据地的斗争。在过长城西风口的时候，战士们就用绑腿当绳子从长城上往下跳，很多战士都掉到了长城的山崖下摔死了。国民党军队发现解放军进关后就开始围追堵截，致使他们连续转移连饭都吃不上。

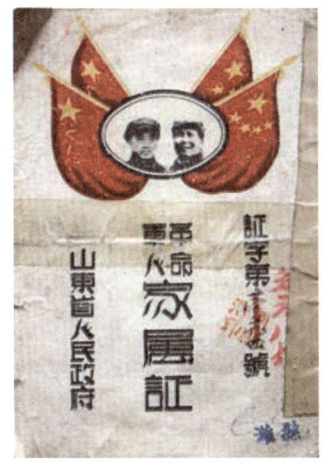 

政府颁发的"革命军人"家属证和光荣纪念章，这是王占臣全家参加抗日的特殊纪念。他的父亲是党的地下工作者，他的母亲被日军残害，他和两个弟弟先后都被送到了抗日队伍中。为此，他的家乡昌邑县政府特意给他们颁发了这个奖章。一个平凡的奖章，是他们一家用生命和鲜血换来的。

解放战争期间四次攻打四平，王占臣所在部队都参加了。最艰苦的是第二次攻打四平的战斗，国民党军队有飞机、大炮等精良的武器装备，因此解放军在攻城时牺牲了很多战士。打了40天仗，也连续下了40天雨，大路上的车道沟里淌的水都是红的。王占臣说："那都是共产党人的血呀！"在张家窝铺向鞍山进军的时候，敌人的飞机过来了，朝着他们就扔下一个大炸弹，当时就炸死了40多名战士。王占臣当时就被炸弹炸飞的冻土块崩伤了脑袋，大家看着他满头是血昏了过去，都以为他也死了。在掩埋牺牲的战士时，有几个人抬他时发现他还没有僵硬，大家说，这都两个多小时了还没有僵硬，可能没有死，就从死人堆里把他抬了出来。后来大家

没有光环的英雄
——东北革命根据地农村参战军人战斗生活故事

把他送到卫生所抢救了过来，他整整昏迷了两天，伤好后耳朵就有些听不见了。

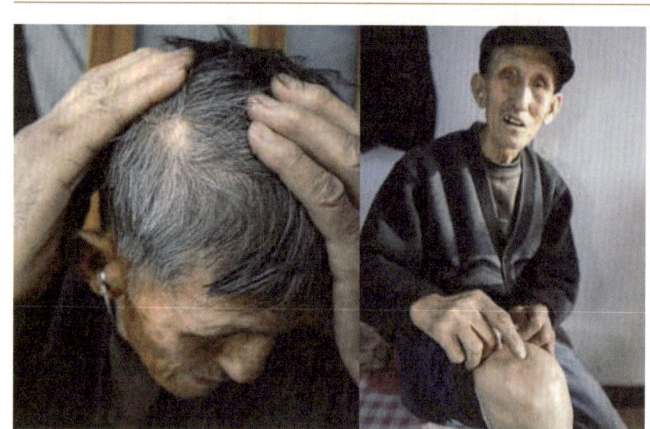

王占臣在战争中受伤留下的伤疤。他的耳朵被炮弹震聋了，现在依靠助听器辨别声音。

经过两年多的艰苦斗争，王占臣也成长为一名坚强勇敢的战士。他个头高，有一米八十多，一表人才，身材魁梧，人也机灵，作战也勇敢，进入部队不久，他就被部队抽调当了7个月的侦察兵。部队专门发给他一支手枪，他一想，到敌人的地方手枪是不能明面用的，只是在万不得已时防身用的，而紧急情况下还来不及使用，不如找个棍子防身，还不会被人注意到。于是他找了一个老头专门做了一根又粗又结实的要饭棍子，从此王占臣就携带它经常化装成叫花子和小贩，深入敌后侦察敌情。在朱家窝铺侦察时，他就用这个要饭棍子换了一支枪。

在出发的时候，他把手枪装到大腿里侧特意缝制的裤兜里，找老百姓要了一个筐，到地里拔了一筐大葱，就到朱家窝铺镇子里去卖。在国民党的营部驻地门口，一伙国民党兵把他的大葱抢了，他装作哭哭啼啼的样子，跟进营部里面去找人家要钱。他说，我家有80岁的老母亲，卖葱准备买衣服穿呢。有个当官模样的人出来，找人了解了情况，包赔了他两筐葱的钱。他侦察完了敌人的全部情况后，在出城的时候，站岗的国民党兵翻他的大葱筐，看看没有什么，对他还有些疑惑，就伸手要搜他的身。他这时想，不能让敌人这样搜，一旦翻出手枪，再喊叫其他站岗的敌人来，他再想脱身也难了。王占臣四下里迅速扫了一眼，一看身边就一个敌人，他迅猛地抄起要饭的棍子，狠狠实实地打在敌人的后脑勺上。那个敌人一下子倒在地上昏死了过去，他快速捡起敌人的枪，一口气跑了回来。那

03. 王占臣——给共产党要饭的棍子

天半夜，部队就根据他侦察的情况，把朱家窝铺的敌人消灭了。从那以后，他那根要饭的棍子就始终没有离身。

这个保存了将近60年的棍子，就是王占臣1948年在辽沈战役做侦察兵时用过的要饭棍子。从那以后，这个棍子他随时带在身边，行军当棍拄，平时多个武器壮胆。他还把它绑在马背上，随着他南下渡海，一直到参加工作到农村。现在，他人老了，这根棍子更是不离身，成了他寄托无限感情的伙伴。他管它叫"给共产党要饭的棍子"，他还告诉儿女说，就是他死了，也要把这根棍子给他带到棺材里去。

辽西战役前，王占臣又被部队抽调到骑兵营当联络兵，专门负责为军部联络情况。在塔山阻击战的时候，由于要堵截四处逃窜的国民党军队，127师和129师跟军部失去了联系。军长把王占臣叫了过来，掏出手枪啪地一下子拍在了桌子上，严肃地对他说："你完不成任务别回来！"王占臣知道情况紧急，如果联系不上这两支队伍，不但不能够取得全胜，还有可能反被敌人消灭。他骑马跑了一天一宿，把马都累垮了。他回来报告说马跑不动了，要换马。军长说："你骑我的马再去找！"他没敢骑军长的马，而是骑着参谋长给他找的一匹马，又跑了一天一宿才找到了两支部队。这一路饭都没有吃，渴了就跟跑累的马一起喝口路边水沟子里的泥汤子。其间，他遭遇了敌人的两次追击，一次是敌人的零星部队，他打老远就发现了敌人，但是他没有别的出路，他骑着快马从远处冲过来。等敌人发现时，他已经从敌人眼前冲过去了，敌人在后面用卡宾枪追击扫射，他就伏在马背上躲过了敌人的乱枪。半路上又遭遇了敌人的大部队，这时冲过去是不可能的了，他灵机一动，趁远处敌人看不清的当口，他就装作敌人通信兵的样子，

没有光环的英雄
——东北革命根据地农村参战军人战斗生活故事

大模大样慢慢绕过敌人的队伍，之后再快速地飞马跑了过去。事后，军长和参谋长说："这小子还真行，我当时就看他能够完成任务。"

平津战役结束后，王占臣和部队南下追击国民党军队，一直到雷州半岛，在海边开始训练，准备渡海解放海南岛。没有开战前，他们的英雄5号船就出了名。训练的时候，王占臣是组长，一组是三只船，一只船十几个人，他们的5号船是营部的指挥船，他是组长兼舵手。那天，在海上进行作战训练，平时都是在海门里面，可是那次是营长上船亲自指挥，和指导员一起带领两个排的人，又和另一个组共6只船，开出了海门外。国民党的大军舰专门堵在那里，他们刚出海门外就遇见了敌舰。发现敌舰的时候，距离他们只有几百米了，想跑是跑不了的，要是硬打就是拿鸡蛋碰石头，就几个老百姓打鱼的小木头船，怎么能够对付得了敌人的钢铁大军舰呢？如果不打，就会被敌人生擒活捉。当时营长灵机一动，下令各船全部散开，大家佯装投降，然后听命令伺机反扑。战士们为了麻痹敌人，把枪支都扔到了海里，高高举起双手投降，有的战士把白衬衫脱下来，当作"白旗"来回挥动，吸引敌人上钩。在此之前，120师有两个排，也曾经在训练时遭遇了国民党埋伏的军舰，而他们在紧急情况下不知所措，结果被国民党全部俘虏。

这次国民党军舰一看又是两个排的木船，以为又能抓到俘虏，他们自以为得意就放松了警惕，这时上来很多敌兵，用大钩子拽最先靠近的5号船。王占臣和战士们在佯装投降时，已经把成捆的手榴弹都偷偷准备好了，等敌人军舰靠近拽他们船的时候，营长一声口哨响，大家一起猛烈向敌人的军舰上扔手榴弹。此时，王占臣一只手抓着两颗手榴弹，拉线早都挂在手指头上了，右手扔完左手也甩了过去。就听一阵轰隆隆爆炸声，敌人的军舰顿时被炸起了火，不一会儿就被炸得开始下沉，足足沉了一小天。这边他们刚炸了国民党军舰，那边国民党的飞机就过来了。天上6架敌机转圈轮番对着海上的6只小木船扫射投炸弹，狠狠地报复，炸得海面上都翻了花。木头船都被炸得四下横飞，战士们被纷纷打落海中。王占臣他们的5号船被敌人扔了3发炮弹但没有炸着，王占臣机灵勇敢地驾驶5号船左右躲避，后来就剩他那只孤船了，敌人的6架飞机东西上下来回穿梭，疯狂地轮番轰炸

03. 王占臣——给共产党要饭的棍子

扫射，不一会儿他们的船也被敌机的机关炮打得四处漏水，他们只好快速撤退。最后，敌机集中扔了几个炸弹，炸弹一连串地爆炸，他们的5号船被炸得粉碎。营长和指导员都牺牲了，王占臣也落到冰冷的海水中。几口海水呛得他都要没有气了，他拼命抱着炸碎的船板浮上海面。这时，敌人的飞机还穷追不舍，向海里的战士投弹扫射，直到打得看不到目标为止。太阳已经落山，天渐渐黑天了，王占臣和另两名生还的战士，抱着船板在黑夜中随海浪漂泊。第二天天刚亮，经过一夜的冻饿浸泡，他们的身体已经极其虚弱。在靠近海岸线的时候，他们有幸赶上了涨潮，就这样他们被推到了海边上。山上高炮营的战士在监视海面时，在望远镜中发现了他们，这样他们才被救了上来。过后，师部开大会表彰他们作战勇敢，授予他们一等战功，命名他们的船为"英雄5号船"，并号召全师向他们学习。

王占臣于1951年复员，被分配到了三棵树铁路机务段工作。1955年国家动员城市工人建设北大荒，工作组动员的时候，他认为自己是党员，应该起带头作用，积极听从组织分配，于是他就带着城里的妻子报名来到了这里的农村初级社。后来很多人受不了这里的艰苦条件，都纷纷退却回城了，他却坚持在这里扎了根。

王占臣在农村生活几十年，当了几十年的队长和书记。乡下条件再艰难困苦，他也从没有向国家提出什么要求，没有粮食吃没有房子住，自己年龄大了需要治病，他都自己想办法克服困难。不久前，他的大腿摔骨折了，住院花费7 000多元，他没有向政府要照顾，他说："我这个人就是像牛一样吃的是草，还会低头拉车；像马一样干活，临死还不倒槽。"

王占臣有4个孩子，在困难时期，他们都自立自强，都成为对社会有用的人。他和老伴在农村没有人照顾，儿女就把他们接到城里居住。

04. 于成恩——最后剩下的那个战士

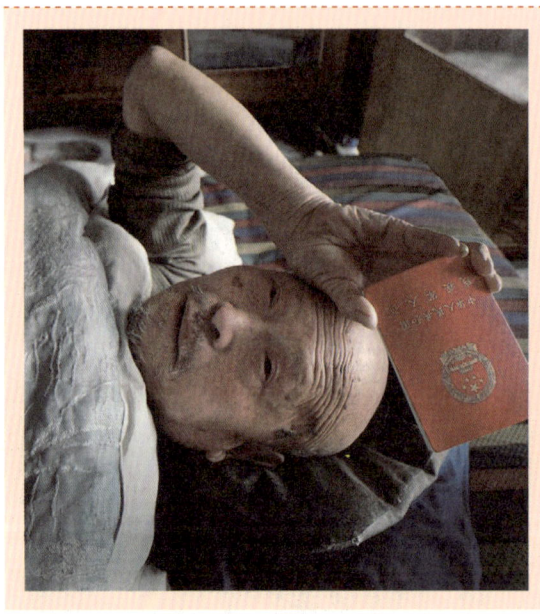

于成恩，83岁，原四野49军战士，汤原县永发乡宏图村人。1947年在辽宁庄河参军入伍当机枪手，先后参加了解放沈阳、营口、鞍山、辽阳的战役，荣获二等战功一次。在解放辽阳战役中负伤，定三等甲级残疾，在沈阳荣军学校学习一年文化课，1948年复员回家务农。（2006.2.20）

　　采访于成恩那天很冷，是倒春寒的季节，偌大的炕上，一个弱小的老头蜷缩在被子里像哀鸣一样地哭着，旁边站着一位中年女子一脸无奈地劝说着什么。我不知道发生了什么事情，想过问但没好意思，可我马上意识到，这个躺着的老头就是老战士于成恩。

　　我表明来意，老人家抹了一下眼角的泪花，竟冲着我微笑了一下，热情地让我上炕，他说中年女子是他的儿媳妇，然后他便开始了滔滔不绝的讲述。1947年于成恩的家乡辽宁庄河解放了，从小就苦大仇深的他有了房子和土地，那个时

04. 于成恩——最后剩下的那个战士

候他从心里高兴，感激共产党给了百姓好日子。招兵的时候，于成恩也没有跟谁商量，就坚决地报了名。他说，国民党离我们这不远，还有地主的"清扫队"总来捣乱清算，他们对穷人很坏又恶毒，好日子会被他们毁了的。共产党是为人民打天下的，人家需要我就报名。他这边报了名，那边年轻的媳妇很难过，天天哭天抹泪的，担心儿子刚出生两个月没有人照顾，还有这一去枪林弹雨能不能回来呀！他说："我那个时候讲义气，讲光荣，血气方刚的劲头上来什么也不顾，戴上红花，穿上军装，扛上大枪就坚决地跟部队走了。"

他入伍在四野49军当机枪手。解放鞍山战役中在攻打千山的时候，那年雪特别大，天特别冷，吐口吐沫都能冻成冰。国民党顽敌为阻止解放军进攻，昼夜挑水把山坡都浇成了冰面，战士们在进攻的时候连滑带摔上不去，伤亡也很大，最后只好先撤退。后来大家想出个办法，在牛皮乌拉上绑个铁马掌，这下走冰道容易了，战士们直接冲锋登上了山头。到了山顶一看，国民党兵都躲到了战壕暗道里面不出来，那些暗道碉堡上面全部都用厚厚的铁板焊死盖上了，即使在一边弄几个窟窿，也是枪打不着，手榴弹炸不着，战士们围着碉堡暗道急得直转圈。于成恩很聪明，他和几个战士研究出了个办法，拿辣椒面把敌人呛出来。战士们四处去找辣椒面，然后把手榴弹包上辣椒面顺着窟窿扔下去。这招真好使，手榴弹一炸，辣椒面四处飞扬，把国民党兵都呛着了，顺着嘴和鼻子流血。

故事讲到了一个多小时的时候，于成恩忽然停了下来，扭动着身体，一脸的痛苦，无奈地看着地下站着的儿媳妇。儿媳妇顺手拿起早已准备好的便盆，俯下身掀开被子，就开始给于成恩接尿。原来我进屋的时候，儿媳妇要给他接尿，于成恩觉得屋子里就他和儿媳两个人不方便，怎么也不同意，老人正在经受精神上的折磨与身体上的折磨，现在他实在是憋不住了，还好有我在跟前。在我的帮助下，老人完成了排尿。看着他难受痛苦的样子，我询问了具体病因。原来于成恩的晚年生活本来很好，未曾想去年得了脑血栓，虽然被救了过来但只能瘫痪在炕上，而且只有一只胳膊能动弹。虽然他的老伴早年去世，但儿女很孝顺，4个姑娘加上儿媳妇天天轮流来伺候他。这一病，让他又经历了一次人生的考验。

在后来的解放辽阳战斗中,于成恩经历了战争中的全部险恶和残酷,也锤炼了他坚强忍耐的精神意志。他说:"辽阳战斗最艰苦,我就是那一仗负的伤。"晚上开始总攻时,我军集中了两个纵队四个团的兵力围城,六中队从西城向里冲,四中队从东城向西打,准备两下合围夹击。我们打了一会儿就觉得不对劲,国民党也没有这么难打呀?结果冲锋的时候才看清楚都是自己人,国民党早就打跑了,我们自己和自己打起来了。正在大家都疑惑还没有缓过劲来时,外面街道又打起来了,这次我们吸取了教训,不敢盲目开枪,害怕伤了自己人。我们开始先喊话,喊了半天,越喊那边打得越凶,这才知道敌人反攻了,敌人纠集了很多兵力反扑。这一仗打得真艰苦,反复拉锯一直打到天亮,进攻部队伤亡不少。此时,敌我双方都开始打炮,密集的炮弹每隔两三米一发。炮声刚停下来那边冲锋号就响了,连长端着新缴获的卡宾枪在前面冲,于成恩端起机枪紧跟着也冲。跑到一个小山坡下,看到有一队敌人逃窜,他就端着机枪开始扫射。国民党部队在前面跑他在后面追,一会儿一梭子子弹,打得前面的敌人像割草似的倒下一片。他说他那个时候打得头脑都有些混乱了。

丁成恩的故事讲得很累,我听得也很痛苦,老人家重病在身,几次我都想放弃这次采访,让他休息下,但他却坚持讲述,他说:"我没几天活头啦,我平生第一次讲这些,不讲就带到棺材里去了。"

占领了山头后,只有他们一个连的人马,在连长的带领下,冲进了山下敌人的阵地。刚一到山底下的平地上,就遭遇到了敌人的火力抵抗,好多挺机枪组成的火力网把冲锋的战士撂倒一大片。他们勉强冲到对面的河沿上,冲在前面的连长被打成重伤,没有人指挥,大家停了下来。这时,连长不能说话了,电话线也断了,打不通电话,敌人此时开始反扑,黑压压地冲了上来。此时,于成恩他们还在敌人的阵地上,他们一个连现在就剩几十个人了,怎么也阻击不了敌人,又是孤军作战,但没有命令他们谁也不敢动。眼看着阻击的战士一个个倒下,就剩下不到二十人了。入伍的时候他们村在这个连有四个人,现在就剩下两个人了,心头紧得哭都哭不出来。在这紧要关头,于成恩站出来说:"咱们撤吧,要不咱

04. 于成恩——最后剩下的那个战士

们都死在这儿了。"于是他们边开枪掩护边撤退,另一个机枪手手指头都打掉了还抱着机枪扫射,连长这个时候也死了,一句话都没有说,于成恩把他规整地放到一边,带领大家继续向外突围。班里有个姓沈的小伙子扛了两挺机枪,带上战友的8颗手榴弹向后撤,结果被敌人的炮弹炸着了,还引爆了他身上所有的手榴弹,当时就血肉横飞了。这个时候敌人已经追击到了跟前,叫喊着要抓活的。于成恩眼睛都红了,脑袋热血灌顶,他说,豁出去拼了,怎么也是活不成了。他呼啦一下地站起来,用机枪扫倒最前面的敌人,喊叫战友们快跑。这时,一发我军攻击的炮弹落下来崩倒了他。他说,因为我们已经冲到了敌人的前沿阵地,我军正在后方炮击敌人阵地,不知道前沿有自己的战士。于成恩起来一看身上没有受伤,就是头昏脑涨,嘴里吐血沫子,原来是上牙床被打碎了,连话都说不出来了。他回头看看跟前的战士,只剩下最后一个负重伤还活着。于成恩想,当初说好了一个都不能丢,虽然彼此还不太认识,也不能够扔下他一个人,他不顾自己满脸鲜血,扛着最后一个受伤的战友往回跑。他说,那个战士的头上开了一个大

在这偌大的一栋房子里,西屋是45岁的儿媳妇,东屋是80多岁瘫痪的老公公,吃饭要她一口口喂,屎尿得她一盆盆接。每次于成恩都是紧闭双眼,痛哭流涕,难以接受。在战场上他可以英勇地不顾一切地冲锋,而面对道德亲情他再也过不了感情这一关,于成恩甚至盼着自己快点死去。

没有光环的英雄
——东北革命根据地农村参战军人战斗生活故事

口子,血顺着他的肩膀淌,扛到自己家阵地上时那个战士已经死了,全连最后就剩他一个人回来了。说到这里时他老泪纵横,下巴抖动着抽噎,突然哭着喊出声说:"全连一百多号人,最后就剩我一个人了!"那哭声"啊啊"的好像是从心底喷涌而出向空中的最后的释放。他儿媳妇转过身脸冲着窗户,我则仰头靠在了墙上……我给老人家擦了一下满脸的泪水鼻涕,轻轻地问他:"你不觉得你是个英雄吗?"他说:"我们所有战士都是英雄。"

在阵地的包扎所,眼看战斗要结束了,于成恩亲眼看到有很多人上一个山头插红旗,上去一批被打倒一批,大家只想着插旗了,那人死得都上摞了。他说,插上红旗也胜利了,大家都争着照相,首长还喊话说:"你们是辽阳人民的功臣!"

这一仗我军牺牲800多人,消灭国民党王牌的新六军暂编五十四师以及辽阳管区以下官兵,计有1.1万余名,还缴获了大量的武器装备,于成恩也立了一个小功。于成恩伤好后,被定为三等甲级残疾,1948年就复员回家务农了。他说,1960年困难时期,我们四口之家饿得不行,据说黑龙江能吃饱,就带着手续逃荒来到这里,在这个山村里过了几十年舒心日子。到了老年他瘫在了炕上,时间久了,儿女们大都伺候不起了,因为他们还要种地、打工、生活,所以只能扔下老儿媳妇郭淑芳一个人来照顾他。家有一垧多土地没有人来耕种,时间长了儿媳妇郭淑芳倒是从容对待了,她说,就当是自己的亲爹,我就不想那么多了。很多时候我心里也挺憋屈苦闷的,晚上睡觉都是哭着醒的,怎么什么事情都让我摊上了呢?郭淑芳是个干净利落,嘴硬心软的人,可是每当说到这里时,她总是委屈无奈,哭得两眼通红。她说,有时候真的受不了,多少次我要去找政府帮助,可是公公怎么也不同意,还说他没有几天活头啦,别给国家找麻烦了。

晚年的于成恩没有摆脱疾病的折磨,在我第一次采访的一个月后于成恩老人就逝世了。第二次采访的时候,我看着当初于成恩老人躺着的那铺炕空空荡荡,心头有些堵得难受。忽然耳边响起老人家说的一句我当时没有在意的话:"吃水不忘打井人哪,没有我们打天下,哪有你们的好日子。"我忽然体会到了这句话

04. 于成恩——最后剩下的那个战士

里的含义，内心里隐隐作痛……

我很想去看看老人家的坟茔，这或许是出于良心和情感上的亏欠，我走了几里路在山上找了好久，终于找到了那个埋葬于成恩老人的新坟。此时，我站在山上，风湿润了眼睛，我默默脱下了帽子屈身弯腰：一鞠躬，对不起老人家，约好再见的，您却默默告别了人世；二鞠躬，我敬仰，您是我心中的英雄；三鞠躬，静静地安息吧，苍天荒凉之下，毕竟您还是在家乡的土地上长眠守望。

儿媳妇郭淑芳告诉我说，那天给于成恩老人送葬去了很多人，都是全村的乡邻，都说少了一个好老头，却没有一个人提及他是什么战场的功臣和英雄，大伙也都不知道，于成恩也从来都不讲，即使是我们家人，也是在你上次的采访中，才第一次知道了他战斗的那些事。

05. 刘维东——小小的无名高地上

刘维东，76岁，原四野39军115师345团通信连战士，佳木斯郊区四丰乡四丰村人。1950年抗美援朝战争时参军，在无名高地坚守阵地，多次单独执行任务，负伤两次。1953年复员回乡务农，因儿子和妻子患病，家庭生活困难，艰苦创业种植菜地。（2006.7.11）

1950年10月，抗美援朝战争开始，刘维东报名参军。入朝作战的时候，他们每人发了一袋子炒面和用铁丝串的八块熟肉，刚过鸭绿江南沿，敌人的飞机就扫射投弹，敌人用的是机关炮，牺牲的战士身上都被炸了个大窟窿。刘维东在炸弹坑里躲来躲去，连滚带爬就把肉串弄丢了，吃饭时他没有肉吃，就只能干噎炒面。白天害怕飞机轰炸，部队都是晚间行军，一宿急行军能走115里地，还全副武装，连枪带背包满载。连续的急行军使战士们都很疲惫，有的人躺在地上直接

05. 刘维东——小小的无名高地上

就睡着了。

刘维东有些文化，连长就让他领大家高呼口号，领头高唱"雄赳赳，气昂昂"的军歌，鼓舞士气，振奋战士们的精神，安抚战士们由于疲劳而产生的不满和怨愤的情绪。讲到这里，他还手舞足蹈兴奋地唱了起来，神采飞扬的样子好像回到了当年，眼睛遥望着远方，里面闪动着晶莹的泪花。看来，那段历史在他的生命中是很值得留恋回味的。他说，虽然苦累危险，但是在部队那段生活愉快呀，部队真是一个"大学校"，会把人锻炼成另一个人。

这是刘维东刚参军时的照片，他参军走后，他母亲日日担心他的安危，着急上火，病入膏肓，在他复员回来没几天，母亲就去世了。

新兵改编后，刘维东被分到连里当电话兵。他觉得电话兵就是架线听电话，是一个既安全又轻巧的工作。结果到了前沿阵地的时候，他才感觉到这里条件的艰苦是他们想象不到的。每天他们都躲在地下防空洞里，像老鼠似的往里面掏洞不止，然后用铁皮炮弹箱子往外运沙土岩石，运到清川江边倒入江里。有一次在运输过程中，在路上留下了一些沙土印子，被敌人的飞机发现了，随后就来了轰炸机，先开机关炮封锁洞口，接着就投弹，防空洞里被炸塌了好大一面子，黑黢黢的，人被闷在里面，没有空气，蜡烛都灭了。外面的电话线被炸断很多，轰炸刚停止，班长马上就开始喊人去执行任务，喊了半天没有人答应，有的人被炮弹震晕了，有的人则是害怕躲避了起来。喊到刘维东的时候，他"嗽"一声站了出来。班长命令他马上出去接线，他二话没说就接受了任务。坑道的洞口被炸塌了，憋在里面出不去，他就拼命用手挠，找到一个锅底坑，那里面的松木支撑被炸塌的岩石泥土压得嘎嘎直响，非常吓人，他找了半天找不到出口。班长喊他到南出口那里看看，刚爬到门口，他就发现地下有个

没有光环的英雄
——东北革命根据地农村参战军人战斗生活故事

定时炸弹,有酱缸那么粗,他赶紧趴下,看了半天没有响,起身就跑出去了。他说,天上敌人飞机继续进行空中战,这个时候美国飞机投的炸弹由大的变成了小的,扔到下面的时候,都是在人的头上两米左右爆炸,专门炸地面上的人,炸得到处一串串开花。他冒着危险从一个防空洞跑到另一个防空洞,一边躲避一边寻找,把一处处炸断的电话线都接通了。

刘维东每讲起抗美援朝那段战斗历史时就会激情振奋。他说,那是我人生最值得回味的历程,是解放军这个"大学校"把我培养成人,我永生永世也不会忘记。他还要告诉儿女珍惜现在的生活,他说幸福都是老一辈人用苦难和鲜血换来的。他还遗憾地说:"可惜呀!现在有些人把这些都忘记了,他们不理解、不珍惜……"

刘维东身受两处伤,没有定上残疾等级。他说:"当时没有要,那时就不想给国家添麻烦。"他指着腿上的伤疤说:"我受的伤都不重,也是轻伤不下火线。最难熬的是在坑道里吃不着蔬菜,常年受潮,浑身得了不少病,头发都掉没有了。"

班里要给他嘉奖,同志们都说他思想进步,执行任务坚定勇敢。他说,我也没有别的思想,就是想一心一意保家卫国。后来在无名高地守备打阵地战的时候,班长命令刘维东一个人去执行接线任务。从那次成功完成任务后,班长就对刘维东很信任,他交给刘维东的任务都是十分艰巨的,而刘维东每次都是豁出命来完成任务。刘维东说:"当兵的就要无条件地执行任务!"敌我阵地双方两个山头挨得很近,过去50多米那边就是美军阵地。刘维东背着卡宾枪带着电话机,爬到敌人的阵地边上,都能看到站岗的美国兵了,他边隐蔽边顺着电话线寻找被破坏的电话线。不巧前面遇到了一条十几米宽的河,他想,过去就得暴露目标,

05. 刘维东——小小的无名高地上

可能就被敌人封锁的火力给打死了，不过去又完不成任务。他横下一条心，心想，要下定决心过去完成任务！他说："我倒不是不怕牺牲，可完不成任务怎么有脸回去呀！牺牲就牺牲吧。"他就一咬牙跳进冰冷的河水中。还好河水不深，刚到脖子，他边隐蔽边走，费了好大的劲才在一片水田里找到线头。这时候敌人的炮弹满地炸开了，他就想快点接线，就什么也不管了，来不及拿工具，就用牙咬线皮子把两股线接通了。在他绕道回部队山尖上的防空洞时，刚走到半山腰，敌人的冷炮开始轰炸，他就听到"唰"的一声，一发炮弹落在身边爆炸了。醒神后他就觉得脸有些不好使，结果颧骨摔歪了拧了个劲，手腕子被划了一个大三角口子，还血流不止。他当时想，出血不要紧，胳膊没有炸断能够写字就行，身上棉袄被炸飞了，他觉得后腰有些发木，伸手一摸是个炮弹皮子卡在上面了，用手往下拿的时候还烫手呢，抠出来一看，原来炮弹皮是横着拍上去的。他说，要是炮弹皮竖着顺茬从肚子进去，那肠子非得打冒出来不可。他是爬着回到部队的，大腿摔得不好使了，从冰冷的河水里蹚过去，浑身冻得僵硬都回不过弯来了。班长心疼地把他抱过来烤火温暖身子，4个小时过去了，他耳朵还嗡嗡直响。

刘维东和战士们在无名高地上顽强地坚守了五六个月。前沿阵地上，敌人铁丝网上的罐头盒子响和美国人唱歌都听得一清二楚，他们精神高度紧张，就藏在高地坑道里监视敌人，还要找时机去敌人阵地打游击，抓俘虏，缴获枪弹和物资。大冬天坑道里很冷，很多战士把脚都冻坏了。他们从来没有脱过衣服睡觉，生的虱子一抓都是一把一把的，虱子多抓不过来，他就捡些破绷带裹在身子里面，等虱子爬满了要钻到肉里的时候，就把爬满一层虱子的绷带解下来扔掉。敌人封锁严密，物资运不上来，经常吃饭断顿。有一次三天三宿没有吃饭，天下大雨，清川江的水都涨到了电线杆子头上，上面横担上挂的都是草。后勤为了给他们阵地上送给养，派很多人蹚水过江，运输工具是破木头盆子和木头板子，用铁丝绑上运送粮食和蔬菜。他们亲眼看着那些战士无所畏惧地冲到激流中，无论是会水的还是不会水的，眼睁睁地看着他们被冰冷的大水连人带物全冲走了，没有救助的，也没有退缩的，即使被水淹没了头顶，他们还坚定地死死抓住物资不松

没有光环的英雄
——东北革命根据地农村参战军人战斗生活故事

手,最后那些战士一个也没有过来,都被冲走壮烈牺牲了。刘维东他们看到这样感人的场面,都心疼得哭了,为了那些可亲可爱的战友,他们这些坚守阵地的战士们不再叫苦埋怨,就是再苦再饿也都咬着牙坚持。

刘维东说阵地上的条件十分艰苦。有一次,他饿得昏迷了,忽然看到有饭送来,没有碗盆就急忙捡起老乡被炸碎的碗碴子装饭,狼吞虎咽就着生黄花菜连吃了7碗,当时就吃出了胃出血。阵地上没有水,水沟子在敌人阵地下,他们就冒着生命危险去弄水,没有工具就用雨布往回兜水,敌人用枪炮封锁,把战士打得直骨碌,牺牲了好几个人。敌人封锁得严密,伤员都不能被及时送下去。有一次刘维东从营部出来,看到坑道旁有一个受伤的战士,脑袋耷拉着,脖子被炮弹皮子砍断了,还在等着向下送,都好几天了送不下去,眼看着最后牺牲了。

刘维东说,开始攻打无名高地时,战士们都憋足了劲头。我军在半山腰口抠了两个大山洞子,部队先隐蔽在那里。冲锋号一响,战士们突然就从半山腰冲出来,一直猛攻登上了主峰,包括担架队和通信连全体参战,上去的人有1 500多人,打得敌人措手不及。反攻的时候,友邻部队给予配合,炮弹都是用人背到山上去的,集中了500门大炮打了3分钟,这边打炮那边就冲上去了,团长连长亲自指挥,那场面就像电影《英雄儿女》中的王成那样,直接用无线电步话机联系。冲到顶峰的时候,美军用降落伞将照明弹挂在半空中,一个个像暖瓶那么大,照得像白天一样。敌人疯狂扫射,还动用了全部坦克战车,就看满山坡都是战士,炮弹来了有的人躲到山洞里,躲不及的就都被扫射到了,牺牲了很多人。受了伤的就往下抬,运送不走的就安置在山洞里,然而由于救治不及时运送不走的伤员不知道什么时候就牺牲了,坑道外面牺牲的战士用白布单子盖着,白花花老大一片。战斗结束后凡是参加无名高地战斗的都立了三等功。因为高地是敌人控制我军的要塞,敌人死守,封锁好几个交通要道,人车都过不去。打了一天一夜,我军的进攻最后大挫了敌人的锐气。后来二野的部队来换防,我们的部队退回70里地,然后再挖坑道,再整训,再打,一直打过三八线。

1953年,抗美援朝战争结束后,刘维东到大连陆军医院治疗。他说,就是那

05. 刘维东——小小的无名高地上

次三天三夜没有吃饭，后来一下吃得太多了，得了胃出血。此后，老是吐血，后来就复员了。1954年他复员被分配到邮电局工作，1962年困难时期，国家下放干部到基层，他说我是党员军人，当时就报名响应号召回乡务农了。

刘维东有5个儿女，现在和两个儿子生活。一个儿子是50岁的精神病，一个是40岁没有找到对象的光棍。几十年了，他家境比较困难，但也很要强，很少找政府，他说自己毕竟是党员！大儿子20多岁的时候患精神病，天天闹腾屋拉屋尿，打人甚至拿刀要杀人，关到屋子里他就放火烧衣服、被子。他母亲看他放火就用烧火棍子打他，他却用擀面杖把他母亲脑袋打了个大口子。刘维东管教时他还狠狠还手，气得刘维东狠揍了他一顿。一说及这个大儿子，刘维东顿时两眼汪汪盈泪。每天，他都抽空和大儿子待一会，很怕有什么三长两短。眼看自己时日无多了，他怎么能放下心呢。

正在做农活的刘维东。

刘维东在最困难的时候，有人告诉他信主吧，上帝能够解救你的贫穷和荒凉孤寂的心灵。他坚定地说："我什么也不信，就信共产党！"前几年给大儿子治病花了不少钱，他母亲被他折腾得得了脑血栓，花了不少钱也没治好，8年前就去世了。他一共拉下了1.7万元的饥荒（债），还不上债，人家要拿他的房子抵债，他没有办法就用自己的优抚金做老本抵押还债，让另外两个儿子帮还，到现在还剩 2 000 多元没有还上。

刘维东现在把唯一的希望寄托在那仅有的 3 亩菜地上,他在这里建了一个大棚,期望地下生"金",给子女留下些东西,他想耗尽自己最后一些力气来支撑残破的家庭。他住在大地里阴暗的地窝铺里,每天只有一台破旧的收音机陪伴他,他总想听听中央还有什么新政策,他盼星星盼月亮,等待着春苗的萌发茁壮,期盼着秋天的收获,能再次看到儿女们幸福灿烂的笑脸,以此来慰藉九泉之下到死都没有瞑目的妻子。他说,我要种大棚脱贫干点事情,不能躺在功劳簿上让党和政府养活我。

刘维东本不想给人添麻烦,可是他没有援助就无法渡过难关,他琢磨了几个昼夜,这才张口要求乡和村里支援。这时刘维东高兴得逢人便说,还是党和政府好,等到我成功的时候我要圆梦,好好宣传表扬那些拥军优属,落实党的政策的模范。他还需要一点棚杆和地膜,缺口是 6 000 多元钱,他就自食其力,大冬天,下地上山去割苕子,编筐扎笤帚卖小钱积攒。我二次采访他的时候,他正在山上割苕子,是他儿子领着我,从山上把他找回来的。春天的时候,他高兴地给我来电话,说大棚已经落成栽上小苗了。

06. 盖学礼——那枚褪色的军功章

盖学礼,83岁,原东北野战军4纵101师30团2营5连班长,富锦市长安镇西日新村人。1947年参军,在部队转正入了党。参加了长春、沈阳、本溪、四平等战斗。在辽阳战斗中肩膀负伤。在四平战斗中,荣立了一次大功,部队奖励他东北民主联军的"勇敢奖章"。在塔山战斗中炸伤腿部。1949年复员回乡,被定为三等乙级残疾。(2006.11.21)

在日新村不到几十户的人家中打听盖学礼还是个挺困难的事情,走了好几趟街村民都说不认识。后来,询问了很多人,最终在一处低矮的草房中见到了盖学礼老人。

按辈分我应该叫这些老战士为大叔,但盖学礼马上纠正说:"叫我盖学礼,你像是我们军队的人。"果然人不一般,出语也不凡。我刚说完采访老战士的目的,他就急不可耐地翻箱倒柜,熟练地找出一个精致的小包,拿出了一枚老旧的军功章给我看，说这是东北民主联军奖励的最高荣誉"勇敢奖章"，我一看，应该就是那些村民说的褪了色的军功章。实际上我采访的大部分老战士，他们都是那么急不可耐地给找证件和军功章证实着什么，都是那么急着要说出那些深藏在心底的那番话。

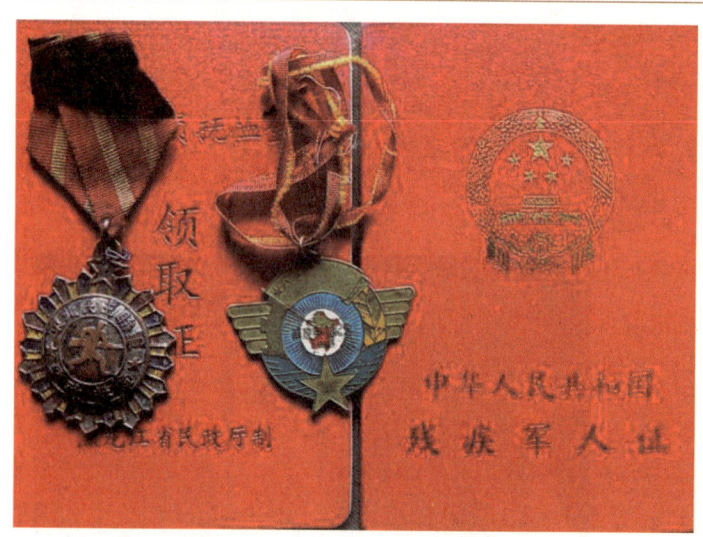

盖学礼获得的奖章和纪念章。右边的就是东北民主联军颁发的"勇敢奖章"，这个奖章一般人都没有，都是荣立大功和战斗英雄才有，这也是我采访将近250多位复员老战士，见过的唯一一枚"勇敢奖章"。

盖学礼参军就是班长。日本投降后，八路军工作队刚来村子进行土改的时候，工作队长最先接触的是他这个四处游荡的小猪倌。工作队找到他谈心，让他推荐一个村子里最穷的人当贫协会长。还说共产党来了，穷人要翻身了。盖学礼当时就感到受穷受气的日子到头了，穷人要拥有平等自由了。他那时才觉得自己是个人，是给穷人办事的，于是他组建农会，要求入党，下定决心一定要为这个新社会做点什么。他向工作队推荐了贫协会长，会长就任命他当了民兵连长。1946年他就要当兵打仗去，会长没有同意，而是让他继续协助工作。1947年扩兵，他二话没说，带着他负责的20多个民兵，主动找到区政府报名参军了，后直接被编入东北野战军4纵101师30团2营5连，盖学礼当了班长。

部队直接开拔到辽沈战役的前线，先后打了长春、沈阳和黑山阻击战。1948年腊月过小年时要攻打辽阳。晚上开始的总攻，辽阳城有四个关，他们部队在西关进攻，围着城墙冲锋。排长在前面走，盖学礼端着冲锋枪带领战士向前冲，他

06. 盖学礼——那枚褪色的军功章

站得高了一些，敌人射过来一梭子子弹，打中了他的右肩膀，他就好像被人拽了一把似的，觉得肩膀和手凉，冲锋枪也掉地上了。排长以为他怎么了呢，就问他怎么把枪扔了？他说挂彩了手不好使。他弯腰费好大劲把枪捡了起来，流着血抱着枪还要继续冲锋，可是右臂怎么也不好使。他艰难地端枪，踉跄地冲锋，一个坚强勇敢的形象在战士们和排长心中一下子高大了起来。大家叫他立即下去，他说："我下去了我们班这些兵谁照顾呀！"排长吓唬他说："你不下去还要连累别人照顾你，伤亡不更大嘛，你的兵我亲自带！"

盖学礼总认为，自己参军就是预备党员，到部队就是班长，表现应该更出色。在医院仅住了两个月，他又要求参加了第四次打四平的战役。在攻打牛庄和陈家大院时，冲锋号一响，盖学礼带着全班战士冲锋向上攻，冲到山上遇到一座很大的碉堡，四面枪眼冒火封锁了冲锋的唯一小道。后面的所有战士都被敌人的火力压了下去，盖学礼和战士小王登到了山顶。战士小王在他后面被树棵子挡住了，他胆小害怕，一会喊一声班长。这一喊就被敌人发现了，一阵冲锋枪打伤了小王的胸部。盖学礼看小王伤势很重，就让他回去了，自己一个人继续向上冲。敌人用机枪把他压制住了，一颗子弹打在了他的大腿上，就听"当"的一声被兜里的手表挡住了。这时，下面的冲锋号吹响了，解放军几个连的人开始向上冲。国民党兵一看不好，都跑出碉堡往外逃跑。这时，就盖学礼一个人在山上，要是等战士们都冲上来，敌人早就逃跑了，如果再追击可能就有伤亡。如果放跑了敌人，自己这个党员班长让人家怎么说呀！不能再等了，他知道自己一个人上去堵击敌人很危险，敌人稍有反抗他就会没命的。他没有再犹豫，迅速站起来，端起冲锋枪快步跑上前，正好在碉堡门口堵着，大喊一声："都别动！都趴下缴枪不杀，共产党优待俘虏，要不就开枪了。"敌人一个连有100多人都被他一个人惊呆了，他这威风凛凛往高处这么一站，敌人也不知道有多少人，就都被镇住了，纷纷把枪扔在地上，乖乖地抱着脑袋趴了下来。他说："当时也不知道怎么来了那么大的勇气，就觉得浑身胆量不知道害怕。可是，马上我就有些反应过来了，如果这个时候敌人向我开枪，我就必死无疑。"他命令一个俘虏站起来，把所有

没有光环的英雄
——东北革命根据地农村参战军人战斗生活故事

枪栓都卸下来装在背筐里,防止他们反抗。这时,俘虏堆里藏着的敌军连长站起来就跑,盖学礼冲着他就放了一梭子子弹,打得那家伙连滚带爬跑掉了。盖学礼不敢去追赶,害怕其余的敌人反抗。这次他一个人俘虏敌人100多人,缴获大小枪支120多支,还有轻重机枪和小炮。部队给他立了一次大功,同时由于他在多次战斗中的英勇表现,奖励他一个东北民主联军的"勇敢奖章"。这个奖章一般人没有,大都是荣立大功和战斗英雄才会有。后来部队给他家送立功喜报的时候,敲锣打鼓送到他家,家里人开始还以为他牺牲在战场上了呢,当时还把他的弟弟给吓哭了。在那个战争年代,立战功的敲锣打鼓送立功喜报,在战场上牺牲了叫"光荣"也敲锣打鼓送喜报,结果很多人搞不清,一敲锣打鼓就以为又有谁"光荣"了呢,因为立功的喜报少,光荣牺牲的多,人们造成错觉,一敲锣打鼓就害怕。日新村当初参军20多人,除了在战场上牺牲的,只有盖学礼复员最早,功劳奖励最多,他也成了部队和村子里出名的人物。

辽沈战役前后仅仅打了不到两个月,盖学礼就受了三次伤。在塔山战斗时,他所在部队开始扫外围,把碉堡里面的敌人都打跑了,撵到了塔山附近的掩体里了。这时敌人就在掩体里加强了火力,猛烈地压住了冲锋的战士。排长命令他带领一个机枪手上去进攻,那个战士拿起机枪刚瞄准敌人阵地,就被敌人的炮弹打到,牺牲了。盖学礼怕敌人出来抢去机枪来个反冲锋,那部队损失可就大了,他明知道是死硬挺着站了起来,舍命跳出战壕抢机枪。他刚跑上去拿机枪,敌人冲着他就打了一顿炮,一下子就把他的腿给炸伤了,他的大腿鲜血直流,还紧紧抱着机枪,他回头看看排长也受伤了,这时,他们一个排死伤了很多人,没剩几个人了。他把机枪交给了还在战斗的战士,就向排长靠近,中间隔条小河,两人都爬不动了,排长告诉他把绑腿解下来,捡块石头绑上扔给他,就这样把他拽了过去,他就和排长一起躲到空地堡里面。等到后半夜,战斗还依然进行,部队怎么也冲不上去。在紧张的等待中,他们不知道战斗会有什么结果,还有什么危险降临,都抓紧了身边仅剩的手榴弹,他们想好了,如果战斗失败了,敌人要是过来抓他们,他们就用手中的手榴弹引爆自杀。他们忍着疼痛默默不语,也没有一丝

06. 盖学礼——那枚褪色的军功章

惧怕后悔。一直等到天亮,营长带领增援部队打胜了战斗,担架队才上来把他们抬下去。这个时候,老百姓的胶皮轱辘大车也来了,在蒙蒙亮光里,人们往车上抬牺牲了的战士。盖学礼想着刚刚经历过的生死劫难,一夜间战友就这样走了,他偷偷地哭了起来。

盖学礼参加的战役少,却经历了几次生死危险。他说:"我总考虑自己是党员和班长,打仗都是往前跑,挑危险的时刻带头上,所以危险也多。我没有战死也是够幸运的了,有多少次冲锋就看身边的战士倒下了,一片一片的,我要是不负伤,后来可能也早就牺牲在战场上了。我就两个奖章,那可是用鲜血和生命换来的。"

盖学礼当兵走时和妻子订了婚,两人还是前后院住着。他当兵走后,人家一直等着他,后来看他挂个棍子瘸腿回来了,就有些犹豫了,思想斗争了好长时间才决定嫁给他。当着我的面他和老伴开玩笑地说:"幸好你愿意嫁给我,要是嫁给没有去当兵的小伙子,结完婚再上战场要是牺牲了你就得守寡,还不如找我这个受伤的把握。"

盖学礼因伤于1949年复员回乡，被定为三等乙级残疾。由于在部队都是夜间行军打仗，他的眼睛熬得生了病，回来没有几年视力就下降看不着什么了。由于眼睛怕光，而且塌陷不好看，他就常年戴墨镜。

回村后盖学礼就接任了农会主席，合作化的时候当了社员。他和妻子没有子女，是政府照顾的"五保户"，每年政府会给他生活费，他每个季度有复员军人和残疾军人抚恤金，他就依靠这些收入生活。房子是1979年村子"火烧连营"后，政府扶持给每家盖的两间草房。前些年日常生活老两口自食其力，现在年纪大了，老两口打算去敬老院生活。

07. 滕庆华——没有影像的照片

滕庆华，83岁，原西安军区新疆招聘团文化教员，桦川县梨丰乡片泡村人。1949年，在长沙中学参加的解放军，负责新兵的安置分配和思想教育工作。1952年，因为水土不服，四肢活动不便，复员到长沙市职业工人办公室当收发员，并同连指导员赵连武结婚。1953年，随同丈夫待命服役建设社会主义，到他家乡山东武城县小河村务农，赵连武在村子当了20年支部书记，后因为生活困难，和滕庆华投奔女儿到黑龙江落户。（2007.5.17）

在当地民政局给我提供的采访名单里，没有滕庆华的名字，我是在其他村子打听路的时候，一个农民告诉我的，他说片泡村还有个女的老战士呢！我一听来了劲儿，这是我求之不得的事情。此前，在另一个县有人提供信息说有位女抗联老战士，然而等我去的时候，老战士都去世好几年了，我为此很遗憾。

没有光环的英雄
——东北革命根据地农村参战军人战斗生活故事

80多岁的滕庆华，人虽然精瘦，却显得干练精神，从她的骨子里透出了一种高雅的气质。原来她曾是一名漂亮的湖南女中学生，参军复员后随丈夫到的东北。我笑着对老人家说："您年轻的时候一定很漂亮。"一旁的女邻居马上说："你看她的照片，那长得才漂亮呢，人长得秀气俊俏，还梳着两条大辫子。"我急忙要看她的照片，结果她突然哆嗦起来，颤抖地拿出了一张已经没有了人影的照片。我望着白板的照片百思不得其解，摇晃着脑袋看看照片，看看老人家。滕庆华嘴唇发紫哆嗦了一会儿说："照片是在墙上挂着的，影子被冬天上霜的冰和水泡掉了。"我突然有个疑问，一个漂亮的女战士，最后连同她过去的青春影子一起就这样消失了？我听说她丈夫赵连武原来是连级干部，就赶紧问老人家里有没有她丈夫的照片，这一下更引起了她的心酸，她低声哽咽着说："老头儿的照片也没有了……"屋子里静静的没有了声音，她低声抽泣着，慢慢地抬起头开始了痛苦的回忆，她给我讲了两段令人难以忘怀，感人至深的故事……

"我的老头儿1945年就参加抗日战争了，打过游击战，1947年加入东北的野战军，在攻打四平的时候，敌人在铁道下面挖战壕，他们冲锋的时候，他被敌人的子弹射穿了肚子。部队这次没打下四平，就在紧急情况下撤退了，而他们这些受伤的战士还没有来得及撤退。敌人第二天来清查战场，这个时候天下着小雨，他已经清醒过来，看着敌人过来，马上拉过一个战士的尸体压在身上装死，吓得他一口气不敢出。敌人清查得不仔细，他就躲了过去。他在那里一动不敢动躲到黑天，忍着疼痛开始往外爬。爬了不

这是滕庆华保存的没有影像的年轻参军时的照片，此时无影胜有影。此图是她最后落实的复员军人补助费证书。

远，一看还有一个人在爬，他知道这也是负伤的战友，他就和那个战友一起往外爬。后半夜，他们爬了十几里路，到了一个叫米沙子的地方，看到远处有个小房

07. 滕庆华——没有影像的照片

子里面有灯光，他们就慢慢敲开门，一个老太太出来开门，一看是两个鲜血淋淋的解放军，一下子吓得要昏过去。他们两个说：'大娘呀，你别害怕，我们是八路军，肚子饿了，你有啥吃的，就给点吃的吧。'大娘说：'我就有点冻高粱米饭，要不给你们做点吧。'他们说：'冻就冻吧，别做了。'他们就这样吃了些冻高粱米饭，连夜上路去找部队，他们一直往南走，后来找到了部队。"

滕庆华有气管炎，讲述的时候上气不接下气，讲述已故多年的丈夫的故事时，她的心情也很沉重，声音颤抖，让人心头发紧。我问她的丈夫是什么部队的，她说记不清，拿过赵连武的转业证，正好记载他部队番号的前面的那段被撕掉了，就剩下"139师82团"的字样。

"我老头儿后来到了炮兵团，作战的时候是战士，1946年入党，后来是连指导员。在黑山阻击战时，他们一个师部阻击敌人，开始了解放唐山的战役。敌人好几个军攻打他们的阵地，他们坚守了三天三夜，战士牺牲了很多，几乎没剩多少人了，很多负伤的战士还仍然坚持战斗。师长到阵地上时，看到死伤那么多战士，剩下的战士也都负伤挂彩，衣衫褴褛不成个样子，他心疼得都哭了。敌人继续进攻，战士们就把水桶放上鞭炮吓唬敌人，把牺牲战士的尸体竖起来，敌人干打不倒，就说，这八路军怎么这么抗打，怎么打也不倒下。后来唐山解放了，大部队赶来增援，把他们解救了出来。接着他们就参加了解放天津和北京的战役。

"他们南下，在过黄河时敌人把大桥炸断了，他们就爬一根铁链子过河。天上还有飞机对他们进行轰炸，陆地上有大炮持续攻击他们，战士们双手攥着铁链来回倒，一松手就会掉到黄河里面，很多战士就这样被滔滔的黄河水卷走了。打到湖南到湘西剿匪，那里都是大山，有一次他们在山下向山上进攻，由于不熟悉道路的情况，先上去的一个连，都被土匪给打没了。

"1949年我老头儿到长沙，在抗美援朝的时候向前线送新兵，后来回到长沙到公安总司令部当指导员。我在长沙岳麓中学要毕业的时候，就在1949年长沙解放后，参加了西北野战军，我被分配到西安军区新疆招聘团，负责接待、安排湖南来的新兵的吃住工作。我当的是文化教员，给那些新兵做思想工作，有很多十

没有光环的**英雄**
——东北革命根据地农村参战军人战斗生活故事

几岁文工团的小孩子想家，我就边哄边做工作。1952年，我由于水土不服，胳膊抽筋有风湿病，部队就安排我复员，我被分配到长沙职业工人办公室当收发员。这个时候，由战友介绍，我和当连指导员的赵连武结了婚。

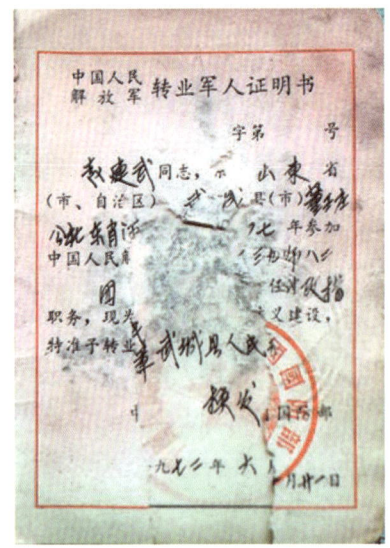 

滕庆华丈夫赵连武遗留的军功章和转业军人证明书。一个有着不寻常战斗经历的战士，服从国家分配，默默艰苦奋斗，献出了生命，就这样早早告别了人世，扔下了生活困难的妻子和孩子。

"1953年部队待命转建（复员军人到农村建设参加生产，等待部队预备役召回），我老头儿就回老家山东武城县小河村参加农村生产，我就随他回老家当了社员。他当了20年的支部书记，1976年因为生活困难，就投奔了嫁到黑龙江桦川县的女儿，县里领导就让我老头儿到新开发的片泡村当支部书记。这里没有党员，我老头儿说：'这里的人我不熟悉，工作起来不好说话，我就当个参谋吧，给别人支招。'1976年到的这个村子，1977年他就得了黄疸型肝炎病去世了。那时候没有钱，生活困难，找到民政局，民政局安排我们到了佳木斯市治疗，结果到医院的那天晚上他就死了。老头儿死了，孩子大的才13岁，小的10岁，那时候可受罪了。我考虑两个孩子小，生活没有出路，如果让两个孩子干活儿怕会累坏。我在这村子里无亲无故的，我就把孩子送到了城里他姐姐家去上学。我就来回跑县和公社，要些学费什么的，供孩子上学。我也不能干活儿，两个孩子小

07. 滕庆华——没有影像的照片

也不能干活儿,没有参加劳动的人。那年过年,村子一人才给5斤小麦,我们家三口人才给15斤小麦。过年的时候,什么也没有,过年那天晚上,孩子坐在我跟前,眼巴巴地看着我,问我:'妈呀,过年了,包不包顿饺子吃呀!'我心比孩子还难受,我强挺着说:'包!'我就到邻居家跟人家说:'借给我点肉和菜吧,我好给孩子包点饺子吃。'"

说到这里的时候,滕庆华早已泣不成声了,她哽咽着述说,把屋子里的人都说得哭声不已……

"我让最小的孩子拿那15斤麦子,去找大队换点面,这15斤麦子也磨不下来面。生产队给换了13斤面粉,我就拿这些面,拿着从邻居家借来的肉和菜,给孩子包了顿饺子吃。"

这是存放在县殡仪馆的赵连武的骨灰盒,在城里打工的他的老儿子赵金峰领着我去看望了这个老战士。殡仪馆的管理人员说,骨灰盒已经有11年没有交费了,每年是80元钱,账上记载欠800多元钱。赵金峰说,他知道骨灰盒存放欠费的事情,当初他父亲死亡火化的时候,有人答应给出钱交费的。我问他:"父亲去世后,家里人是很悲痛的吧。"他说:"我才10岁不懂事,我母亲都哭背气了。"

"我每年依靠政府救济生活,由于家庭贫困,生活也不好,我得了肝硬化。到县里住院看病没有钱,我找到几个部门没有得到解决,我就找到人民监察委员会的刘书记。他问我:'吃饭了吗?'我说没有,他就让我回去到医院开证明找县里看病,后来办公室给我解决了35元钱。后来我没有办法,就到了县里找

没有光环的英雄
——东北革命根据地农村参战军人战斗生活故事

领导,人家看了老头儿的军功章,说:'还有解放东北的纪念章呢!'我说我也是复员军人,老头儿死了,我也应该落实复员军人待遇。后来县里的领导说话,民政局就给我落实了复员军人待遇,按年头儿开抚恤金。"

我看她一个人住,就问起她儿子的事情。她说:"大儿子大了,我找公社的书记让他当兵找出路,结果村干部说:'让她儿子当兵她家就没有劳力了。'去年我从5月得病,到了过年才好,病得都皮包骨,浑身发紫。大儿子和媳妇不怎么来,老儿子在城里打工,就依靠外甥女和邻居照看,现在才缓过劲儿来。"邻居说,她病的时候,成天一个人躺在炕上,就剩下一口气了。乡里的民政助理挺关心她的,经常救济她,还会带她去看病。

这是1998年洪水淹没了她的房子后,由县政府扶持给滕庆华盖的房子。滕庆华领着我看了她早已经在洪水中倒塌的房子原来的宅基地。她由于身患多种疾病,走出门十几米,就喘不上来气了。

07. 滕庆华——没有影像的照片

滕庆华现在的肺气肿和心脏病还很重，一般的活儿都干不了，就是这个邻居经常帮助她打水，抱柴禾。她本人有5亩土地，现在也给了老儿子让他包了出去，得到的承包费，也给了孙子上学。

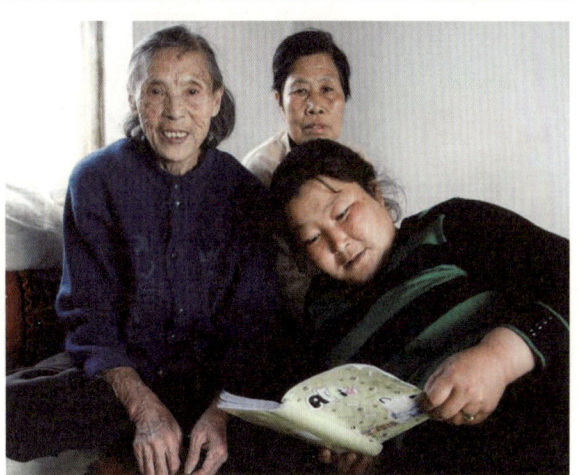

08. 唐凤山——"解放兵"的解放军

唐凤山，85岁，原四野43军128师战士，同江市乐业镇莲花河村人。1947年，在辽宁彰武参加国民党军队；1948年，在锦州从国民党军队解放，参加了解放军当机枪手，参加了辽西战役、天津战役，南下参加了渡海解放海南岛战役。1955年，在海南岛随军队大批复员，回辽宁生产队当支部书记；1967年，他带领一家人到黑龙江落了户。（2007.1.21）

　　唐凤山他们家穷，就为找个活路，稀里糊涂地当了国民党兵。在解放军攻打锦州外围的时候，他是跟着大帮国民党部队被俘虏过来的。后来他才知道，国民党说当兵是为"党国"效忠，共产党说当兵是为解放劳苦大众。他说："当兵不一样，国民党是让我为过去曾经欺压我的大地主和资本家效忠，共产党是为我们自己老百姓。"被俘虏的时候他是机枪手，解放过来的

08. 唐凤山——"解放兵"的解放军

时候他参加了解放军43军128师,还是当机枪手,直接就参加了辽西战役。这次他打仗心里有数,狠狠地打起了国民党。他们部队在黑山战斗了20多天,彻底打败了东北国民党军的西进兵团,他在战斗中英勇积极,受到了部队的表扬。

天津战役后,唐凤山和战友的合影照片。左侧是唐凤山。

解放军装备条件差,作战艰苦。唐凤山不怕,他骨子里是一个坚强的人,他认准了解放军这个自己的队伍,他就想坚决干到底。他说:"给别人卖命干,不如给穷人自己干。"辽西战役刚结束,他们就过了长城参加了平津战役,响应毛主席"关门打狗"策略的号召,封锁了傅作义的出海口。四野38军先打的天津突破口,攻进城后,国民党的司令部大楼攻不下来了,他们43军就开进来增援攻城,负责爆破大楼的任务。过护城河的时候,他们看见河里都是死尸,战士们都仰着头不敢低头看,看路的时候也是用眼睛瞄着自己胳膊上的白手巾,就觉得脚下踩到软的是身子,踩到硬的是脑袋,大家心里都突突地打战。又深又宽的护城河,他们过的时候没有了火力阻拦,那还够不着底,费了好大劲,才用担架铺上,一个个跳过去的,何况先前的战士冒着敌人的炮火是怎么过去的呢?他说:"这仗打的都是用人垫的呀!过了大沟的突破口进城到了街道,一看这边死的人更多。打扫战场的把死尸都横竖地像垛木头轱辘似的码成垛,十几丈远就一个死人垛,也不分什么国民党和解放军了。"

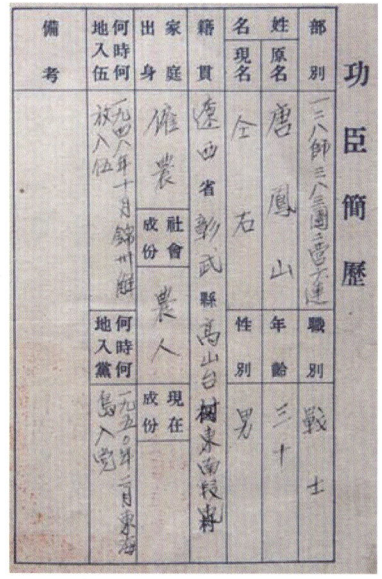 

唐凤山获得的战役纪念章和立功证书。立功证书上明确地标明"1948年在锦州解放入伍",解放就是俘虏,入伍叫解放兵。他很珍惜他当解放军及其战斗荣誉,但是他不愿意谈他当俘虏的详情。我在采访时,别的老战士问我,"你采访的唐凤山是个俘虏兵,他有什么可写的呢?"采访后我觉得唐凤山有那么多的事迹可写。

有些新兵当时就吓得筛糠了,唐凤山说:"怕什么!既然上来了,怕死也没有用。"他们每个人背着一个三四斤的炸药包,见到一个墙就炸个窟窿,从后面偷偷接近了敌人的司令部大楼。这时,他们看到敌人还在射击。他和战士们在后面偷偷上去,用枪一顶一个,全部都给抓了俘虏。唐凤山抓的俘虏最多,他是个车轴汉子,威武雄壮,本来就不苟言笑,一打仗就紧绷着脸。他胆子大,不管是人多人少都敢上前,敌人一见他端个机枪像个刹神,都害怕得乖乖投降。他们占领了大楼的后面,连长命令机枪班的战士,一人一挺机枪把守一个窗户,封锁了大路两边的道路,掩护爆破组的战士上去送炸药包。他们用猛烈的火力控制了整个大楼,几十个战士蜂拥上去,把七八百斤的炸药堆在了大楼底下。这时,连长高声喊:"都把嘴张开,别震聋了耳朵!"那边一拉线,就听一声巨响,把他们在楼上的人都震得蹦起老高。大楼很结实,用这么多的炸药炸大楼,大楼才被炸

08. 唐凤山——"解放兵"的解放军

出一个大门那么大的窟窿。他们感叹说:"这大楼是够坚固的,怨不得38军的爆破筒不够威力呢!"

大楼被炸开了,他们以为敌人说不上有多少呢。唐凤山在前面,和几个机枪手端着机枪冲上去,准备和敌人决战。结果上去一看,敌人都被猛烈的炸药震得死的死伤的伤。这个时候,就看到冲进大楼的战士押下来上千人的俘虏,男男女女,满街都是。解放军司令部的指挥官站在高处,高兴地喊话表扬唐凤山他们部队说:"你看,还是人家43军这个部队,打仗整齐过硬!"

在包围北平并接收起义的国民党军队后,43军就南下到了武汉参加了渡江战役。渡江前部队做动员时讲这是一场硬仗。唐凤山不怕,他在班会上表了态,就是死了也要打前锋。他们一个营在江北石灰窑过的江,因为所有能使用的船只都被敌人弄到南岸去了,他们好不容易弄来几条船,每个人只好做个简易的船桨奋力划船。这个时候,从南岸开来几艘汽船,原来是国民党的一个团过来投诚,他们要求保护好他们的家属,正赶上解放军过江,他们不抵抗就过去了。过江进攻的时候,唐凤山在突击班第一条船上,船上都垒好了装满沙子的大麻袋当掩体,一人一个木头拍子快速划水。唐凤山把机枪架在麻袋上,紧盯着对岸,准备向反抗的敌人射击。快到岸边的时候,对岸那些没有投降的敌人开火了。唐凤山在第一条船上,马上对着火光的地方猛烈扫射起来。可是他就打了两梭子,敌人就放弃阵地逃跑了。城里驻防的敌人没有想到解放军这么快就攻进来了,唐凤山他们营刚登陆,敌人就望风而逃。他们在后面追击了20多天,一路上把左一股右一股的敌人全部都消灭了。此后,他们直捣南京城,在黑天进的南京城,日头出来就出了城,在路过总统府的时候,就看遍地都是散落的纸片子,其中有一些是敌人撤退时尚未燃烧完的材料。

他们从南京出来,一路追击国民党残部,国民党那个时候兵败如山倒,一路溃逃撵都撵不上,他说敌人是"闻风能跑四十里,枪响能跑一百一"。唐凤山在广州休整了一个月,他们部队就往大榆岭方向去追击国民党的张淦逃敌。张淦说"解放军的腿再快也跑不过汽车轮子",他算计解放军需要4天才能赶上他们,就下令休息两天,等到第三天解放军要赶上了再走也来得及。这个时候,解放军翻山越岭抄近路追击,用了两天一夜就追赶上了。在博白城,侦察排化装先进去拿下岗哨,然后大部队出其不意地冲进城俘虏了很多国民党官兵,进攻到一个大楼的时候,活捉了国民党第3兵团司令官张淦。解放军让他下令都投降,国民党一个集团军有两个军投降了,逃跑了两个军。事后张淦疑惑地说:"你们怎么过来的?我算计你们4天后才能过来,你们是飞过来的吗?"

南下时唐凤山已经入党当了机枪班的班长。他这个人有主见,能够主持大事,虽然是指挥一个班,但是那是指挥一个连的先头部队机枪班!解放广州后,他们部队就开拔到东海岛开始海上训练,准备渡海解放海南岛。在向雷州半岛转移时,他们的船被海底的沉船撞了一个大窟窿,木头船就挂在了沉船的桅杆上。船上坐着两个班有20多个人,还有300袋大米。这个时候眼看就要沉船了,有个团里的作战参谋抄起枪来指挥,让战士把枪和背包背上。唐凤山在那边喊了一声说:"不行!眼瞅着船都要沉了,是要人还是要枪!"那个参谋也没有说什么。这个时候船开始侧翻,大米都翻到了海里,唐凤山临危不乱,镇定地指挥大家,把机枪和子弹一下子都甩到了桅帆上,让大家找机会逃生。这个时候40军有一个排还没有撤走,他们的船只发现了遇险的唐凤山和战士们,就赶过来营救。结果那个作战参谋贪生怕死,带头上了营救的船,船小装不下就开了,他还说一会来接他们。但是那个参谋再也没有回来,还是边上的几个老百姓的船把他们救了出去。上岸后老百姓给他们笼火取暖,然后再派人上出事的地方打捞枪支。一直到天亮,他一个小班长领着大家四处打听才找到了部队。当时连里正吃饭呢,一看他们回来都激动得哭了起来。营长说:"那个回来的参谋说你们都死了回不来了。"大家十分气愤,就告了那个参谋一状。

在雷州半岛海训了20多天,他们开始渡海解放海南岛。战斗前夕,有些战士有情绪不愿意渡海作战。唐凤山当时不怕,他倒不是不怕死,他当时想好了:"全国都解放了,就差这一仗了?怎么都是个打,不如早打完早回家!再说,打了好几年仗都没有过贪生怕死,还差这一仗了吗!"进攻的那天晚上,

08. 唐凤山——"解放兵"的解放军

满海面上都是解放军的小木船，铺天盖地的像高粱茬子似的，上面飞机炸，海上军舰打，照明弹把天照得像白天一样，通红通亮。敌人的军舰扫射开炮呜呜直响，把前进的木头船炸得着火翻船了。解放军一个营才有条炮船，船上的山炮一开火还向后坐，一下能退回十几米远。敌人怎么打，战士们都忍着不还击，一条船上坐20来个人，大家一人一个桨，拼着命喊着口号，快速地划船，迅速靠近敌人的大军舰边上。这时，战士们才都跳起来，一人拿个小炸药包，往敌人军舰上猛扔，一下就炸它个"满身开花"。就这样，用硬拼的招数，炸坏了敌人三四艘大军舰。

第二天早上3点多钟，他们营登上了海岸。对岸是个敌人炮兵阵地，唐凤山带领机枪突击班率先冲锋，用机枪火力开道。敌人负隅反抗，遍地开花的炮火阻挡住了突击班前进的道路，突击前进的战士也都被猛烈的炮火打死打伤。机枪扫射声渐渐停了，身边的突击队员都倒下了。唐凤山抬头看了一下，身边就剩下他和一个战士了。这个时候他的背上和大腿也被炮弹打伤了，就看敌人的炮火还在肆虐轰击，登陆的战士接二连三地纷纷倒在了炮火下。他就觉得嗓子里头有些紧，胸口有些闷得慌。他叫起剩下的那个战士，紧咬牙关，又艰难地冲进一步，接近敌人碉堡后，他架起机枪，冲着碉堡里的敌人机枪的火亮猛烈扫射，他一气儿换了几个梭子，打了半个小时，最后掩护两边的战士，在游击队的带领下趁机冲了上去。

唐凤山在海南岛驻防5年，于1955年随军队大批复员，回辽宁生产队当副书记。当时工作很好找，各单位也很欢迎他们这些有功劳，而且积极进步、素质高的复员军人，他也想到铁路找工作，后来因为公社重用，把他分到大队当支部书记，管理12个小队，一干就是19年。他说："我这个人就是工作认真，党叫干啥就干啥。""文化大革命"期间，唐凤山当年当俘虏的历史问题被揪了出来，他被当作黑官批斗。后来，唐凤山带领一家人来到了黑龙江，在这里落了户，远离了那些事情。后来老家乡政府找他，给他平反落实政策，要求他回去继续当书记，他有些灰心不想干了。来到黑龙江这里，正好村子里没有党员，他又当起了支部书记。

没有光环的英雄
——东北革命根据地农村参战军人战斗生活故事

唐凤山有5个子女,妻子前年去世,他执意自己单独生活。儿子坚决不同意。这样他才答应每天到儿子家吃饭,但是他还坚持自己单独居住。元旦的时候,在深圳的女儿,一片孝心给他邮寄回来巧克力和茶叶,他既高兴又生气,说花钱大老远邮这些不当用的玩意儿。

唐凤山住的这个房子有30多年的历史了,房子老旧漏雨,县民政给了他50块水泥瓦让他修缮一下。他说遮雨行,全苫上不够用,要是重新换瓦还不如整体大修一次,可是大修等于重新盖房,他又觉得自己老了不值当,就这样将就过一生就行了。可我看到的是,房子虽然陈旧简陋,每天就这样一个人里外忙活,过自己的生活,屋里外头他都收拾得干干净净。我说你这老头干净利索,还有生活情趣,他还不好意思地笑了起来。我问:"你不孤独吗?"他说:"习惯了,再说,你今天来采访我,我从来没有这样高兴过。"

08. 唐凤山——"解放兵"的解放军

　　我采访的时候，唐凤山也不是没有顾虑。他说："你应该采访那些老英雄什么的，我不算什么。"我说："你说的这些就是英雄的事迹。"此时，他怔了一下，随即默认地开心笑了。然后，他就那么若有所思默默地看着他的立功证。我看到他的眼睛里含着一丝闪光的泪花。这时，他的儿媳妇来找他吃饭，他饭也不顾吃，继续给我讲战斗故事。

　　在送我走到外面时，他又给我讲了一段他的故事：在粤桂边剿匪的时候，他和20多人当尖兵，当时遭遇了敌人的暗堡，几十挺机枪扫射，当时9死11伤，就剩他一个囫囵个的。他那时还是机枪突击队的，他顶着枪林弹雨，一下子滚到暗堡下，用机枪扫射堵住了枪眼。等后面战士冲上来时，他又向里面扔了两颗手榴弹，一下子把8个敌人都炸死了。

09. 吕月昌——英雄连的"逃兵"

吕月昌，76岁，原42军372团3营8连排长，佳木斯郊区望江镇景阳村人。1947年，在辽宁庄河参军，连队被授旗命名为"铁八连"的称号，参加了辽沈战役、平津战役。1950年，入朝参加上甘岭战斗，提升排长后在中线参战做预备队，在转移中与部队走散，回国到武装部报到，被错当作逃兵没收了枪支，发送到沈阳部队后打发回家务农。"文化大革命"时期被错当逃兵批斗，全家躲避迁移到黑龙江落户，2003年落实政策，补办了复员军人待遇。（2006.8.1）

吕月昌参军这个连，就是后来威震四方的"铁八连"。当时东北战场是在战略转移反攻的前夕，战争非常艰苦。他17岁就跟部队打游击战。他说："我当兵7天就打仗，行军走得脚上全起了大泡，后来走不了路就骑着驴走。就是爬也得爬着跟上队伍，因为那个时候没有根据地，有了目标就打，一般都是晚上偷袭，打仗都是插进敌人的'心脏'打，掉了队就再也找不着部队了。"他打第一仗姜

09. 吕月昌——英雄连的"逃兵"

拉屯时就负了伤。晚上他们摸进敌人驻地偷袭，结果敌人开始反击，由于敌强我弱，他们就撤退了下来。越来越多的敌兵在后面追击，结果一颗子弹打在吕月昌的大腿上。子弹是从外侧打进去，从大腿里侧钻出来的，炸得大腿血肉模糊。他被撂倒后心里有些害怕，这要让敌人逮住不死也得扒层皮。他心里胆怯，正盘算着该怎么办的时候，后面上来的战友不由分说，连背带抬把他救了出去。他在战友的背上，经历了一整个黑夜的惊心动魄的死里逃生，他再也离不开这些生死战友，他发誓要像他们那样勇敢地杀敌。

解放鞍山战斗时，他们连担任主攻四方台任务，那一仗打得最为惨烈。我军经过一场猛烈拼杀，进攻到敌人碉堡群下，可敌人仍负隅顽抗。战士们不怕死开始强攻，为了消灭碉堡内的敌人，战士们向碉堡内投手榴弹。但是，射击孔太高，指导员和副指导员就爬到碉堡顶上，拽着一个战士的双腿，从上往下将手榴弹从射击孔投入碉堡内。占领敌人碉堡群后，战士们搭人梯上去，把机枪架在碉堡顶上，连续击退敌人五次反攻。吕月昌看见身边的战友纷纷倒下牺牲，只剩下几个人了。由于他人小，战斗时大家都护着他，这样他才幸免于难。敌人这时开始了反攻，一辆装甲车边开炮边掩护一群敌人冲了过来，战士们几次爆破都未成功，都死伤在半路上。这时，副连长命令机枪掩护，挟着炸药包冲上前去，结果也牺牲在半路上。连长急眼了，竟然亲自冲上去，捡起炸药包，向敌装甲车冲

这是吕月昌在"铁八连"授旗时拍的照片，那年他17岁。他说："这面旗帜是用100多名烈士的生命换来的，每当我看到它时心情总是感到沉痛，也为自己英雄一时最后落得个'逃兵'的骂名而委屈，有时候想起来偷偷流泪，害怕人家看到，强忍泪水往肚子里流。"

没有光环的英雄
——东北革命根据地农村参战军人战斗生活故事

去。只听一声巨响，装甲车被炸翻，英雄的连长也牺牲在装甲车旁。吕月昌说："什么是前赴后继！什么是英雄！你没有到过战场你就不知道。当你亲眼看见那些临危不惧，面对着敌人枪口、炮火冲锋的勇士时，你就会浑身热血沸腾，头皮子发炸，激励着你不顾生死，勇猛地冲上去的时候，你就真正感觉到了英雄的气概。"这次战斗，八连180多人，最后只剩下十几个人。战斗结束后，师里开大会给他们授旗，授予了"铁八连"的称号，每个参加战斗的人，也都给记了一次大功。他说："授旗的时候，我们剩下的人是既光荣又悲痛，看着那么多熟悉亲切的战友，还有可敬的连长忽然一下子都没有了，看着用生命鲜血换来的红红的大旗，我们都激动得哭了。"

吕月昌在连里入了党，开始经常接受连里交给的侦察任务，他任务完成得很好，有时把任务完成得超出别人的想象，排长很器重他。在攻打黑山前，部队需要抓"舌头"了解情况，排长接到任务后就选中了他。他和排长跑了180里地，孤身潜入城里，化装成国民党，也学着国民党的做派，隐藏自己的真实身份。晚上，他们摸到了敌人一个排的驻地，排长在后面守着窗户，他在前面一脚踢门进去，一阵冲锋枪消灭了一半，又俘虏了十几个敌人。

1948年辽沈战役秋季大反攻，吕月昌他们接受了打穿插牵制引诱敌人的任务。打黑山的那天晚上，他们几个人一组，偷偷趁黑就往里摸。天气很冷，战士们还穿着单衣服，他就在路上捡了个红被子披在身上。连长看着不愿意了，骂他说："你还披个红被子，像什么样子！"吕月昌寻思：你骂我不像八路军就对了，这样可以迷惑敌人呀。他们就在敌人的堆里来回穿梭，人多就躲，人少就打。在遇到国民党兵的时候，敌人还真把他们当作一伙的了。他说："当时也不顾害怕了，我是党员，必须紧跟着部队战斗，你不英勇不行，当时的情况就我们两个党员。"他们贴着敌人的队伍继续走，老远看不清你我，谁也不吱声，就这样趁黑夜，掐敌人的电话线，炸敌人的工事，掏敌人的大小指挥部。他们从里往外打，六进六出跑了个遍。占领敌人的阵地后，吕月昌就地打信号弹，外面的部队马上冲进来消灭敌人，占领了黑山。

09. 吕月昌——英雄连的"逃兵"

辽西战役后，部队从西风口进关包围北平，打进万寿山的时候，他和部队走散了。当时他是班长，他就领着临时遇到的几个战士一起冲锋。半路上，发现了一个敌人的碉堡还在开火，他就冲了上去向敌人喊话，他说："我们的人马上就上来了，你们出来投降吧！"敌人把枪从枪眼中扔了出来。枪扔出来一个，他就卸掉一个大栓，等都扔完了，他也卸完了，然后才叫敌人出来。这个时候他反而有些害怕了，一想敌人看到就他一个人，要是起来反抗，就是手里没有枪也够他受的。他振作精神，手里高举着手榴弹，吓唬敌人说："你们要是反抗，我就和你们一起上天！"他说："那时我也真是那么想的，大不了同归于尽。"后来俘虏都很老实，他整整俘虏了一个排。晚上他们占领了丰台车站，任务就是围困傅作义部队。连长派他去找个地方做饭，他就带了三个人找地方。在一个空房子里他看到了营长，他问营长来干什么，营长说："白天我看这里有几个敌人，就带几个人来解决了他们。"吕月昌一看，地下已经有几个被打死的敌人，正说着呢，忽然又上来了一伙敌人，就听"哗"的一阵机枪声，子弹就把他们给盖住了。这时，吕月昌说："营长你快走我掩护，你就向西南方向走，那里都是咱们的部队。"营长说："你怎么办？"他说："你别管我了。"营长走后，他就找到后面跑过来的一个白胡子老头儿，跟他说："你在前面走挡着我，他们问你有没有八路你就说没有。"老头儿在前面走，他隐蔽在后面跟着，手榴弹拉着弦，子弹也上了膛，趁敌人还没有弄清怎么回事的时候，他把老头儿拉到一边，随手向敌人那边打了一梭子子弹，扔了颗手榴弹就跑了，后来营长派来两个骑马的通信员把他接了回去。

北平和平解放后，东北解放军就进关南下，接着就回来参加抗美援朝战争。1950年冬天，吕月昌所在的部队参加了上甘岭坚守战。"联合国军"进攻时，用飞机大炮猛轰，从天上扔大汽油桶，炸得遍地火光。敌人不间断地冲锋，一直打了七天七宿。他说："没有吃没有喝，部队告诉喝自己的尿，喝完了尿还真的一天都不渴。"有一天正战斗时，连里派他送视察的团长回团部，团部的通信员已经牺牲了，团长就让他和另一个同来的战士送信，找370团来增援。还特意强调

没有光环的英雄
——东北革命根据地农村参战军人战斗生活故事

"要想尽一切办法送到,要不我们的阵地就保不住了"。送信要通过三道敌人的封锁线,头道封锁线过去了,到了第二道他们就被山上的敌人发现了,吕月昌顾不了一起来的战友,他把信藏进帽子里抢先跑到前面去了。敌人一顿枪炮把他打掉到山涧里,幸而被一棵树挡住了,要不他就粉身碎骨了。他费尽周折爬了出来,重新踩了地形找出路,然后辨别方向爬上山,吹起随身专门配置的牛角号,联系上370团,把信送到团部。战斗胜利后,等他回到了阵地一看,7天下来的战斗,成团成连那人死的到处都是,他们连就剩下20多个人了,增援部队要是不上来就全军覆没了。他说:"当时连长还要枪毙我,原来跟我一起去执行任务的那个战士跑回来了,他报告说我一直向前跑,跑到敌人阵地,投降敌人当叛徒去了。后来还是团长出头了,说不但不能够枪毙我,还要给我立功嘉奖。"

上甘岭下来吕月昌立了功,被提升为排长,可这个时候,命运却跟他开了个玩笑。他们部队在中线参战做了预备队,在转移中他同4个战士和部队走散了。战场上乱糟糟的找不到部队,他们害怕不明方向闯进敌人阵地上被俘虏,就商量应该回国联系找部队。于是,他就带领几个战士爬冰卧雪,从鸭绿江过来回国了。过江后马上到桓仁县武装部报到,准备接着找部队。结果武装部不清楚情况,说他们是逃兵,要抓捕他们,还没收了他们的4支卡宾枪和步枪。他们也看到里面有30多个被他们收容关押回来的逃兵。吕月昌当时脑袋像爆炸似的"轰"的一下就蒙了,他急切地说:"我们是被打散的,想回来找你们给联系部队。要是逃兵我们就不要枪直接回家了,还找你们干啥呀!"后来武装部也看他们不像逃兵,就给出具了收枪的证明,把他们介绍到沈阳军区。那时朝鲜正在打仗,前方部队也联系不上,也没有办法安置他们,最后沈阳军区就直接打发

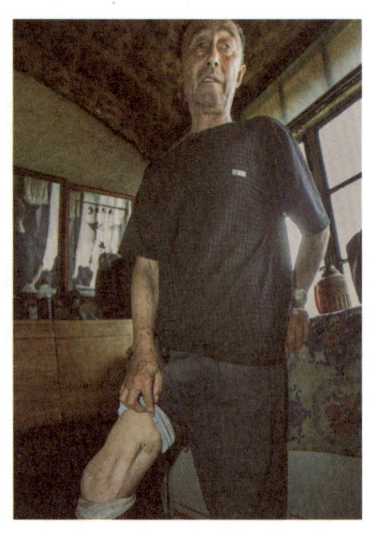

吕月昌受伤后住院手术两次,在健康连休养6个月,发了个三等乙级残疾证,让他复员回家他没有同意,仍然坚持归队参战。

09. 吕月昌——英雄连的"逃兵"

他们回家了。

吕月昌从英雄突然成了个"逃兵",回到家里没有复员转业的正常手续,只有一个先前的残疾证和现在桓仁县武装部开具的收缴枪支证明,他就没有按照军人给落实待遇。他无奈地丢掉了以前辉煌的功劳战绩,开始了隐姓埋名的生活。战士不是战士,英雄不是英雄,党员不是党员,就当了一个普通的社员。吕月昌的返乡不明不白,也引起了乡亲们的怀疑,他本人无法解释说明清楚,就这样他在人们的猜疑和有口难辩中一直生活着。他说:"我就是自己

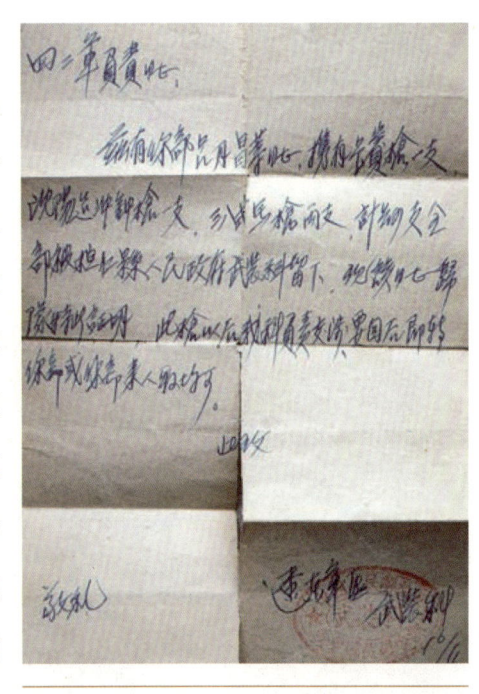

桓仁县武装部出具的收缴枪支证明信

宽慰自己,想想自己能回来生活过得去就行了,别的也不能够要求什么了。但是,我参军屡建战功的战斗经历,是有苍天做证,事实存在的。"他把部队发放的残疾军人证,还有武装部出具的收缴枪支证明,保存身边多年还秘不示人,就连他老伴儿也都没有告诉。我问他为什么,他说,有了第一次的教训,跟谁也说不清楚。

1953年,吕月昌看人家复员军人都发了军人补助费,就找当地政府,人家说他是逃兵没有给待遇。"文化大革命"时,很多人说他把枪扔大海里当了逃兵,他有气不和他们理论。看着在老家憋气窝囊,他就带领全家迁移到了黑龙江农村落户。在这里他从来不提自己参军打仗的事情,他要永远将自己那段光辉的历史藏在心里。

2003年,政府有文件开始给没有落实待遇的复员军人补办手续,发给优抚金。吕月昌闻讯后,思想斗争了好长时间,才最后下定决心,拿着他的残疾证和收缴枪支证明到了现在的乡和市政府,办理落实了军人的待遇。办理的时候,有

个办事人员不理解,问他怎么几十年这么长时间才来办理。有的人还逗他说:"你就是那个逃兵吧。"他为此生气,不去办理,好长时间,他才消了气。落实政策后,他郑重召集了老伴儿和6个子女开家庭会,他第一次跟亲人们讲述了他的出身和英勇的战斗经历,他说:"我这辈子就过去了,你们记住你们的丈夫、父亲、爷爷是'铁八连'的功臣就行了。"这是吕月昌历经磨难费尽周折,在50年后才最后落实政策,获得的复员军人补助费领取证。他说:"我不是为那儿个钱,是为了恢复我的名誉。"

今年儿子盖了四间大瓦房,吕月昌也从旧草房搬进了新居。刚刚苦尽甘来,他现在却得了腰椎间盘突出的病,躺下就起不来,他说:"什么苦难遭罪,有没有钱,对我来说都不重要了。我终于有了出头之日,我还是'铁八连'的功臣,有了这个名声,就是我最大的安慰!"

10. 杨凤奎——荒山坟墓里的遭遇

杨凤奎，79岁，原39军炮兵营侦察班长，汤原县太平川乡庆兴村人。1948年，参加第四野战军二师，为特种兵炮兵，先后参加了辽沈战役、平津战役、渡江战役和解放海南岛战役。1950年，入朝参战编入39军炮兵营任侦察班长，先后参加了大战役中著名的云山战役、清川江战役、上甘岭战役和1952年秋季大反攻。立大功一次，三小功两次，1953年复员分配工作后辞职，自愿回村务农。（2006.4.9）

杨凤奎说他刚当兵的时候并不是很情愿，那时就想战争早点儿结束，好早点儿回家种地。在部队接受教育后，他才知道穷人为什么穷，当解放军是穷人为自己打天下的。后来思想进步了，打仗也勇敢了，还入了党。他一参军就在四野炮兵营当炮兵了，参加了辽沈战役，南下打了平津战役和渡江战役，一直打到广州和海南岛。他说："炮兵不像步兵直接上前线打仗那么激烈，我们炮兵都是在后面打炮，也没有什么突出的战斗事迹。值得说的就是我在朝鲜当侦察兵的那段特殊经历,历经了几次生死考验……"

入朝参战后,杨凤奎被编入志愿军39军炮兵侦察兵任班长,他们一个营只有6个侦察兵,他是这6个兵的班长,经常一两个人深入敌后,侦察敌人的阵地和工事,测量方位,画出草图,然后提供给部队进行炮击。

此照片为杨凤奎和他的侦察兵战友在朝鲜黄海道拍摄的。左一为杨凤奎。

在黄海道打阻击战接受侦察任务时,为了缩小目标,营长让他一个人去。他半夜蹚河到了美军的后方,天没亮他就选择了一个高一点儿的小山,准备居高临下观察敌人阵地。为了隐蔽,他找到一处老坟墓,躲在此处观察敌情。他胆战心惊地眯了一会儿,一直等到天亮,就开始集中精力观察山下敌人的阵地和部署,然后详细测量画图,把阵地的形状和车辆大炮数量,连上面的英文字母都标明记录了下来。5月的天气,他还穿着棉衣棉裤,天气很热,他只能靠一壶水来充饥解渴。忽然,山下来了一辆美国吉普车,一下就停在了他隐蔽的坟头跟前,下来几个美国军官和卫兵,在他跟前叽里咕噜了半天查看地形。两个卫兵没有什么事,竟然朝他隐蔽的坟头走来,吓得他紧张得头发都炸起来了。美国兵并没有发现他,只不过是感到好奇,过来观看并研究起他躲避的那个朝鲜坟墓来了,吓得他大气都不敢出,他生怕自己出什么动静,就连听着自己喘气的声音都觉得很大,足足憋了半个小时,一动不动地都快憋死过去了。

10. 杨凤奎——荒山坟墓里的遭遇

我问他钻坟地走黑道不害怕吗？他说："我们当侦察兵的是怕人不怕鬼，共产党人知道没有鬼，可是遇到人就得躲，要是遇到敌人躲不过去，你就得先下手为强，干净利索地干掉他！"炮兵侦察兵需要有文化，都要会测绘画图，杨凤奎当侦察兵是因为他有三年学习文化的经历。他说他每次侦察都很紧张，都吓得够呛。作为侦察兵，单枪匹马地在敌人眼皮底下战斗，孤立无援，随时都面临着危险，随时都会被生擒活捉，随时都会牺牲。但他认为组织交给自己的任务完不成说不过去，就是硬着头皮壮着胆子也得去闯生死关。

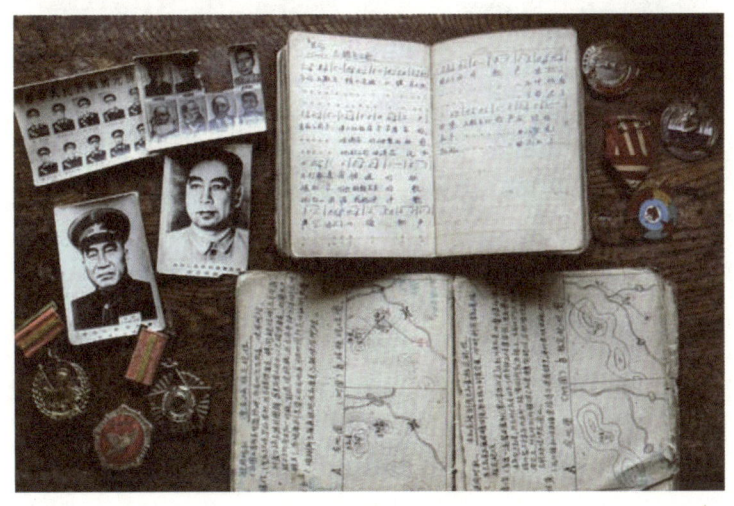

杨凤奎在朝鲜战场上侦察时，亲手绘制的侦察手绘图，整整一个小本，每一页都是一次战役前的侦察图样，他完好地保留了50多年。

在云山战役时，我军抢占一个阵地，战士冲锋多次，牺牲了很多人也没有冲上去，这时需要以强烈的炮火来支援。当时炮营指挥部不知道阵地的方位和部署，营长就找到杨凤奎和两个战士，让他们去寻找敌人的阵地，并命令他们找到阵地后就地发信号弹，然后我军就向发信号的地方进行炮击。杨凤奎知道这次任务非常危险，但自己是军人，要以完成任务为天职。他们三个人摸索着上了敌人的阵地中心，他躲在炮弹坑里发了一个信号弹，怕我军看不到就又发了一个，一连发了三枚，顿时，我军的大炮响了，密集的炸弹直接落在他们那里。在混乱中他们几个跑散了，那两个战士就再也没有回来。由于在夜里，他辨别不出方向，被山坡上的死尸绊倒好几回，一看都是原来阵地上冲锋牺牲的战友，横躺竖卧的到处都是。

杨凤奎复员后，用志愿军的军装口袋装的纪念章。

黑暗中他跑下山，看到路边有很多人，他小声问人家"是哪个单位的"，但影影绰绰一看对方服装不对，他说："那人的脸长得跟驴脸似的。"他猛然一惊，知道遇到美国兵了，一看不好，他就快步走开。他不敢跑，知道一跑就会被敌人识破，就得开枪打死他。敌人也没有弄清他是什么人，几个人上来叽里咕噜跟他说话，上来抓他的衣领子，还连踢带打要抓他。这个时候他突然挣脱出来，猛地向前面的大桥跑，可跑到桥上时他立马就后悔了。原来大桥白天被我军的炮火炸断了，他一着急忘了这事儿了，眼看到了绝路……他说："生死关头，我想我可别让他们抓住，不死那个罪都受不了。我曾经几次看到过美国军队抓住志愿军和朝鲜人民军的战士，都关在铁笼子里，捆着往车上装，拳打脚踢让俘虏手捂脑袋跪着，被他们侮辱人格。"想到这些，他一急眼，猛地反过身来迎着追赶他的敌人跑过去，趁敌人愣神的机会，一纵身跳进了清川江。敌人的几支卡宾枪同时向他开火，打得前后左右全是火溜子。他会几下狗刨，连刨带扎猛子，也不知道喝了多少水，才游到岸上脱了身，回头一看，那些美国兵还在向他跳下来的地方开枪呢。

没有走多远，他又发现了敌人一处隐蔽的碉堡群，侦察兵的使命感让他没有

10. 杨凤奎——荒山坟墓里的遭遇

马上走开,而是镇定自若地拿出本子一一记录下来,然后才一路爬着返回营地。9月的天气很寒冷,冻得他浑身僵硬,把裤子都磨坏了。而在那期间他又遇到几个拿着手电的美国兵,他隐蔽在柞树棵子后面,等敌人走远了,才找到江岔子蹚水回来了。营长和政委表扬他侦察的情况很重要,第二天我军根据侦察结果又消灭了敌人一个营,这次他荣立了大功一次。

杨凤奎拿着鞋底子比喻说,朝鲜的地形是这样的形状,我们就是在这里入朝参战的。杨凤奎和许多老战士一样,很喜欢跟别人讲述自己的那段战斗经历。不同的是,他每天都有一些老朋友听,而别的老战士讲述的时候却没有这么多听众。

杨凤奎1953年复员,被分配到鹤岗房产处当核算员,因为每个月30斤高粱米不够吃,后来到了派出所,还经常下井工作。再后来,他要求回乡种地。回村后他当了28年的支部书记,他说这个村子到现在这么好,都是我们那个时候打下的基础,我房子不比人家多一间,地不比人家多一垄,那时就想怎么种好地,大家生活好点儿。干了28年没有让人家戳过脊梁骨。

没有光环的英雄
——东北革命根据地农村参战军人战斗生活故事

杨凤奎有战功有政绩，他从没有把自己的生活和这些联系起来，他认为生活过没过好是自己的事，过去或是当兵打仗，或是当支部书记，都是为人民服务。他晚年生活虽然比较困难，但是他都是自己硬扛，不给组织添麻烦。

杨凤奎在困难时，老伴几次要去找村里和政府，杨凤奎那时因病导致说话都不清楚，还需要老伴来当翻译，他用手比画着不让老伴去找，后来他坚持拄着棍子出去锻炼，靠自己顽强的意志力战胜了疾病。他说："我这点儿困难比起那些牺牲在朝鲜战场上的战友们，我还是有福的，有困难也不想给党和国家添麻烦。"战场上经历过生死考验的老兵们，他们都知道如今的幸福生活来之不易，都有一种坚韧的精神。

11. 李福文——家乡山坡上的小屋

李福文，80岁，原东北野战军32团2营5连战士，富锦市头林镇二林村人。1946年参军，参加了辽阳战役，在战斗中负伤，定为二等乙级残疾。1949年复员回乡务农。后投奔黑龙江的亲属，全家迁居到富锦市头林镇二林村。（2006.11.14）

李福文当初不愿意当兵，那时，他老家辽宁沈家村距离国民党占领区很近，枪炮天天打，飞机天天扫射，一说当兵打仗都害怕得不得了，没有人敢去，也没有人报名。李福文参军时，小弟弟才几岁，他还有个3岁的儿子，媳妇都怀孕7个月了，再加上父母亲一大家人口，他这一走家里就没有干活的了。他走时，媳妇挺个大肚子来送他，李福文心里难受还劝媳妇："天黑了，早点儿回家吧。"话没有说完，一行眼泪流了下来。真是，别离难有些凄苦悲壮，相见难不知生死在战场。

没有光环的英雄
——东北革命根据地农村参战军人战斗生活故事

李福文参军打了几个小仗后,部队就接到命令去攻打辽阳。扫外围打黑虎台的时候,连长开始做战前动员。连长说:"今天上级给了我们重要任务,让我们攻打黑虎台。这里有国民党一个排的兵力,咱们是一个连,一定能够打下来!"听连长这么说,大家都不害怕了,还都来了劲头,积极表示要参战。开始进攻的时候,国民党兵依据屏障和先进的武器装备进行顽抗,战斗一直打到午夜时分,战士们三次冲锋,也没有攻下来敌人一个排,而李福文所在的连队已经死伤过半。李福文这个时候已经是副班长了,他是在班长牺牲后被提升为副班长的。战士们认为敌人现在不止一个排的兵力。这个时候上级下令,调来4连增援,跟他们连一起进攻。4连刚上来,我军的炮火就开始配合开炮,一会儿就把敌人打垮了。两个连队冲到山上去,战士们一看是个国民党的大炮台,里面是个大指挥部,铺着红地毯,桌子上还有牌九和钱币,有很多大饼和罐头,敌人足足有一个营的兵力。

李福文说他第一次打仗的时候,是这样端枪从山下向上猫腰冲锋的,只有3颗子弹,听到敌人的枪声就开枪,走到半山腰的时候子弹就放没了,也不知道打到哪里去了。

他刚参军时有很多笑话。新兵分给什么枪就是什么枪,都是杂牌子,有的连子弹都配不上。军装就是家织布,弄点儿黄土子什么的一染,一出汗染的肉皮子都是黄的。练兵的时候敲破盆子当枪响,你藏猫猫我去逮,就像小孩儿捉迷藏似的。

1948年冬,部队下命令攻打辽阳城。进攻的头一天晚上,这边正开会动员,外面枪炮就开始不停地打。战士们知道这是一场硬仗,都有些紧张得吃不

11. 李福文——家乡山坡上的小屋

下饭。当时连老百姓都不相信解放军能够打下辽阳，当时老百姓都说"铁打的辽阳，纸糊的沈阳"。看看解放军的装备，再看看国民党的装备，他们的装备都是飞机大炮，坦克汽车，好多人认为这是拿鸡蛋碰石头！李福文从没有打过大仗，知道此次很凶险，心里紧张害怕得直哆嗦。老排长是身经百战的老兵了，这时也一反常态，有些低沉，他用自己的钱给大家买了小鸡炖上。他说："都吃吧，这一仗下来还不知道怎么回事呢。"这一说大家更没有心思吃小鸡了，李福文吃了几口就扔掉了，他心里上火胸口堵得紧紧的。他想到了自己还很年轻的生命，想到了牺牲后一大家没人养活的亲人，还有那个他走时挺着大肚子哭红眼睛的媳妇……

早上5点钟，部队集合后就进入阵地埋伏。十冬腊月三九天，战士们都没有穿棉衣，趴在冻得硬邦邦的冷得扎骨的平地上，刚刚跑了一阵子胸口就都是汗，这会儿就像变成了冰一样贴在胸膛上。时间长了，大家冻得手脚像猫咬似的那样疼痛难忍。天一亮，解放军就铺天盖地开炮进攻辽阳城，敌人也开始反击，双方的炮弹就像乌鸦一样在头上横飞，漫天的乌烟瘴气遮盖了辽阳城和初升的太阳。打到8点多钟，国民党的军队开始向外逃跑，解放军战士密密麻麻地开始向里面冲锋。城墙东门边被打开了一个大窟窿，他们32团直奔国民党的师部。在途中遇到一个炮楼，炮楼中国民党的火力封锁了部队进攻的道路。炮楼中的敌人在底下扫射，把冲锋的战士扫倒了一片，都是打在了腿上。李福文只觉得眼前一黑，就向外侧倒了下去，大腿被机枪子弹打伤了。庆幸的是他向外倒，要是倒在里侧，上身和脑袋就被子弹打上了。受伤的战士都被送到老百姓家里了，班长把他和四五个伤兵拽到一个老乡屋子里，告诉屋子里的老乡说："伤员就放你们家，一会儿回来接，要是死了我就找你们算账！"因为那时候老百姓的觉悟不高，加之战场上混乱得很，部队害怕有坏人把伤员交给国民党，或者就是偷偷弄死扔了。

当时负伤的战士牺牲了好几个，7班的老班长伤势很重，子弹穿破了他的肚子，眼看流血过多，不一会儿脸色蜡黄，睁着眼睛就咽气了。这个时候李福文害

没有光环的英雄
—— 东北革命根据地农村参战军人战斗生活故事

怕了，心想咱们打赢了还行，要是打败撤退出去，把我们扔在这里，国民党来了投降了可耻，不投降还不让他们抓住都杀了呀？那样死还不如冲锋陷阵牺牲了光荣。艰难的等待中，他的内心进行了激烈的斗争。是光荣地死，还是羞耻地偷生？是苟且地叛变生还，还是英勇壮烈地战死？李福文看了一下周围的伤员战士，他想，不管别人怎么样，他是豁出去了。他心里下了决心，做好了最后生死决斗的打算，咬咬牙，把枪紧紧地拉在怀里。战斗一直打到太阳偏西的时候终于胜利了，伤兵们放心了，都说咱们命大不该死。李福文这时浑身也瘫痪了，一下子晕了过去。

在营部前面，有很多受伤和牺牲了的战士，牺牲了的记上名字抬出去埋了，受伤的则被运回后方治疗。运送伤员时，白天不敢走害怕敌人飞机扫射，就等着天黑走。半夜的时候，从这里抬出了一大队伤兵，很多人疼得哭爹喊妈。李福文的大腿就那么简单地处理了一下，用三个木头板子和薄薄的绷带布缠着，寒风冻得他的伤更疼了，就像心里也被冻上了似的。天一放亮时，担架队就要放下担架休息睡觉了。这个时候李福文想，这一撂下还不被活活冻死呀！他环顾四周，叫来一个护理伤员的朝鲜女护士，连比画带说要了个被子。护士也不知道从什么地方弄了一个破烂被套，他马上把破被面子扯下来缠在伤腿上，留着棉花套子，等晚上担架队抬他们走的时候，就让他们给盖在身上取暖。

一直走到大年初一，到了连石关，他的家乡。这里距离他家的村子就隔十几里路，他很想念家乡，一想到亲人就在跟前可是看不着，心里十分酸痛。人在危难的时候，是最想家乡和亲人的了。好不容易打发人给家里捎个信，结果这封信5个月后才捎到。在医院大夫让他截肢，他说什么也不同意，他说："我剩一条腿怎么办哪！"大夫给他手术治疗，用镊子缠上药布，也不打麻药，在他大腿的枪眼上，从这头穿过那头，两头来回拉锯式消毒，从里面往外拽出骨头茬子，疼得他就像从腿上拉锯割肉一样。后来缠石膏的腿里面化脓生蛆和虱子，还顺着脚指头往外流脓水，伤口和腿肉都烂了。二次手术时，他折

11. 李福文——家乡山坡上的小屋

腾得三天不喝水不吃饭，吐黄水，倒肠子，人瘦得在木板房草席子上差点儿没死了。他说："我这还算幸运的，有好多战士到医院了也治不了，眼看着折腾死掉了。"

李福文伤好后，落下了终身瘸腿的残疾，部队给定了二等乙级残疾，就让他复员回家了。他家那个村子离这里不远，他拄着双拐到区政府报到，人家招待他们吃饭住宿，他什么也顾不得了，一心就想回家，两拐一悠就悠很远，连夜往家里赶。经过战争的劫难和心灵的磨难，他能不想家嘛！他的腋窝被拐杖磨得红肿了，他悠着伤腿翻过两座山，到了一条河边他终于泄气了，心里哭喊："老天，我这个瘸腿怎么过河呀！"他是个硬汉子，他面临死亡和伤痛没有流一滴泪，可是面对对岸久别的家乡他哭了，那是伤心绝望的哭泣，他这次哭得泪流满面。双拐支着他走了几个小时几十里的山路，他不敢想象如何回头。茫茫黑夜里四处无人，他能上哪里去呢？他又开始怨恨自己的伤腿，不敢再想今后的生活之路怎么走。

后来绝处逢生，老远来了一挂牛车，人家一看他是复员伤残军人，特意转过头送他过了河。天亮了他才到了家，远远看见山坡上的小屋，那里就他们一家人家。他的心激动得都快蹦出来了，走上坡的时候，他抡圆了双拐画圈几乎要跑起来了。家里的小狗一阵猛叫，把家人都叫了出来。一家子人站在院子里还观望猜测呢，他爹说："这是谁呀？怎么还挂着两个棍子。"忽然，他弟弟认出来了，大喊一声："妈呀！我大哥回来了！"猛地，就听一片惊叫声，亲人就从山上扑奔他冲了下来。母亲和媳妇一看他这个样子，心疼哭得不行，鼻涕一把泪一把地念叨着说："这腿是怎么了。"李福文眼泪在眼圈里直转悠，但是心里却十分舒畅。他笑着安慰老娘和媳妇说："怎么了，腿还在，这不挺好嘛。"回到家里他才知道，他走后媳妇生下了老二，老大在他走后就得病死了。

没有光环的英雄

——东北革命根据地农村参战军人战斗生活故事

在我采访的时候,80岁的李福文一口气给我讲了几个小时。他的儿子和侄子说:"你没来之前他还给我们讲战斗故事呢,他平时没事就喜欢讲。"他讲述的时候,时而谈笑风生,时而低沉严肃。听着他的喜怒哀乐的故事,这是一段终生难忘的战斗经历,也是一段人间真情的故事。

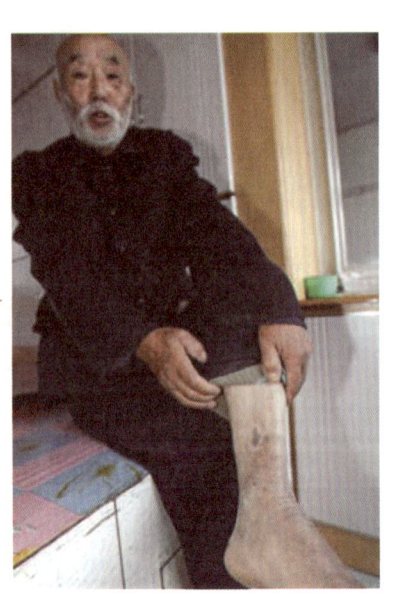

李福文受枪伤的部位,骨头打折了站不起来,伤好后始终瘸腿,现在人越老瘸得越厉害,有时候还很疼。

李福文在战场上仅仅打了一个大仗,就经历了两次大的磨难,也是两次大的生死考验,使他终生难以忘怀。在他晚年的时候,他感到很幸福,对生活很知足,对国家很满意。他说:"过去我们打天下,共产党到啥时候都忘不了。现在国家多好呀,国家免税,农民生活提高,还有什么不满足的呢!"

复员的时候部队征求李福文意见要给他安排工作。他说我一个大字不识,再说腿都这样了也干不了什么。回到家因山高路远上岗下坡不方便,虽然村子照顾给代耕田地,他一想长期下去也不是个事,后来就迁居到黑龙江的平原,说这里种地打柴火不用上岗下坡。在这里的生产队当了10年队长,他瘸个腿参观大寨,带领社员种地夺高产,一直干到改革开放分了田地才下来。

11. 李福文——家乡山坡上的小屋

李福文的老伴儿去世多年了,他天天对着老伴儿的相片说话,他告诉老伴儿孩子都好,家里很幸福,自己有口粮地和优抚费,儿子孝顺供养他,住在四间大砖瓦房里颐养天年。

12. 高凤友——革命胜利就回家

高凤友，80岁，原四野40军165师44团3营7连指导员，桦川县创业乡堆丰里村人。1947年18岁参加合江独立7团当战士，在辽沈战役中改编到四野40军当班长，参加了平津战役，解放河北隆化战斗，南下到湖南和广西剿匪，立小功一次。1950年，参加抗美援朝战争，负责接送新兵、当教练官；1953年，被提升为指导员，后授衔为中尉。1958年转业，被分配到贵州地方他没有去，自愿要求回东北老家农村务农。（2007.5.12）

电影《柳堡的故事》里的插曲《九九艳阳天》，唱红了当年参军的英雄哥哥，人们还记得那个美丽的小英莲，记得那个坐在河边不开言的十八岁小哥哥：

九九那个艳阳天来哟

十八岁的哥哥呀想把军来参

风车呀跟着那个东风转哪

12. 高凤友——革命胜利就回家

哥哥惦记着呀小英莲

风向呀不定那个车难转哪

决心没有下呀怎么开言

九九那个艳阳天来哟

十八岁的哥哥呀告诉小英莲

这一去呀翻山又过海呀

这一去三年两载呀不回还

这一去呀枪如林弹如雨呀

这一去革命胜利再相见

英雄的故事都是妹妹送哥哥去参军，等待英雄胜利归来。而高凤友，是孤儿参军，家乡也没有"英莲"妹妹的等待祝福。他翻山过海、冒着枪林弹雨打到了革命的胜利，他还成长为一名连级指导员，授衔的时候是中尉。革命胜利后，他坚决要求回家乡务农。

高凤友小时候被日本侵略者压迫，从而立志参军打仗。1936年日本人并屯，他的父亲被逼出劳工修大墙，最后连累带饿病死了。母亲饿得吃芽菜中毒，活活被折腾死。他12岁的姐姐被迫嫁人，剩个弟弟出了天花，没有钱医治死掉了。他给人家扛活，牲口倌也干过。当他在流浪的时候，解放军来土改，那时他刚满18岁，迫不及待地就参了军。那时候正赶上老七团在四平战斗中伤亡惨重，回来扩兵，他就参军跟部队直接上了前线。

1948年10月，他们的部队开到抚顺孙家湾阻击敌人，解放军开始攻打锦州，而抚顺的敌人要出来增援，他们就在大路边埋伏。半夜，他们偷偷匍匐前进，摸到了抚顺公路的边上潜伏下来。第二天，敌人开始出动，好几路纵队黑压压就出来了，走到解放军埋伏的七八十里地延长的埋伏圈的时候，就看信号弹高高升起，一阵激烈的枪炮把敌人打散了。敌人集中后开始反击，高凤友和战士们顶着枪炮开始冲锋，敌人的炮火漫无边际地乱打，就看一个炮弹飞来。"咣"地一下子落到了他们班的跟前，这一炮就炸牺牲了5个战

没有光环的英雄
——东北革命根据地农村参战军人战斗生活故事

士。他摸了摸自己，一看没有受伤，拿起小马枪就冲了上去，把敌人撵到了大地里，3万多敌人放羊似的向营口和沈阳方向逃跑，这一路都被追击他们的解放军给消灭俘虏了。

战后想起刚刚牺牲的战友，高凤友觉得自己真是命大，他也明白了打仗必然要有牺牲，何况自己孤身一人没有牵挂，牺牲就牺牲吧。解放天津战斗十分激烈，他们的部队在东大营那进攻敌人的指挥所，过护城河的时候，大个驮小个，一边浮水一边前进，冒着敌人的枪炮前进。攻进城里的时候，敌人都跑到楼房里面，利用障碍物阻击前进的解放军，结果牺牲了很多人。他们连140多人，进攻到城里的时候，就剩下不到100人了。他们班冲到了敌人的前沿，就听一个楼里的敌人喊叫说："共军来了！"老班长既英勇又有经验，没有等敌人

高凤友军官证上的照片。

反抗，一连向里面扔了两颗手榴弹，一下子就把敌人消灭得没剩几个人了。高凤友和几个战士冲上去喊叫抓俘虏，吓得敌人连连求饶投降。

高凤友亲身经历了董存瑞舍身炸碉堡解放隆化县的战斗。那天，他们所有的部队都被董存瑞舍身炸的那个碉堡阻挡住了，他们在东北角进攻，都被桥头暗堡四面扫射的机枪阻挡住了。他说："就跟电影演的一样，几个军进攻的时间到了，冲锋号一响，所有的战士高举红旗冒着机枪子弹硬往前冲锋。那人死的呀，真是横躺竖卧的，冲锋的时候，战士们都是从尸体上蹦过去的，看着都睁不开眼哪！最后在收拾战场的时候，都一颠一倒集中拉到一个坑里，用汽油点着火烧掉埋了。"当时，他们就看到前面桥头堡轰的一声，大桥就四处炸开花了，他们才顺利地冲了上去。事后他们才知道，爆破桥头堡的兄弟部队出了个舍身炸碉堡的英雄董存瑞。

12. 高凤友——革命胜利就回家

高凤友在部队，除了不怕死敢冲锋陷阵，他还脾气耿直，为人直爽，在部队团结爱护战士，脑筋反应快。打仗时吃不上饭，他带领全班边行军边捡柴火，到地方就做饭，集合的时候战士都吃饱了。他那个班打仗是拉一号叫一号。他说："要不领导就信任我了，还提拔我当了连长。"这是他的纪念章、证书和授衔的肩牌。

在解放天津后，高凤友就入了党，还当了班长。他说："我是靠自己积极英勇作战被提拔的。我那时没有后顾之忧，打仗勇敢不怕死，就一个心眼，临死我也要拽几个敌人当垫背的。"

1949年，部队开始南下，一路追击国民党逃兵到了广西，国民党一听四野来了闻风而逃，他们就怕12兵团的38军、39军和40军这三只猛虎。在柳州他们追打白崇禧的部队，整天整宿地撵，竟然一直追到了越南。部队立即下令停止追击，他们还不知道是怎么回事，首长才告诉他们已经撵出国了。

他说，国民党逃跑了都当了土匪，解放军回到柳州街里，就看满大街都是国民党军官的太太，拦着解放军央求说："求求你们收留我们吧。"后来部队没有办法，就把她们都召集到一起送走了。国民党散兵跑到了山里，和当地的土匪沆瀣一气。有很多老百姓家里住的都是土匪，有个跑腿子（方言，指打光棍）家还有一个大刀和铁公鸡（土手枪）。有的老百姓如果报告解放军，土匪就杀他的全家,有的老百姓也被逼当了土匪,一个村子里有2/3都是土匪。解放军优待俘虏,结果放了他们以后他们还当土匪。解放军剿匪的时候吃了很多亏,被土匪杀死不少,几个人出去回不来,上厕所都好几个人看着。土匪还四处下毒,毒死好多人。部队到个村子,先得用人把水井看住。土匪活动极其猖狂,四处贴标语,上面写着:"抓住东北虎赏钱200大洋,抓住班长赏钱400大洋,抓住排长赏钱500大洋,抓住连长赏钱1 000大洋。"后来首长请示了中央,上级给了指示,让部队酌情处理,调整剿匪政策,抓住屡教不改的土匪就地枪毙,一个三五十户的村子,指定得杀上四五家。

有一次,高凤友带领18人的加强班到金兰桥剿匪,配备了两挺轻机枪,战士全部都是冲锋枪。到了村子口,有人报告说里面有40多个土匪,高凤友他们去的人少,这时他来了劲头,他说:"土匪人多就是打不过也得打,你要是怕他,他更变本加厉来追赶你。"他立即指挥开打,四面机枪、冲锋枪扫射,一路冲了进去。冲到伪保长的家里,土匪吃的饭菜还没有凉呢,摆了满桌子。高凤友抓住伪保长询问土匪的去向,那个伪保长吞吞吐吐不讲。高凤友气急了,说:"你这个混蛋和土匪一个鼻口喘气!"说着,就从腰上解皮带下来,上去抡起来就开打,打得伪保长爹妈乱叫说:"国民党不让讲,讲了就全家杀头。"后来高凤友得到了情报,得知土匪跑到了山上,他们18个人不敢贸然追击,就回去请示连长,然后全连出动,第二天上山包围了土匪,把土匪都堵到山旮旯里,全部枪决了。那次剿匪,他立了一个小功。

1950年,抗美援朝战争开始,高凤友被提升为连指导员,负责往朝鲜运送新兵,当教练官。战争一结束,他就积极要求复员。他想:"我是共产党员,战争不结束我不能够回家,要坚持革命到底。现在革命结束了,我说什么也要回家。"他说自己已经下定决心要求回家务农了。1958年,百万军官大转业,他被批准复员,组织上分配他到贵州工业当经理,他说他不能去,他没有文化,一个大字不识,就像脑袋长在别人身上一样都不是自己的,当不好领导,当初当兵就想解放自己,根本也没有想当什么官,后来他就下定决心回家参加了农业生产。

12. 高凤友——革命胜利就回家

高凤友在广州军区上了军官学校，在部队和妻子结婚，妻子作为随军军属和他一起在广州生活了3年。现在他就是一个普通的农民，他在生产队种了一辈子地，随遇而安，不图名不图利的。高凤友回乡务农后，在生产队当了3年队长。他说："自己好冒泡，看着什么事都想说，尽得罪人了。"

人们说高凤友在部队当了那么大的官，回来就知道干活，扛着金晃晃的肩牌子回来种一辈子地可惜了。他的儿女现在也埋怨他，说他当初太傻，耽误了全家的好前程，结果现在祖祖辈辈都种地。他的老伴说，我跟他回农村不后悔，当初嫁给他的时候就说好了，你要饭我给你背要饭口袋，当官时我嫁给你，你回家种地我也跟着你，不后悔。

没有光环的英雄
——东北革命根据地农村参战军人战斗生活故事

高凤友的房子是买淘汰的小学校的教室改建的。那时候他没有钱,就给学校打更,用临时工的工资顶了房子钱。他一共买了四间,给二儿子两间,他和老伴住两间。本来西屋是给老儿子的,可是由于屋子太小住不下,后来老儿子全家出去打工了。他找村干部申请要房号,结果给了8米的场地。大家让他找上级领导,他说:"我是老党员,怎么能干那样的事呢!"最后由于房号小而没有盖成房子,他辛苦积攒的砖就这样码在院子里。

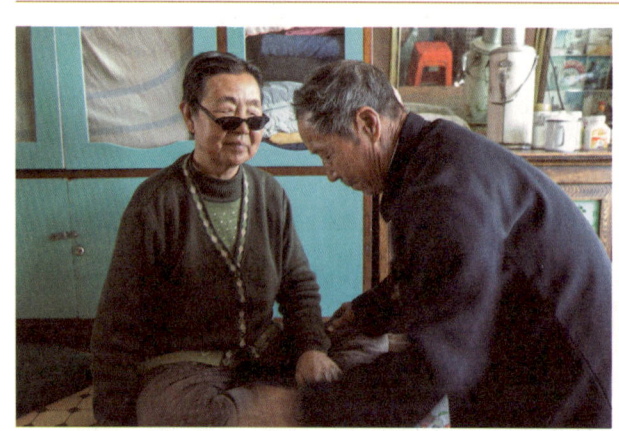

高凤友的老伴去年得病打针过敏,造成后遗症,后来眼睛和脑袋疼痛,只好给眼睛做了手术,这才好。现在她已经双目失明,所有的衣食住行,都要依靠高凤友来照料。

高凤友有4个孩子,现在都在农村,他和老伴老了,有4亩土地交给了儿子耕种。高凤友总把自己党员的称号摆在前面,凡事都考虑再三。他勤俭不张扬,总说够生活的就行了,一条裤子穿了多少年,多少次儿女让他换换,他都没有同意。他说不露骨头肉就行,现在都土埋半截子了,过得去就行了。

13. 王德福——"神炮手"的神奇经历

王德福，82岁，原四野40军165师493团一营机炮连枪炮手，桦南县名义乡东明村人。1947年，在家乡吉林九台参加武工队；1948年，在吉林军区蛟河独立团当战士，参加围困长春战役后，整编到40军一营机炮连当枪炮手。之后南下参加了华北解放战争、华中南解放战争和渡江战役。1952年，在钦州军区复员回到老家九台，后到黑龙江落户。（2006.11.1）

　　王德福是我采访的第一个老战士，也就是从他那里才开始激发我做老战士专题采访的。我在做民俗摄影时，找他拍摄烟袋，发现他是一名老战士，我由此产生敬重之情。这里的老百姓叫他"王大烟袋"，他总是给别人讲述战斗的故事，有时人们听多了也会讥笑他。我当时为此还很气愤。当时他为自己有病而缺钱治疗发愁，我给了他50元钱，他还说："有困难国家能照顾我，怎么能拿你个人的钱呢。"

　　王德福在一营机炮连当枪炮手，他们排全都是60炮，他就是60炮手。说来也

没有光环的英雄
——东北革命根据地农村参战军人战斗生活故事

奇怪,大字不识一筐的人,他打炮打得非常准。60炮到他手里,他的眼睛一瞄,十有八九跑不了目标。他说:"我炮打得好全军都出名,我还和军长照过相呢。我就是眼睛毒,算计得准确。"实际上他的炮是在围困长春的时候练出来的。那时,天天围困不打,他就总是找城墙和碉堡假设瞄准,有时让他打几炮震慑敌人,他都认真仔细瞄准操作,就这样练出个"神炮手"。

王德福这个人乐观好胜,跟战士爱开玩笑,打仗胆大细致,干什么都好脸要个样子。他说:"我打仗从来没有害怕过。"从他叙述的战斗经历中可以看出,他是一个既认真又乐观,对战争无所畏惧的战士。他真正的战斗都是在南下期间打的。他们部队是第一个南下的先头部队,一路上追剿胡宗南的国民党军,到了广西钦州包围了敌人的主力。他说:"我打的第一仗就是钦州的牛头坟,好险没给我枪崩了,没受功也没受罚。"

当时二野、三野和四野三支解放军部队包围了敌人,准备开始总攻击。他们四野40军是主攻,他们团是全军的主攻,他们营是团的主攻,营长就选他这个"神炮手"担任营的主攻炮手。当时两军对垒,日头还没出,蒙蒙亮时他们就在阵地上都准备好了。这时,营长拿着望远镜走到他跟前,用望远镜观察着前方阵地。敌我双方的阵地当中有条河,河那沿就是敌人,影影绰绰都能看到敌人的活动,说话的声音都听得到。河北有个小红房,那就是敌人的阵地。

王德福在历次战役中获得的纪念章。依次是:东北解放纪念章,华北解放纪念章,华中南解放纪念章,渡江战役纪念章。

13. 王德福——"神炮手"的神奇经历

营长观察完后就走到王德福跟前喊道:"我命令你!"一说命令,王德福"啪"一个立正站起来。营长说:"你给我打1 000米,打那个小红房,那就是敌人的前哨。"王德福立刻机械地答应:"是!坚决完成任务!"王德福说:"60炮打得不远,也就1 500米。应该没啥问题,绰绰有余。一旁的连长还告诉我别慌,我就把炮支上了,把美国的炮弹拿过来,瞄准了那个目标小红房。"他是主攻炮手,排长给他当助手。他就问旁边的排长说:"营长让打1 000米,你看放几个药包?放两个药包是600,一个底火是300,总共900,把高低短米往下卧一卧就行了。"排长说:"放4个,今天天气冷!"王德福觉得放4个或许会过头,他说:"我拗不过人家排长,人家是排长我是士兵得听人家的。"他就把4个药包都加上了,一个药包300米,四个1 200米,整整超出了300个火力。他说:"二野也听这一声,三野和四野三个方面军都等着听这一声哪!我这里要是一响那就全线开干,这里是主攻炮嘛!这一炮打哪儿,所有部队就攻哪儿。"王德福看了一下表到点了,他说他那表点可准了,是在广州的时候,让伙食班到香港买菜时用津贴费买的,平时团长都到他那里去对点。一看到点了,连长请示营长,营长说开炮。只见王德福左手把炮盘,右手挂炮刷子,旁边的排长给他装弹,副排长给他把炮盘。连长喊:"预备!放!"王德福一撒手,"咣"一下炮弹就出去了。因为炮火劲头太大,一下子就把炮盘子震翻了,把副排长也震翻一边去了,王德福的耳朵嗡地一下子就被震聋了。眼看炮弹远远飞过了小红房,王德福连连拍手说:"完喽,完喽,过劲了!"这时,只见营长气势汹汹地掐着匣子枪过来了,问王德福说:"你放几个药包?"王德福说放了4个。营长大骂:"谁让你装4个药包?"说着就把手枪筒顶在他的脑门子上了,子弹"咔嚓"一下就上膛了。王德福不敢申辩说是排长让这么做的,就像棍子似的站在那里。王德福说:"那天我身边没有第二个炮手,如果有炮手替换,我指定就得被枪毙,而且一点都不冤屈。"

炮弹没有打到敌人的前哨,却歪打正着,打到敌人的指挥部去了。王德福的指挥炮一开火,就听这边我军的轻重机枪像刮风似的"呜呜"直响,炮弹都往敌人指挥部那一个地方攻,根本听不着小枪响。战士们也没有往敌人前沿阵地进攻,直接就越过敌人阵地,向主攻炮落点的敌人指挥部那个地方冲锋。结果这个错误就造成了很严重的后果,尖刀3连6班一个班冲锋,被敌人在阵地猛烈扫射,最后全班一个没剩全牺牲了。很多战士强攻越过了敌人的阵地,没有被打着的敌人在后面追着战士打。就看一个国民党排长穿着美式服装,正在用歪把机枪扫射,战士们还不管不顾地向前面冲锋。王德福说:"那一仗光尖刀连就死伤40多人,牺牲了24个。没有打着的敌人在后面来打我们警卫连,把炊事班的油挑子都抢跑了。"王德福他们在后面好不容易把敌人打退了,冲到前面的部队也攻下了敌人的指挥部。这个时候,敌人都被我军包围集中到了指挥部那里,营长过来又让王德福打"连环炮"。王德福说:"我们一共有6门60炮,你说营长他老找我打不找别人,打连环炮要两个人,我还得现找人帮忙。"王德福说他打"连环炮"是拿手,"头一炮我冲着逃跑的敌人打个迎头,第二炮看敌人往回一卷往后打,第三炮敌人集中成堆了就往中间打,炮炮准确打得敌人开花"。他说,这回营长乐了,直拍手说"好!好!好!"

王德福打的第二仗是在湖南临武,他们一个团打敌人3万人。解放军攻进城的时候,敌人就退出来,敌人唱了一出空城计。到了城里当天没有什么情况,部队就休息了。打仗前部队不出操、不学习,就是吃饭睡觉擦拭武器,打仗时部队都吃些好的,那天吃的是地瓜粉条炖猪肉。吃完饭王德福去河边洗衣服,有个战士尿炕,穿了别人的裤子,被人家发现后,他俩在那里打仗呢。这个时候,师部参谋长从山上下来喊他们:"哪部分的?北山都打起来了,敌人攻城了,你们还在这里瞎闹什么呢!"吓得他立即起来报告说:"我们是一营机炮连的。"看着参谋长慌里慌张地跑,他就觉得不好,意识到可能是敌人反攻上来了要打仗。他就赶紧收拾衣服跑回去叫醒战友,告诉他们赶紧起来到事务处吃饭,说参谋长拎望远镜过去了,可能要打仗了。他们跑到事务处端来剩下的饭菜,吃完饭后马上就集合了。他们气喘吁吁地跑了15里地,看敌人阵地上有两个人牵着马,有个小伙子还在那里拉扯着哭呢。他们刚把炮支上,天

13. 王德福——"神炮手"的神奇经历

就要黑了，接着就开打了。他说："这仗打得，一个连所有的炮弹都集中我这里了，6门60炮的炮弹全让我一个人打了。人家都说我炮打得准，都把炮弹弄我这里来了，所有炮弹都是我一个人打的。"这个时候，就看身边的排长负伤满脸是血，王德福问排长："你怎么了？挂花了？"排长怕影响大家的作战情绪，就低声说："别吱声没事，你接着打。"王德福说："敌我双方打仗都是机枪找机枪炮找炮，我打人家人家找我。我打得正起劲呢，就听'咣'一声，一炮就轰到我的跟前。我趴下再起来就看背包上有很厚一层土，我说排长转移吧，敌人发现目标了。这样打了半宿，也不知道是哪个部队上来把我们换下来了。"

王德福后来又打了两仗，按他说的，打得确实有意思。有一仗是坐着火车打炮，说敌人到池石来进攻，到了那里没有见到敌人，打了一气儿炮就走了。有一仗是打湖南太平洞土匪老窝。他说："太平洞是'三不管'的地方，日本人和国民党都不管，共产党也管不了。七个屯子在地下挖地道都连通，日本人进去死了一个连，国民党也让他们打死不少，有一整个团都被消灭在那里了。土匪们没有媳妇，头领就出去抢姑娘、媳妇，回来给大家分。没有咸盐和布匹，就到莽山去抢。土匪什么东西都有，人家还有教师教他们的孩子，光大烟就种了好几十垧，干活就抓老百姓。我们4连去剿匪，死了不少人，副连长的腿都被打折了。部队给上级拍电报请示，后来上级指示说，如果情况属实的话，他们就不算是老百姓了，应该按土匪处理。部队接到命令就开始打炮，各种轻重炮轰击打了三天。轰炸过后我们进村搜索，没抓到几个人，村子里的人不知道都哪去了，后来494团留下一个营在那里种了一年地。"

1952年，王德福在钦州军区复员回到老家九台，他说："黑龙江的日子好过一些就上这里来了，这里有个女老乡写信找我，我就奔她来的。我转业时给了1 100斤高粱米，回来时28岁，穷光蛋一个，没有人愿意嫁给我。那女老乡虽也结过婚但没有小孩，嫁给了我，到我这里也没有小孩，一身病早早就死了。我都独身24年了，从第一任妻子去世后又娶了一个也死了，也是改嫁的。"

没有光环的英雄
——东北革命根据地农村参战军人战斗生活故事

  第二次采访王德福,是在我拍摄了100多名老战士后,主要是收集他的战斗故事,因为他在我的采访中有着特殊的意义。为了使村子里的人们都尊重这个功臣,我特意组织了一帮孩子跟他合影。这个时候,他病情有了好转,经常出去锻炼,抽了多年的烟袋也戒掉了。尽管王德福的老年生活很困难,但他还是很乐观,经常四处活动,秋天还捡了很多苞米,一是锻炼了身体,二是也能补助生活上的困难。

  房子是王德福十几年前用2 000元抚恤金买的,整整花掉了他两年的积蓄。他是村子里的"五保户",没有土地,以前每年给他四五百块钱,前年乡里给了1 200元。他虽然生活困难,但是他从不怨天怨地。他说:"复员时没有分配不怪领导也不怪党。我们复员要上车的时候,师长亲自给我们送行,给我们讲话,很激动,他说同志们,你们是我的金豆子,没有你们我就是光杆司令啦。说到这里师长都哭了,那个时候他都是军区司令了。他还说:'我们国家胜利了,绝不能够让你们当绝户兵。'我走到现在是我自己的选择。"

14. 崔文勤——深山那场肉搏战之后

崔文勤，83岁，原47军140师418团炮兵连连长，汤原县香兰镇陶家村人。1945年7月于吉林省榆树县被迫入日军部队中当兵，日本投降后被俘，直接参加东北抗日联军第6军当战士，1947年2月被编入东北野战军第47军炮兵连为连长，参加了辽沈战役、淮海战役、渡江战役，荣立一等功两次。在抗美援朝战争中先后任排长、连长等职务。因在战场受刺激精神失常，1953年复员后，发病时丢失了全部证明材料。由于复员军人身份和残疾军人待遇问题，他开始了长达50年的上访。（2006.5.25）

1944年冬天，日本投降前夕，在吉林榆树县恩育村，崔文勤全家都得了伤寒病，父亲传给母亲又传给了他。日本侵略者眼看要失败了，就抓紧扩兵，凡是家中有两个男人的，就必须去一个给日本人当兵，如果不去花钱雇人去也可以。他们家没有分家，连同他的二叔、老叔、他父亲和他共四个男人，都在适龄当兵范围，按照日本人的规定，他们家需要去两个人。

那个时候崔文勤已经订婚，再有20天就要结婚了。他父亲和叔叔商量，让崔文勤去吧，他刚得病还没有好利索，他如果不去，那他的老父亲也得亲自去，最后全家决定，让崔文勤和他老叔去。他父亲说："咱们家没有钱雇人去当兵，这次不当兵，下次也得出劳工，怎么也都没有好，你们看哪个出劳工的回来了？当兵还比出劳工强。"父亲还跟他说："在你走之前就把结婚的事办了吧。"崔文勤没有同意，他说："我当兵还不知道怎么回事呢，不能够耽误人家，回来再说吧。"

1945年7月，崔文勤被迫到日军部队里当了兵，直接就被送到宝清县苏联边境，准备让他们来阻击苏联红军。他说："当了20天的兵，天天练习拼刺刀，谁能够一连拼倒六七个人，就奖励一块西洋手表。20天后，苏联红军和抗日联军就打了过来，苏联红军把日本弹药库都炸没了，剩下连级的日本官不投降用战刀都砍死了，我们这些人就都投降了，直接参加了当时的东北抗日联军第6军。"

1945年8月，东北抗日联军第5军和第6军及另一个纵队，配合苏联红军在牡丹江古城镇会合，清剿牡丹江边防境内的日本侵略军。部队接到情报，有日军一个团3 000人，坐火车逃到了牡丹江桦林镇二道河子车站。东北抗日联军第6军军长命令他们营700余人，去堵击日军一个团3 000多人的兵力。他当时担任第一排排长职务，下午2点多钟，日军三节军车来到二道河子火车站附近的麻山大青岭，部队埋伏在那里，用炸药炸翻了军车，炸得车头和车厢都上了摞儿，当场连炸带击毙，日军死了2 500多人。还剩下500多日军负隅顽抗，和抗日联军战士进行了白刃血战。凶狠的敌人垂死挣扎，用机枪和毒气弹把抗日联军战士打得只剩下200多人了。战场上垂死挣扎的日军和红眼的抗日联军战士拼得昏天黑地的，战士们一个个倒在血泊中，敌人也被杀得横躺竖卧。只看见人头乱滚，缺胳膊少腿的到处都是，处处能听到人们的号叫声和惨叫声，身上、脸上都像血葫芦一样，满路基和荒草甸子都是死尸，血红一片。他说："我从没有杀过人，敌人要

14. 崔文勤——深山那场肉搏战之后

杀我，我心里直哆嗦，就狠下心一次次将刺刀刺进敌人的胸膛和肚子，鲜血像箭一样冒出来，挑出了肠子和心肝肺，用枪托砸出了脑浆，崩得我满脸都是。战斗结束了我还满脑子刀光剑影，不管见什么人都挥舞着刺刀。杀红了眼的不光我一个，战斗结束后当时就有11个战士精神失常，有几个见到人就要杀，拉都拉不住。我当时就是精神分裂，瞪着大眼就是说不出话来，后来能说话了，也是语无伦次。再后来我被部队送到抗日联军第6军的医院治疗。结果医院在战火中被炸没了，所有资料也全部都没有了，部队就给我们每个战士都开了证明，让我们直接回家休养。"

崔文勤走后一点信息都没有，父母在家很担心，母亲就找个先生算卦，人家一算说崔文勤回不来了，母亲一股急火就有病了，以为他死在了战场上，家人把他的衣服收拾收拾，找个地方边哭边烧。崔文勤说："没有几天我回来了，造得没有个人样子了，神情恍惚，瘦得也不成个样子。我还不如不回来了，不回来他们过一阵子也就好了，我这一回来他们倒上火，老妈看我这个样子哭得更厉害，没有几天就病重去世了。"

打辽沈战役的时候，解放军部队征兵，贫协主席直接来到崔文勤家，给他们家宣传了很多道理。他父亲指着在炕上病着的崔文勤说："你看他那病歪歪的样子能去吗？一个精神病去了能打仗吗？你们问他去不去，他要是去我们不拦着！"贫协主席和带兵的排长反过头来问崔文勤说："你当过兵是部队上的人，怎么回事你都知道，你看应不应该去？"崔文勤说："我都理解，部队有命令让我去我就去。"他一口就答应了。这样他又于1947年参加了东北野战军47军140师418团，在一营炮兵连担任连长。

崔文勤在部队需要自己时就回归部队，他也没有强调自己有精神病。他说："我在部队轻来轻去也犯病，可是部队不知道，就是知道了，我也要上战场！打仗时要是称自己有病不上战场，那就是临阵脱逃，那不就成了叛徒了嘛！"

这次他跟部队走，直接参加了辽沈战役，先后打了沈阳、四平战斗。他说：

"行军吃饭就是苞米面子,没有水吃雪,那雪都是红色的,是脚底板子从战场上带来的血水,什么脏啊有味啊,饿急了那也得吃。打四平战役冲锋时人死得多,一颗子弹穿死3个人,就听身边的人'嗷'一声就倒下一个,滚到一边血葫芦似的,看着喘气一会儿就死了。我在炮兵连时还受过几次皮肉伤。"后来他参加了淮海战役,转战大别山,参加了徐州战役。南下的时候他已经当上了排长,坐火车到贵阳40多天,剿灭白崇禧的国民党残兵败将。1950年抗美援朝战争时他又到了朝鲜参战。他说:"我当兵打了几个大战役,前前后后打了8年仗,在朝鲜时被提升为连长,荣立一等功两次,最后在朝鲜战场上被炮弹炸伤胳膊回国养伤,定了个一等甲级伤残。"其间,他曾多次精神病复发不能够自理,1953年他就从部队复员回乡务农了。复员的时候部队首长拦着他不同意,说他是连级干部可以等待分配,他说:"我这病好不了,分配了工作也干不了,我当兵也不是为了分配才来的,还是回家种地养病吧。"

50年的上访路——崔文勤采访后记

崔文勤家里乱糟糟的,我一进去心里就"咯噔"一下。一见面他竟然冲我喊了起来:"哎呀妈呀!可把你们盼来了!"弄得我一头雾水。他的后老伴还说:"天天盼星星盼月亮,估摸着也就这些日子,政府该来人了。"我还纳闷呢,我的采访也没有通知谁呀。我说:"你们盼啥呢?"崔文勤说:"你不是政府派来的吗?不是给我落实政策吗?"

这一下倒把我弄尴尬了,我拿了一个市文联的介绍信,那是主管我们摄影的领导给出具的,这也算代表政府吧!我对崔文勤说明了来意,做了解释,眼看着他眼光渐渐暗淡,身子瘫软靠在了被子上,转脸呆呆地看着窗外,我心里也很难受。

过了好长时间,崔文勤突然像火山爆发一样坐了起来,神情激愤,语无伦次,滔滔不绝地讲了几个小时。他的后老伴始终寸步不离地在他跟前,一会告诉我说:"犯精神病了,前言不搭后语了。"一会又告诉我说:"这会他精神清醒

14. 崔文勤——深山那场肉搏战之后

了，说的事情都对了。"我就在崔文勤一会清醒、一会糊涂中听了4个小时，我也一会糊涂，一会清醒。他的整个故事是在述说上访的过程中展开的，一会讲走南闯北的上访过程，一会讲过去战场上发生的事情。

崔文勤的事情有很多解不开的疑问：

如果说深山那场白刃战惨烈悲壮，当过兵的在战场上也都经历过的，问题是他得了间歇精神病后，又在战火中打了十几年的仗，而且在部队还逐级升迁，这十几年是怎么过来的？在战场上活着回来了，和平年代证明身份的材料又丢失了，已经都证明了的事情，可就是没有落实下来，为此上访50年，这50年的上访路是怎么走过来的啊？崔文勤指着身后和地下的旅行袋和行李说："这不，我上访刚回来十几天，要不是得了严重的糖尿病，我还要继续走下去，这回走不了啦！可能是最后一次了。"

原来崔文勤复员回到家里后才知道，老父亲在他走以后着急上火，加上崔文勤母亲去世，不久也去世了。崔文勤终于和等了自己20年的未婚妻结了婚。不久，由于家乡生活困难，他偕全家老小迁居来到黑龙江，结果在火车上把所有复员军人和残疾军人的证明材料都丢失了。回家务农后，他时而犯病时而清醒，因为证明不了自己复员军人和残疾军人的身份，他便开始了长达50年的上访之路。

崔文勤为找回他的连长和残疾军人的身份，上访时胸戴18枚军功章和纪念章。他曾经在吉林民政局看到过他的档案，可是人家不给他复印做证明。他又开始找所在部队，部队查阅了资料，给他出具了当兵的简历、职务和残疾的证明，可是由于没有原始记录，按照文件规定，这些在县乡政府没有给予认可，从此他就开始了漫长的上访之路。他拎着大旅行袋装满材料和录音机，还有吃穿一应用具，先后找过当时的国务院办公厅、民政部、林业部等部门。证明和申诉材料盖满了各级政府机关的印章，他拿着它上北京、哈尔滨，上兰州下济南和昆明，找政府和部队。

崔文勤的遭遇得到了很多人的同情。他手头上收集了一大堆资料，都是部队、各级民政给开的各种证明，竟然有国家及各省民政部门的章子，还有政府和军队给出具坐车不花钱的证明，还有村镇联名出具的上访信。他喝凉水，啃干粮，睡露天地，花掉了全部积蓄。

在崔文勤所有的纪念章和军功章里，有几个是比较珍贵的，光不同时期的"朱德奖章"就有两个。他说："我在县里当兵的那些人里，资格最老，谁当过红军（他原所在的东北抗日联军第6军），有几个打过日本兵的？"采访时我拍摄了崔文勤的军功章，当时没有留意，后来细看有些疑问："中国工农红军第三军团外出证章"，是彭德怀和滕代远的第三集团军专用的，那时崔文勤还没有当兵。"中野六纵特等英雄"奖章和崔文勤的部队不符，六纵是后来的12军，崔文勤是四野47军。还有"淮海军区特等功"纪念章，也是同样道理。再后来我又遇到了一些老战士佩戴的军功章也有这样的问题，我曾经问过几个老战士。他们说，有的是领导和战友赠送的，有的是牺牲战友的遗物保存下来的。

崔文勤和他的老伴。

崔文勤现在的第三个老伴跟他生活了30年，也经常和他出去上访。她说："我跟他出去，一是怕他精神不好出什么事情照顾一下，二也是怕他说不清楚事情，精神不好、脾气暴躁老骂人，惹得人家都不愿意接见他，有我一起还能够帮他说话，做解释工作。"

在我采访完走出屋的时候，他好像有些恋恋不舍，他说："你像我们部队的人，在部队大家都是这样，可亲近了。我还想去部队看望老战友，上次去看的那些老部队战友，他们都说你这么大岁数可能再也来不了了，我们这些人是见一个少一个。我有时候还上县烈士纪念碑看看上面的名字，那都是我们部队的战友。"要不是他重病在身，我一定和他一起去县里的烈士纪念塔看看。

15. 赵庆华——为了党员的名誉

赵庆华，82岁，原三野13纵38师2团班长，富锦市向阳川乡永山村人。1947年，在山东牟平参军，在三野当战士，后入党当班长。参加了解放莱芜、海阳、济南、徐州等战役，在解放蚌埠的战斗中负伤。到胶东12荣军学校学习，后被分配到区武装部当部长。由于不识字，他主动要求回家种地。1958年，加入百万官兵支援北大荒建设，到了黑龙江农场，后要求从农场来到现在的农村扎根落户。（2007.1.19）

赵庆华15岁就给牟平最大的地主扛活，受尽了苦难。有一天，他给地主推小车送粪，他人小推不动，一出门就摔倒了。正赶上地主的儿子过来，他不管人摔得怎么样，反倒是说把他家的车子给摔坏了，上去就是一顿揍。赵庆华出身贫穷，是家里的独生子，当时正赶上征兵，他也不管爹妈同不同意就报名参军了。

15. 赵庆华——为了党员的名誉

当时解放战争刚刚开始，国民党大部队穷凶极恶，迫不及待地进攻胶东。我军采取退让的政策，步步撤退，一枪都不让放，国民党东占一下，西占一下，抢占城市分散了力量。1947年的冬天，解放军开始集中力量实行战略反攻，开始就打了莱阳战役。他说："当初是新四军7纵打莱阳没有打下，整个7纵都打翻番了（没有人了）。"

他们13纵攻打的是海阳城，海阳解放那天晚上，许世友司令命令部队包饺子改善伙食。赵庆华当时已经被提升为班长，他很有作战敏感性，他觉得司令员让部队包饺子吃一定有情况。他就告诉全班快点包，这边包那边就下锅了，半生不熟就直接打水缸里晾凉，也不管饺子生熟先吃饱再说。他们狼吞虎咽刚吃完，别的班还没有包完，部队就紧急集合了。他说："许世友司令上台亲自讲话，他说：'同志们！你们吃老百姓的大饼子好吃吗？一口一个月牙，两口一个瘪夹，三口把老百姓一个大饼子吃肚里去了，光吃饭不干活不行，吃完了就得打仗，大家乐意打仗吗？'大家都高喊说：'乐意！'他说：'好！大家乐意咱就打莱阳。我的警卫团都是双家伙，他们在前面当主力，你们都得跟着给我上，今晚要是拿不下莱阳，所有大小干部和党员，都得拿脑袋瓜子来见我！'"

部队在半夜的时候开始进攻莱阳城，打进一半的时候，遭遇了国民党的骨干力量"黄县团"。这些人都是当地地主资本家的子女，男男女女都有，他们为保护自己的利益拼死打仗，都是顶烟往上上。解放军战士进攻的时候牺牲了好多人，后来解放军大部队依靠人多的优势，硬是冲锋撵跑了他们，一直把敌人打出了城。敌人逃窜到了包子铺屯，正赶上第9纵队在前面堵击，前堵后追把敌人打得蒙头转向，一直把敌人撵到了济南。

解放军的士气很高，高喊口号"打到济南府，活捉王耀武！"一宿跑了120里地撵到济南，把济南团团包围，王耀武当时还很坚决，死不投降。解放军攻打了17天就冲进济南城里，王耀武一看不好，就假扮成大商人，坐个大轱辘车逃跑，刚走到罗锅桥上，就被解放军战士堵住活捉了。在进攻济南西的时候，防守的敌人有2 000多人，仗着地下碉堡和工事顽抗。赵庆华跟着老营长正

没有光环的英雄
——东北革命根据地农村参战军人战斗生活故事

在进攻,就看高粱地里啪啪打枪,光听枪响,跟前的都死伤撂倒了,就是看不到敌人。营长要找人过去探查,赵庆华就在营长身边,他想,我是党员就得打头阵。他说:"我去!"营长就命令他带领两个人去执行任务。他和那两个战士刚进到高粱地里,就发现了6个敌人。国民党兵端枪站成三角式,一下就把他们三个人包围了。

平时,战士们训练过拼刺刀,但真枪真刀地对打这还是第一次。那两个战士有些措手不及,赵庆华很冷静,关键是他有着无所畏惧的胆量。就听他大喊一声"靠拢",敌人此时一愣神,另两个战士就缓过来了精神头,他们三个人迅速背靠背端枪站在那里开始和敌人对峙。敌人仗着人多势众,气势汹汹地来回跨步跳跃进攻,其中一个战士有些吃不住劲就乱了方寸阵脚,结果被敌人钻了空子,一刺刀就捅到了他的肚子上。就看那个战士的肠子一下子就流出来淌到了地上,枪也掉在了地上,随后人就一头栽倒在了地上。另一个战士看到这种场面,当时吓得大汗淋漓,身子下面的腿就开始乱步了。此时,敌人的刺刀眼看就逼近了那个战士。赵庆华完全不顾自己的安危,猛地抽身用枪拦着这边,结果身体那边就出了虚空,就见几个敌人同时冲他而来,一刺刀就捅到了他的脖子上,鲜血顿时流了下来。

赵庆华负伤后,忍着疼痛继续连叫带喊跟敌人殊死搏斗。那边,营长用望远镜看到了这边的情况,他大声喊身边的战士说:"快去支援,那边展开白刃战了!"大帮战士上来后,敌人就害怕了,就在敌人往后一转身要跑的时候,赵庆华上去一刺刀,就扎穿了其中一个敌人的腰。他第一次用刺刀捅人,就听"哧"的一声,鲜血喷了他满身。他完全不管这些,回过身边喊叫边端枪刺杀别的敌人。这时,吓坏的那个战士也反过劲来,把逼近他的敌人一枪就刺死了,剩那几个敌人回身就跑,钻进地道逃跑了。战士们这才发现敌人的工事有暗道,随后就用炸药给炸开了,一直追赶到山后把敌人都俘虏了。

赵庆华把自己共产党员的身份看得很重要。当初他入党的时候还很秘密,战士之间都不公开,开会都是秘密进行的。因为那个时候考虑的是战争环境艰

15. 赵庆华——为了党员的名誉

苦，一旦出什么意外党员会遭受损失。他入党是老营长亲自介绍的，他知道共产党是领导老百姓打天下的，能当上这个组织的先锋战士就不是一般人，他就应该打仗在前头。1947年冬天淮海战役正式开始，赵庆华他们部队在解放徐州战役后参加了蚌埠战斗。攻打蚌埠城的时候，敌人在城里修筑了很多坚固的碉堡，外面是高高的城墙。营长事先做战前动员时，赵庆华就主动报名参加，并要求当攻城的尖兵，他说："我是共产党员就要带头。"晚上进攻的时候，他率先带领战士扛着两丈多高的梯子上城墙。敌人的机枪蹿着火向他们攻城的战士扫射，就看被打死打伤的战士一个个扑通扑通地往下掉，他端着冲锋枪边扫射边往梯子上爬，眼看要爬到城墙的上面，就只顾冲着敌人的火力点扫射，完全把自己给暴露了。他一脚在梯子上，另一只脚刚要登上城墙，然后准备往里面冲，这个时候，一个敌人抓起一颗手榴弹向他投了过来，"轰隆"一声手榴弹在他身边爆炸了，一下子就把梯子炸倒了，他从梯子上掉了下来，重重地摔在了地上，他的左肩膀摔背了过去，人也昏死了过去。

赵庆华家里挂着的毛主席像，这已经是他50多年来第四次更换毛主席像了。他说："吃水不忘打井人，中国人不应该忘记毛主席。"

赵庆华在上海养好伤后，到胶东12荣军学校学习，回家探亲的时候，爹妈想要他留下，他就没有等待分配。回到家乡后他被分配到区武装部当部长，由于不识字，他填表写材料还要找别人给他当秘书，后来他就主动要求回家种地。

没有光环的英雄
——东北革命根据地农村参战军人战斗生活故事

1958年,百万官兵支援北大荒建设,赵庆华他们140多人就在老营长的带领下来到了黑龙江农场。由于没有吃住的地方,他就要求从农场来到现在的农村扎根落户。他和老营长的感情比亲人还亲,老营长在松花江对面的县城当水产局长,他们每年都可以见面,后来老营长去世了,就埋在他们村子靠山边的树林里,他和儿子经常去看老营长,每次上山打柴或是放牛路过这里的时候,他都会磕个头再走。每次他的心里都很难受,念叨说:"老营长啊,你怎么走得那么早,留下我想你呀!"

赵庆华36岁到了永山村,在这里一直待了50多年。他当过民兵连长和治保主任,当了几十年的公安协理员,都是远近闻名的。他在这里生儿育女,甘愿种地为乡亲服务。妻子得病去世40多年,他一个光棍自己带孩子。妻子患病治疗时他倾尽所有家产,即便如此他也没有找村子和政府要过一分钱。

赵庆华复员时部队给定级为三等甲级残疾,由于在战场上摔坏的肩膀不能够负荷重体力劳动,生产队给他每年1 000工分补助。"文革"期间他的伤口疼痛犯病,医院要给他截肢他没有同意,经常疼痛不止。他大腿上的弹片也没有取出来,时常发作,备受折磨。就是这样,他为了家庭生活还是咬牙坚持干活,在生产队也总是硬挺着干活,他要面子,不忘自己是名党员,要做好带头人。到了老年,儿子和儿媳妇不让他干活,他还是闲不住,他开始养鸡和兔子来增加收入。

15. 赵庆华——为了党员的名誉

赵庆华现在和小儿子一起生活。他本人只有9亩土地和现在这个30多年的老房子，但是他非常知足，他说："我老了幸福，有好儿子和儿媳妇养活我，我到死都不离儿子儿媳妇一步。至于什么荣华富贵，那都是没有用的。"前几年有几个老战士嫌抚恤金少，来找他去上访。他说："我怎么穷也不去找，不想为几个钱吵闹。"当听到有人说些不满的话时，他严厉训斥，村子里的人都很敬重他。

正当我采访的时候，民政部门过来人给赵庆华送了一袋面粉，这是给老战士的春节慰问品。当时，我就看到赵庆华老人一脸的高兴和自豪，那是十分满足的。

16. 田廷杰——蒙冤的那场战斗

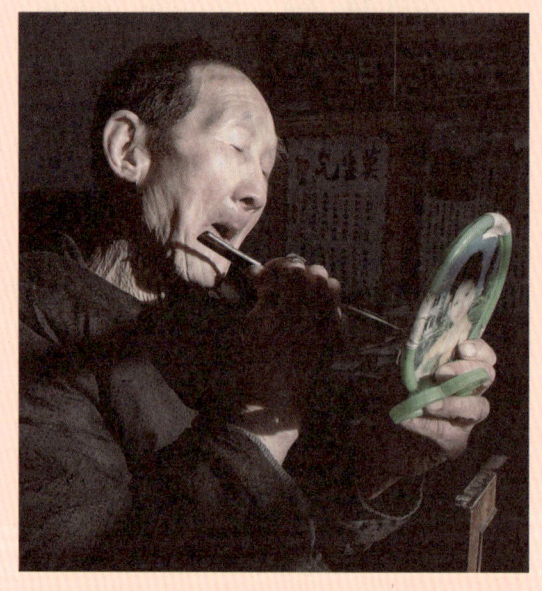

田廷杰，80岁，原二野40师炮兵营一连指导员，佳木斯郊区长发镇南长发村人。1942年，抗日战争时期，在河南安阳参加了晋鲁豫边区八路军46师一中队，成为战士，解放战争时在40师炮兵营一连当指导员。参加了淮海战役、渡江战役。到贵州遵义地区湄潭县任区长参加土改，在指挥突破国民党土匪包围时牺牲了20名战士，被军事法庭判处15年徒刑，在原炮兵部队服役当战士。1951年，参加朝鲜抗美援朝战争；1953年，在梧桐河劳改农场服刑；1958年，刑满回乡务农；1962年，因为生活困难迁居到黑龙江。1981年平反，享受十九级副处级待遇。（2006.7.21）

雾蒙蒙的清晨，贵州茅坪烈士陵园里的纪念碑下，一位老泪纵横的老人在默默哭泣流泪，他是那样动情悲凉。

他是一位刚从东北来的老人，刚下车就四处打听烈士陵园的地址，千里迢迢专程来看望牺牲的战友。他就是田廷杰，一个被军事法庭判决15年，蒙冤几十年

16. 田廷杰——蒙冤的那场战斗

的老指导员，刚刚平反后的第一件事，就是马上回到这里看望这一生念念不忘、令他刻骨铭心在这里壮烈牺牲的20个战友。

50多年过去了，当他走过那些排列整齐的一个个战士坟茔时，心灵被猛烈地撞击着，他用颤抖的手抚摸着烈士墓碑上每一个战士的名字，想起他们的音容笑貌，脑海中就立刻闪现出他们英勇壮烈牺牲时的场面。当最后摸到6个战士的无名碑时，他再也控制不住伤心的泪水，悲怆痛心地哀鸣，"他们为我们国家和人民牺牲了，现在都腐烂成泥土了，可是连名字都没有留下，他们家人现在知道吗？"

他可以忘记自己几十年的冤屈，可他忘不了这里长眠的20个战士，忘不了几十年前发生在这里那场惊心动魄的战斗……

1942年抗日战争时期，上高小的田廷杰热血激昂，为抗日救国不当亡国奴，在河南安阳入伍，参加了晋鲁豫边区八路军46师一中队当战士。当时部队已经变成武工队，他参军时没有武器，就发给他一个木头把手榴弹，跟着区基干大队打游击。

日本侵略者搞铁壁合围"五七"大扫荡，上面是飞机，下面是汽车摩托，撵得老百姓不知道往哪里跑，日本侵略者到处烧杀掠夺。后来在范县围剿中，围堵住赤手空拳的老百姓和部分干部战士两万多人，残忍地用机枪扫射屠杀。在一片开阔地里，横躺竖卧遍地都是大人和孩子的尸体，干部和战士的尸体由于不敢认领，没有人收拾，在野外暴尸很长时间，最后挖了三个大坑集体掩埋了。八路军的部队也被打得越来越分散，他们中队跑到一个苞米地里躲藏被日本兵发现了，激战中区长掩护战士撤退时牺牲了，日本兵竟然还残害了他的尸体，在他身上用刺刀乱捅。

在开始战略反攻打阳谷城时，田廷杰经历了一场激烈的生死考验。那时他已经是排长了。八路军先是一个个端了敌人的碉堡，然后集中力量攻城，可是打了半个月，却怎么也打不下来，就是因为武器不行。后来部队从太行山调来一门山炮进行炮轰，这边战士们开始爬云梯登城墙，敌人防守很严，几次进攻都上不去，战士们被打掉城墙下死伤很多。强攻不行，他们就想出个办法，这边还假装佯攻，那边就在城下挖地洞放炸药，把城门楼子炸开攻了进去。敌人破釜沉舟，从城里面冲出了很多日本兵，都脱光衣服穿个白裤衩，脑袋上缠着白布条，脸上抹上红红的碘酒，像鬼一样嗷嗷地端着上了刺刀的枪，跟战士们拼命。田廷杰和战士们好几个人对付一个鬼子也不行，敌人简直疯了，嗷嗷叫着想先用精神战术吓倒你，然后仗着会拼刺刀的战术拼死厮杀，把战士们都打退了好远。后来八路军又增援一些人，田廷杰和战士们又冲上去，大家边杀边骂："让你们祸害老百姓，今天就让你们去死！"他们连杀带砍一个也不留，把穷凶极恶的日本兵杀死一大片，还俘虏了100多，其中还有很多日本女人和家属，光朝鲜、日本和中国的慰安妇就有30多人。

田廷杰在1981年落实政策时，戴上了保存多年的军功章，拍摄了最后的退伍军人证件照片，那年他已经55岁了。左图是他参加地方组织的纪念抗日战争胜利活动时拍摄的照片。

解放战争时期，田廷杰他们整编到了二野40师，他已经是炮兵营一连的指导员了。在平安打了第一仗，我军用一个连引诱敌人，国民党上当了，以为就这么几个人，气焰嚣张往上追。追到一个开阔地时被解放军三个纵队团团包围，国民党极力顽抗，解放军牺牲了不少战士。敌人退到村子里的平房子上架起机枪扫射，战士们猛烈进攻都把他们打死了，一个房子上敌人的死尸横躺竖卧有好几个。战斗结束后，俘虏了上千个敌兵，那些缺胳膊少腿的伤兵没有人管他，集中在一个大庙里鬼哭狼嚎的。有的战士抬国民党伤兵

16. 田廷杰——蒙冤的那场战斗

下来，他们还漫骂八路军是土八路，还说："你们用小米加步枪也能打胜仗？"战士们气得说："给你治伤你还骂！"这次战斗还活捉了国民党的军长马步芳，八路军和蒋介石谈判，想用他交换在皖南事变中被国民党扣押的新四军军长叶挺。

1948年，田廷杰的部队接到命令挺进大别山，准备调虎离山把敌人主力引到山里牵制消灭，好打淮海战役。解放军在前面走，后面敌人好几个军死死追击。天气很热，刘伯承坐船指挥过河，正赶上下大雨，大雨边下水边涨，团参谋长和几个战士在后面没有过来，都被大水连人带马冲走了。在大别山休息了几天，部队官兵35万人佯装分散，下到各个地方村庄，组成工作队，都分散扎根在老百姓家。国民党放松了警惕。结果有天晚上突然集合，急行军就返回徐州，开始打淮海战役。解放军二野和三野部队联合集中打碾庄，国民党驻守的部队是个老虎团不投降，让解放军一顿大炮给炸烂了。战斗时天不断下雨，敌人的坦克和汽车都走不了，解放军集中火力，用手榴弹大炮猛攻，用炸药包炸掉他们的战壕和碉堡。打了半个月，越打敌人

田廷杰参加抗日战争、解放战争、抗美援朝战争获得的纪念章和军人退休干部证明书。左图是国家颁发的"纪念抗日战争胜利60周年"纪念章。他平反的时候，在部队当军长的老战友问他要什么，他说我就要一套军装，然后，他把这些纪念章都戴在军装上，在高兴的时候，还有什么活动的时候，穿上它精神焕发地容光一回。

占据的地盘越小，吃的喝的供应不上，飞机就来空投，被解放军都给抢过去了。田廷杰说："这国民党真是大熊包，一点都不抗打。"打到敌人的阵地脚下时，解放军进行政治瓦解，喊话让他们不要给国民党卖命，解放军优待俘虏。敌人开始过来几个班排长，战士就给他们包子和馒头，好吃好喝地款待，再放回去做宣传。他们回去就说共产党真的不杀人，待人还亲如兄弟，后来就有成排成连的人过来投降，被分化瓦解好多人。这次战役消灭了国民党的几个兵团，有黄维兵团、黄伯涛兵团、王耀武兵团十几个军，还有徐州守备司令部。

淮海战役胜利没有几天，田廷杰他们部队就休整开拔参加了渡江战役，从成都过江南下，到了贵州湄潭开始剿匪，发动群众进行土地改革。田廷杰分配到了茅坪，被任命为区长，领导地方清剿土匪，发动群众进行土改。

这里有个国民党的老牌土匪头子肖士栋，纠集了三股残余土匪准备顽抗偷袭解放军。在八一节的头一天晚上，肖士栋纠集了土匪和国民党残余600多人埋伏下来。那时田廷杰去县里开会十几天刚回来，有些情况不知道。原来在他走后，有个排长被国民党的一个特务策反，泄露了很多军事机密，敌人就根据他提供的情报来包围了区政府。

当时区里只有一个排的兵力，第二天早上部队刚集合到山上出操，土匪们就攻进了村子，打死两个站岗的战士，向列队徒手出操的战士开枪射击，当时被乱枪打死十几个人。田廷杰马上指挥战士们回去取枪开始战斗，反复组织几次反击，打得敌人几次进攻都失败了。这个时候区里的很多干部也都闻讯拿起武器来参战。但是土匪凭着人多势众，轮番向他们坚守的阵地进攻，他们四周没有遮挡，敌人包围后从四面八方开枪扫射，战士们伤亡很大。当时是敌众我寡，田廷杰他们只有一个排34人，加上后来的干部才42人。敌人却有600多人，武器有重机枪3挺、轻机枪6挺、自动步枪20支，还有4门60炮。在十分严峻的情况下，田廷杰组织机枪手到他们占领的碉堡上向敌人扫射，试图阻击敌人疯狂的进攻。这时敌人集中用60炮一下子炸毁了碉堡，当时就把机枪手和3

16. 田廷杰——蒙冤的那场战斗

个战士炸牺牲了。

战斗持续了五六个小时，田廷杰和战士们还有区里的干部英勇顽抗：一个战士肠子都打出来了还坚持战斗，临死眼睛还瞪着敌人打过来的方向；有一个班长勇猛冲锋冲到敌群，高喊为人民立功的机会到了，站起来端着机枪扫射，打得敌人哭嚎着乱滚，他也被敌人乱枪打得浑身是枪眼，但仍然坚持打完所有的子弹；区通信员抱着一挺机枪掩护大家，身上负伤多处，满身鲜红都成了血葫芦。当时也出了个叛徒，有个原来是国民党俘虏过来的解放兵，敌人冲过来距离他们只有十几米时，喊叫着让解放军投降，他看到敌人强硬，腿一软跪了下来举手投降，气得田廷杰伸手一枪把他就地枪毙了。打到下午2点多钟，部队就剩下一半战士了，田廷杰和区委书记商量，开始组织突围撤退。他先命令吴排长带头突围，吴排长带着两挺机枪和几个战士开始突围，可是刚冲出去不远就都中弹牺牲了，机枪也被敌人缴去了。还是那个英勇的通信员，又端起机枪冲在前面，硬是杀出了一条血路，大家集中扔了几颗手榴弹才把敌人压住。敌人在后面紧追不舍，还高喊抓住田区长奖励500大洋，抓住书记也给500大洋，抓住干部给大烟土15斤。田廷杰想就是被打死了也不能叫你们抓活的，就又组织了几支小队分头突围，血战到了晚上9点，终于冲了出去。田廷杰说："战斗结束了，我们的战士除了叛徒被我枪毙的一人外，有20人牺牲长眠在这里了。"

不久，部队搞"三反""打老虎"，性情耿直的田廷杰，被追究在湄潭那场战斗中的责任，他被送上军事法庭判了15年。田廷杰说："我蒙冤那个时候就想，在战场上都死好几回，这点事还算什么。"

没有光环的英雄
——东北革命根据地农村参战军人战斗生活故事

人民的功勋人民是不会忘记的。田廷杰当年在茅坪的战斗，是湄潭地区解放的重大事件，它被贵州湄潭县作为重要党史资料编写成书籍，他们的战斗事迹也在当地广为传颂。每年，人们都会到牺牲的烈士墓前纪念告慰英雄的英灵。

1953年，田廷杰在朝鲜回国后，由部队移交给黑龙江梧桐河劳改农场服刑。他把服刑改造当工作，积极努力劳动，担任作业队长，为此减刑两年。他于1958年刑满回乡务农，1962年因为生活困难迁移到黑龙江，在佳木斯木材厂工作几年，1962年下放到农村。1981年平反昭雪，按照1958年在沈阳军区复员计算，享受十九级副处级待遇。妻子去世多年，他始终独居生活。

田廷杰用落实政策的生活费买了房子。他也不用两个女儿照看。他坚持学习写日记和学习体会，每天种花养草搞养殖实验，80多岁的人，还经常到野外拾柴火烧。他说："我这人爱干活，身体好。"

16. 田廷杰——蒙冤的那场战斗

　　田廷杰现在联系战友，让大家回忆那些牺牲的战友，想在有生之年找到他们的家属，好告慰烈士的英灵。他经常和部队当师长和军长的老战友联系，互赠书法和学习体会文章。

17. 李春福——胸前那朵大红花

李春福，77岁，原39军担架队队长，佳木斯郊区永安乡群策村人。1945年，在合江独立5团当战士；参加嘉荫、伊春等地剿匪。在"三下江南，四保临江"的解放战争中，参加了德惠战斗、吉林龙台山战斗，负伤后于1947年复员。1950年，抗美援朝战争时再次入伍，在39军担任担架队队长；1953年复员被分配到国营石油公司，1958年响应国家号召来到农村务农。（2006.7.27）

李春福貌不惊人，是一个平常得不能再平常的普通人了，他在战场上打仗没有什么英勇战绩，却是一个看重荣誉的人。

1945年征兵的时候，李春福才19岁，当时，刚分得了土地的农民，一心想着过"老婆孩子热炕头"的幸福日子，一些人不愿意抛家舍业去当兵，更害怕出生入死丢掉性命去打仗。李春福是自愿入伍的。当兵走那天，他胸前戴着大

17. 李春福——胸前那朵大红花

红花，骑着高头大马，两边欢送的人很多，又唱又跳，真是隆重热烈，激动得他有些热血沸腾，感觉自己威风凛凛，真正感到了为国家、为人民而战的那种光荣和责任。

李春福参加的部队是359旅接收的汤原老5团，刚入伍训练了3天，就参加了东北剿匪。那时，东北这个地方闹匪患，他们横行霸道搞破坏。要想顺利进行土地改革，扩大解放军队伍，建立大后方根据地，就必须扫清匪患。李春福第一仗就是到靠近苏联边界的佛山（嘉荫县）剿匪。这些土匪都是本地的把头和恶霸，还有国民党特务，光日本残余就有500多人，都是佳木斯、汤原一带被打败的日本兵和汉奸，有2 000余人。他说："土匪很厉害，枪响就见物，借助山高林密的地形优势，常年雄霸一方。土匪头子是'刘山东子'，40多岁，是早年日本人的大把头，这个家伙谁都不怕，欺男霸女，是个十恶不赦、恶贯满盈的恶霸。先前解放军派去了一个团去打他，结果由于地形不熟，反倒让他给包围了，连人带马都损失了。他还占领了佛山县城称王称霸，以为在这个边远的地方谁也打不了他。"

后来上级来了命令，李春福他们团和一个骑兵团，共调集两个团的兵力一起剿匪。他们坐火车先到了鹤岗，然后冒着大雪在原始森林的小路上行军200多里，到了佛山就把县城包围了。他们先是用大炮轰击一阵，然后用骑兵快马开道，接着就是步兵冲锋。这一下子就把土匪打蒙了，大部分土匪被消灭俘虏了。土匪头子"刘山东子"带领一些残部跑到了山上，解放军乘胜追击，把敌人困在了山上。困了20多天，土匪饿得连马都杀了吃，后来实在挺不住了，全部出来投降了。

李春福他们剿匪回来没有几天，又接到命令去清剿通化的土匪谢文东和李华堂。首长教育动员时说，谢文东和李华堂先前也是抗日的，后来日本投降了，他们被国民党拉拢去了，宁死不投降，与共产党作对，与人民为敌，所以必须消灭他们。李春福说："眼看要过年了，部队一个团1 300多人坐火车到的牡丹江，下车穿山越岭行军走到通化。土匪都占据在通化县城里，他们团从北门开始打。土匪的枪法很准,借助城防和工事居高临下射击,解放军战士让他们打死了200多人,而我们也打死了300多土匪。后来,战士们急了,不怕死硬攻了进去。土匪被打败了,像丧家犬似的仓促逃窜,解放军把他们撵到了勃利县和桦南县一带,边走边打。敌人已经没有了战斗力,最后我军把他们围在了三道岗的附近全部俘虏了,活捉了土匪头子谢文东和李华堂。李华堂后来伤重死了。当时就在三道岗的一个寺庙前开的公审大会,然后宣布谢文东死刑……"

李春福他们部队又马不停蹄地开始接受新的任务,团里派他们一个营到伊春、朗乡、小白剿匪。这三个地方就有三小股土匪,每股有几十人,合起来有150多人。三个土匪头子分别是老孟、长江、双江,都是伪满洲国的特务和警察汉奸,也都是铁杆的恶霸头子,就连他们的小老婆也都是使双枪的女土匪,20多岁很霸道。山里的冬天很冷,有零下40多度。土匪没有固定地方,四处逃窜。解放军战士穿山空蹚树林的雪壳子追击。没有住的地方,就戴着大狗皮帽子,穿大牛皮乌拉,晚上就生堆火取暖。李春福深有感触地说:"真是火烤胸前暖,风吹背后寒哪!很多战士都冻伤了,我也是在那次冻得腰腿落下了病根。"撵着撵着就过头了,本来是顺着土匪的脚印走,结果把敌人撵到后面去了。战士们在森林里发现一个伐木人废弃的窝铺,大家进去休息,就是解开腿绷抖搂一下乌拉(牛皮制作的鞋)里的雪,吃点冻苞米糁子饭这么大的工夫,外面哨兵的枪就响了,土匪也稀里糊涂地上来了。战士们冲出去一阵爆豆子打枪,扔手榴弹猛打,当时就打死14个,其余的都投降了。

1946年春天,东北根据地已经稳定,开始了轰轰烈烈的土改,李春福他们大部队开赴南满(伪满时划分区位的旧称,以松辽分水岭作为地理界线,此线以南为南满,以北为北满;全书下同),接受党中央的指示,"三下江南,四保临江"。一路急行军,几天就到了德惠。第一个大仗就是打的德惠。当时,国民党和解放军势均力敌,国民党部队有2 000多人,解放军两个团也有2 000多人。战斗打了一天一夜,敌人依靠沙袋子、草袋子和粮食袋子码的工事,负隅顽抗,非

17. 李春福——胸前那朵大红花

常难攻。李春福说："这边冲锋号一响你就往上干吧，团长和营长指挥向前上，临阵脱逃或是开小差都不行，都得枪毙。解放军厉害不怕死，国民党都怕，最后我们就攻了进去，把敌人打得死的死逃的逃，还俘虏了很多人。"李春福还参加了龙台山和天岗战斗，还有辽宁的沟帮子和义县的战斗。在打吉林乌拉街的缸窑镇时他受了伤，敌人的炮弹落在他身边，炸起的大土块把他左腿砸断了。后来他伤好后就回师部当了通信员，一直跟随师长到锦州红螺镇，保护解放锦州缴获的各种武器和物资。

1947年李春福复员回家。1950抗美援朝战争爆发，村子里又开始征兵。区里和乡里干部找了他多少次，都称赞他是当过兵的老战士，让他带头给全区争光荣。这一动员，他又感到很荣耀，一高兴就响应号召，第二次戴上大红花，这次是坐着火车去的朝鲜，入伍到担架队。由于他是老兵有作战经验，思想又积极，表现也好，部队还让他担任了担架队的大队长。他到了朝鲜就在前川、杜门里战场上抬担架。出朝鲜的担架队跟部队是一样编制的，他在朝鲜待了3个月，白天躲在地洞子里，晚上战斗去抬担架。他说："咱们像是耗子，美国像是老鹞鹰，天天轰炸，我们一同去的老乡一个王大个子，眼看着被敌人的炮弹给打死了。我那个时候也是生死不顾，带头向前冲，因为我是什么战场都见过的老兵。"

在朝鲜战场下来后，李春福二次复员，从老家来到黑龙江投奔母亲，在这里结婚落了户，当时被分配到了石油公司当工人。1958年，国家号召干部到农村支援建设，他看到人家下放干部坐汽车，戴大红花很光荣，他又心血来潮，单位一号召，他又开始积极响应。他说："我这个人就是积极，马上报了名。再说，人家领导都动员了，就像部队战前动员似的，你不积极就是后退，后退就是叛徒。我是复员兵，是共产党员，在单位是先进的，能不报名嘛！"他们这些刚复员的军人，时刻以军人服从命令为天职。到了地方还按照部队的习惯做事，也把单位领导的话当命令，是命令就得服从。他的举动别人理解不了，当时就把和他在同一个单位的妹夫气得直哭，拦都拦不住。头天报名，第二天大汽车就来给搬家，

没有光环的英雄
—— 东北革命根据地农村参战军人战斗生活故事

要把他调到内蒙古草原去落户，老伴气得直哭，说什么也不去，后来领导出头给协调没让去内蒙古，就留在了当地农村。

李春福下放后没有带走复员军人手续，他也没有考虑后来国家能够给他们补助费的问题。好长时间后他才知道还有补助这个事情，他等到落实干部下放政策的时候，他才补办了这些手续，以前多少年没有得到的补助也不能够补发。在我采访时，他老伴儿一个劲地说他傻。他反驳说："我傻是为了国家和老百姓，国家也没有辜负我，经常救济我，一个月还给几百块钱抚恤金，还给我盖了这么大的房子，我的贡献也受到了国家的重视，别人不理解可是得服气，要不你做个样子给我看看？"

李春福下放后当了一辈子的社员，种了一辈子的地。他说："我有时候是有些后悔，一是农村生活很艰难，再有老伴儿和孩子们也老埋怨我。实际上要是我自己，吃点苦受点累也没有什么。"老伴儿就马上反驳他说："你一个人行呀？得了病还不是我伺候你！我跟你遭了一辈子罪，什么福也没有享到。"李春福这个时候不吱声了，他觉得理亏，有些对不住老伴儿。

李春福平时坚强勤劳很能干，但去年得了脑血栓。战争中被砸折的腿也瘸了，一腿长一腿短丧失了劳动能力。他说："没有想到，我平时挺壮实的身体，

17. 李春福——胸前那朵大红花

今年突然得了病,晚上起来上厕所,就倒在那里口斜眼歪,到市里医院人家要5 000元押金,咱们拿不出来,只好回家打针吃药,治疗又花了不少钱,把老家底都折腾光了。"

李春福有7个孩子,都互相照顾不过来。现在他经济比较紧张,去年积攒些钱,借了1万多元的债给老儿子结了婚,结果老儿子的哥哥老四都37了还没有结婚,就是因为家里没有钱。老四懂事,自己出去打工给家里还钱,他想等几年积攒够钱了再结婚。以前,李春福身体好的时候还能够干活赚点钱,有些指望。现在他病得活动都困难了,什么都干不了,他心里着急呀!

李春福的困难得到了政府的关心,去年由民政局牵头,市财政局优先扶贫,给他拨了2万多元钱盖了两间房子。新盖的房子落成了,一半老儿子住了,空的另一半没有装修又没有钱了,他又添了心病。满指望盖好房子给四儿子娶媳妇,现在心愿又落空了。

"房子建了一半没结果，老四要是娶媳妇五六万元钱也没着落，看来老四的婚期还不知道要拖到什么时候呢。"每当说到这里，李春福很担忧。他老伴儿说："当老人的也没有几天活头了，可是儿子的婚姻大事没有解决真是很揪心。"李春福新房子住不上，就和老伴儿在新房旁边的小屋子里暂时将就住。老两口开伙做饭吃，过起了独立生活的日子。

18. 陆仁、张凤英——我们是共产党的八路军

陆仁，81岁，原山东沂南永太区中队战士，桦南县孟家岗镇秋风村人；张凤英，83岁，原妇女队长，山东沂南张家沟人。1944年，抗日战争时张凤英16岁，加入沂南永太区中队当卫生员；1946年，丈夫陆仁参加了区中队当战士。陆仁受伤后，二人被组织留下回家养伤。1948年，陆仁又参加了区中队，张凤英等7位八路军家属被捕后获救，部队南下时陆仁离队回家务农。"文革"期间夫妻二人遭受迫害，后来给予纠正平反，夫妻二人到东北落户。陆仁原定三等甲级残疾证明丢失，按一般复员军人给予待遇，张凤英因属于地方队伍，没有保留参军档案，不属于优抚对象。（2006.11.1）

到孟家岗镇政府找民政助理画采访重点时，他非常坚决地告诉我说："你就到秋风村去找抗日老英雄。"当初我还以为是一个人呢，后来才知道是一对老两口。我一路打听，发现很多人都知道他们的名字，大家都称他们是老英

没有光环的英雄
——东北革命根据地农村参战军人战斗生活故事

雄。我开车进村的时候,在路边偶遇了一位老人,可我怎么也想不到,她就是其中一个老英雄张凤英。

我在养鸡场先找到了陆仁,说了半天他也没有说明白,老人家非要等他家的老太太回来,还说:"我没有文化,老太太说得清楚,她也是参加革命的。"我这才知道,老太太也曾是八路军的老战士。一会儿老太太回来了,老远就能听到她的声音,一进屋看着是我,热情得又拉又扯,还特别兴奋地就来拥抱我。她说:"我挺高兴的,我们过的日子挺好的,还是共产党好,你们还想着我们这帮人呢,今天你们来看我真高兴。"她激动得哭了起来,可举手投足间像有些精神问题,还有满嘴的酒气。

陆仁和张凤英都80多岁了,老两口给儿子看养鸡场,好几幢砖瓦房,两人就在一个小屋子里居住。看着两位普通的老人,我有些疑惑,难道这两人就是远近闻名的一对抗日老英雄,而且还那样受政府和人们的尊崇和爱戴?老两口浓重的山东口音我听着很费劲,老太太从头到尾一个人在无序混乱地述说,陆仁则不说几句话,就是到紧要关头才"哼"一声。然而,让我没想到的是,他们给我讲了如此惊天动地的故事……

陆仁和张凤英的老家在山东沂南张家沟。张凤英从小没有父母,1943年她16岁就加入沂南永太区中队当卫生员。她跟区中队打日本侵略者,坚壁清野,打游击战。她说:"八路军好我就当了八路军。"她和游击队的老中医学习医疗包扎,学会了穴位掐捏手艺,会治疗头疼、牙疼、肚子疼等病。她说好几个人学习医疗技术,就她自己学会了。她没有文化,你问她怎么治病,她说受伤的战士没有医药治,她就用布条子扎紧,然后用香油和豆油抹一下就止血消毒。问她会看什么病,她说受伤的战士疼痛了她就给捏捏。行军打仗跑累了起不来,她就给连掐带捏,连哄带劝拍拍起来还走。她还告诉人家:"你不跑就撵不上队伍了,让日本兵抓住了没有好啦!"原来她是边疗伤边做思想工作。战士们行军累得直咳嗽,她便拿出唯一的小瓶香油给他们喝点香油,说能够养心养肺,她虽保管香油,她却从来不喝一口。

18. 陆仁、张凤英——我们是共产党的八路军

陆仁9岁那年和比他大3岁的张凤英订了婚。张凤英的亲姥爷的叔叔是陆仁的干爹，他们二人交情好，就商量给他俩自幼就定下了终身大事，还找了个说媒的送了礼，下聘书的时候，找个纸口袋写上他两人的名字，并特别注明不许悔婚的条约。1946年，陆仁16岁，张凤英19岁，家里坚持让他们结婚。张凤英的奶奶说她跑野了，就派人把她从部队找回来，逼迫她强行结婚。婚后二人关系不和，两个月后张凤英还是上中队继续抗日，还被提升当了妇女队长，专门做地方工作。她生性泼辣，热情勇敢，跟部队打仗时她骑着马打游击。她说："我不怕打仗，别人害怕我不害怕。日本侵略者欺负俺，俺就打他们。"你问她有枪吗，她说："使你的（别人的），我会搬闸（枪扳机），'腾'的一下打响可过瘾了。"原来她没有枪，在打仗的时候，她就用战士的枪打日本人，和战士一样在战场上背炸药炸敌人的炮楼。

后来区中队要发展扩大兵力，张凤英这个妇女队长就到村子做所有人的工作。她跟人家认干爹干妈干姐妹，劝人家送儿送夫去当兵，认干兄弟劝青年都去打日本。她跟人家说："八路军打日本为老百姓好，打跑日本好过好生活，谁当兵去我就给你们干活伺候你爹妈。"人家都当兵走了，她就真到人家家里去洗衣服、被褥，给人家做饭、打柴火。谁家老人病了她就去伺候，像对待亲爹妈一样。征完了别人的兵，她就回来劝关系还不和的丈夫陆仁参军。陆仁受不了她软硬兼施的思想工作，就于1946年参加了区中队当战士。这个时期他们二人的夫妻关系也好了，也都是革命同志了。陆仁说："她脾气不好，觉得我哪都不好，我当兵了就哪里又都好了。"张凤英说："我看他不好，就看八路军好，他当八路军了就好了。"张凤英也后悔说："当初是我不对，结婚两个月我就不要他，自己走了。"

陆仁在两年的时间里，跟区中队打了7次小仗，使用"汉阳造"，枪打得准，说打人就打人，说打狗就打狗。在昌乐县塘五村端日本炮楼时，二连上去用炸药把炮楼子炸开了一个大窟窿，还是没有攻下来。这时，炮楼里跑出来100多个日本兵和伪军，连长就带一个排去追击，陆仁一枪一个打得很准。这

没有光环的英雄
——东北革命根据地农村参战军人战斗生活故事

时，临近村增援的敌人上来了，多于他们几倍的敌人猛烈冲击，结果把他们打退了下来。撤退的时候，陆仁边射击边掩护部队撤退。不想，他早已经被敌人盯上了，炮楼子上的敌人对着他射击，他的腿被打伤了。

陆仁受伤下来回家养伤，张凤英说："他埋怨是我让他当兵受了伤，还不让别人护理就让我护理，他是要'报复'我。"陆仁说，那个时候上级做的张凤英工作，告诉他们说日本要来扫荡，让他回家休养，还让张凤英留下来护理他。他俩说法不一，但是结果是一致的。后来区中队整编到大部队开拔了，留下了他们两个人，他们没有关系没有组织。从此，张凤英埋怨陆仁说："就是你耽误了我，要不我就和部队南下了。"

1948年，陆仁伤好后又参加了新的区中队，跟部队转战打国民党，张凤英那时在家已经生下大儿子。有一次，国民党来到村子要抓共产党，名单上指名要抓陆仁，说抓住就得砍头活埋。有的人害怕就投降了国民党，投降的那些人都是有房子有地的人，八路军厉害些就参加八路军，国民党厉害些就投降国民党。国民党兵抓不到陆仁，就把张凤英等7位八路军家属绑起来站成一排。张凤英怀里抱着一个多月的大儿子，国民党连孩子和她一同五花大绑，把孩子紧紧地勒在她的胸前。敌人穷凶极恶地威胁，要把孩子从大腿那活活劈开撕裂，要不就用铡刀铡下她们几个女人的脑袋，要挟她们交出当八路的丈夫。她们虽害怕但是谁也没有说，她们在心惊肉跳中演绎了一场刘胡兰似的英勇悲壮的故事。

说到这里的时候，老太太摇头晃脑，眼泪哗哗地流。她弯着腰，手背后面，学着被绑着的悲惨样子，述说着怎样胆战心惊地护着孩子的场面。

虽然张凤英说得凄惨悲壮，但却没有一点胆怯和懦弱在其中。在儿女柔情中，在敌人的淫威下，一个女子表现出了坚强不屈的抉择。正当她在危险的时候，村子里的地主二大爷站了出来。他是张凤英从小认的干姥爷，也是早年国民党的人，他竟然看不下去了，大声斥责国民党兵说："放开她，她没有妈，你抓她谁管她孩子。"国民党有些惧怕大地主的势力，那边一松手，她这边抱着孩子就跑了。张凤英说："我永远不能够忘他，他虽然是大地主，但是他救

18. 陆仁、张凤英——我们是共产党的八路军

张凤英被敌人抓住后，就这样连孩子一起被五花大绑。

了我，救了我们八路军。"后来她被地主二奶奶弄到家里伪装成坐月子，国民党再来找，二奶奶就说："她生孩子了，你们不能够进来，不能够抓，这样你们要丧气的。"就这样保护了她的安全。陆仁说："我要是被他们抓住肯定就被活埋了。"张凤英说："那我们两个人就都得枪毙。"中华人民共和国成立后，区中队又随大部队南下了，陆仁干了一年零三个月，因为自己脾气不好，好打抱不平得罪人，自己就要求不去了，隐姓埋名在家里种地。张凤英说："我们两个是野马呀，打小就跟着共产党，不回家不要家。"

"文化大革命"的时候，夫妻二人被村子里的造反派批判，他们一气之下离开了那里，来到了东北。后来，县乡纠正错误，给他们平反，并要给他们盖房子作为补偿，夫妻二人也未接受。

那个时候他们已经有了五个孩子了，由于缺少路费，只好带两个大的先出来，一路上讨饭奔东北过来。到这里陆仁安排好她和孩子后，才又回去接那三个孩子。全家都过来时没有生活来源，他们只好找个没有人住的破房子，全家都出去要饭。大儿子和大姑娘都是十六七岁的大人了，这饭一要就是两年。两个老革命坚强、正直，宁可在风雨中吃苦，付出非人的艰辛和委屈，也要争口气。

镇子里的民政助理在给他们落关系的时候知道了他们的处境，帮他们联系

好现在这个村子落户。张凤英说："共产党真好,到哪里都有好人。"

老人们的子女都出去了,有工作的、有种地的。他们二老还有口粮地6亩,自己耕种,每个季度领优抚费。他们生活节俭不图享受,虽然吃穿都有,但他们却捡废品,捡粮食,吃捡来的土豆、南瓜填肚皮,穿的衣服破得不能再破也舍不得扔,吃、穿、住、行各方面都十分俭朴。

老人们并不缺钱花,说着老太太还拿出2 000多元钱给我看,还说他们什么都有。他们甚至还积攒有余,可就是喜欢过这种俭朴日子。他们绝不是守财奴,也不贫穷,熟悉他们的人都知道,他们就是有这样的生活习惯,不追求什么享受和干净利索,能过得去就行。老太太和老头都说,有钱不留,谁缺钱给谁花。村里的人都十分尊敬和喜欢他们夫妻,因为无论谁家有什么难处他们都会热心相帮。老太太经常给人家看病,从来不收钱和物。说也神奇,一些有病治不好的小孩,经过她的掐捏都好了,现在长到七八岁了也不得病。人家感谢她给她送钱物,她也不收。有的人知道张凤英喜爱喝酒,都是趁她不在家时偷偷地送来白酒,事后张凤英还埋怨老头,让他给送回去,她说:"我们是八路军共产党,不能够剥削人家。"

他们把参加共产党和八路军当作终生的荣耀,总说党好国家好。张凤英说:"我就看八路军好所以就参加了八路军。"陆仁说:"还是党的领导好呀,一代一代搞和平建设,也不用天天听枪声和炸弹打仗了,现在老百姓生活多好呀,这样就可以建设共产主义了。我们有多高兴,什么也不从国家要,有困难也不麻烦国家呀!"就是他应该享受的伤残待遇,陆仁说也不麻烦国家和政府,他也不去要了。

老太太忽然拉住我叫"儿",使劲往我手中塞了100元钱。她说:"儿呀,你是党的儿!你来看我们,还费了劲给我们照相,拿钱买盒烟,有毛主席有共产党咱不缺钱。"突如其来的举动使我愣住了,我心头有些堵得难受,从心底爆发了从没有过的一种情感,眼中立刻涌出了热泪。我说:"我应该给你们钱呀,为你们做事是我应该的。"

18. 陆仁、张凤英——我们是共产党的八路军

他们为自己的劳动荣耀，老太太非要到她捡了一秋天几十袋子草籽麻袋前照相，这个时候她手里还攥着那100元钱。他们数着今年秋天的收获，捡了多少土豆南瓜，捡了多少豆子，收了多少豆子、苞米。他们还不时地呼唤着他们的鸡鸭鹅狗。老太太趁这个时机又给我塞钱，说："儿呀，我们不缺钱，你不收就是看不起我们，不认我这个娘，你不收就不让你走。"

他们到高高的苞米架子旁取苞米的时候，我在低处猛然看到老太太的裤子都破了，有的地方已经露肉了。我立即举起照相机，泪水随之也滴到了眼镜上，心里呼喊着要认这个娘。照相的时候，他们呼喊着他们养的鸡鸭鹅狗，看到他们又高兴，又无忧无虑，像个天真的小孩，我的心又重新豁然开朗了，是呀，他们有他们的生活，他们有他们的活法，他们有他们的世界，这些不是我们这些人所理解的。那天我出来后，一路上心潮起伏，再也没有平静过。

19. 刘玉金——小"山东侉子"警卫兵

刘玉金，78岁，原三野23军67师警卫员，同江市同江镇永胜村人。1946年，在山东平邑县入伍参加了鲁中警备团，后被改编到三野当战士、警卫员。参加了蒙山战役、孟良崮战役、济南战役，后随军南下到舟山群岛守防。1950年，因为作战得了胃病复员回家务农；1970年，因为家乡生活困难迁居到黑龙江。

（2007.1.20）

　　刘玉金复员的时候，首长告诫他，凡是部队打仗有关的事情一辈子都不能够对任何人讲。于是他就守口如瓶，从不跟别人讲这些事。尽管我一再启发解释，他始终坚持不说，只给我讲了一些关于他个人的战斗经历。

　　刘玉金参军时不满15岁，他是作为贫下中农好根苗参军的。他说自己是"山东侉子"，没有文化，干什么事都认死理，有些不懂事的倔强，为此还闹出了不少笑话。

　　刚当兵他就参加了鲁南战役。部队发了他一个"老套筒枪"，三发子弹和

19. 刘玉金——小"山东侉子"警卫兵

四颗手榴弹。手榴弹沉没有地方放,战士们就想个办法,用木头做个架子背在后背上。参军打第一仗,他拿着枪不知道怎么瞄准,开枪了打没打着也不知道。班长在一边说他:"你看到人了嘛你就开枪?"他心里不服气,心想,等我打着敌人让你看看,你看我看没看着人。战斗的时候,连长带领一伙人在东面进攻,指导员在南面进攻,敌人的机枪扫射把他们都压住了。刘玉金拿着"老套筒枪"不好使,他羡慕老战士的好枪,总想弄一个过过瘾。这时,他和班长在连长后面趴了下来,那时班长正发疟子(患疟疾)不能动弹,刘玉金对班长说:"你身体有病,三八枪使不使也没有用,我用你的枪去打,我这个不好使。"他也没有管班长同不同意,抄起枪就要过去打敌人正在扫射的机枪。排长拦住他说:"你不能去,你什么也不会,过去就回不来了!"刘玉金那个时候不懂什么打仗生死的事情,他只知道使用别人的好枪过瘾,他知道有枪打人家,不知道人家还能打死他。他也没有听别人劝,上去一阵乱枪朝敌人机枪那个地方打,还真把敌人机枪的火力压了下来。看着他天不怕地不怕的勇猛劲头,排长说:"你真行,还真把敌人打着了。"他心里想,这次排长都看到了,班长他再也不能说我看不着人就开枪了。战斗结束后,排长很喜欢他,觉得他是个好苗子,就找他谈话,说他打仗勇敢不怕牺牲,今后他就应该继续带头。就这样,由排长介绍,他加入了共产党。

在打蒙山战役的时候,他们的部队阻击国民党的王牌军74师,敌人在山下,他们在山上用土枪阻击。他们的营长是老红军,当了三次营长四次指导员,对连里的干部非常严厉,经常有人因犯错误而降职。老营长作战时善于随机应变,但那次下山作战时吃了亏,被敌人撵了20多天,团部派了好多侦察员都找不到他们。刘玉金参军以来第一次长途行军,竟然连续走了20多天上千里路。每天他们吃不饱饭,睡不着觉。有一天,他们休息时,班长让他洗脚,脱衣服睡觉。他来了犟劲,说:"我累得够呛,还脱什么衣服。再说,脱不脱衣服睡觉还不一个样。"班长批评他不知道好歹,他生气没有听班长的,绑腿和行李都没有打开,就那么囫囵个睡下了。半夜里,敌人追上来,班长他们由于大脱大睡,来不及卷

没有光环的英雄
——东北革命根据地农村参战军人战斗生活故事

起行李,拽个衣服狼狈逃跑。他就在一边说:"谁让你们脱衣服睡觉了!"跑了好几天,有一天,他跟班长说:"我饿得不行了,走不动了。"班长看他人小耍赖,只好哄着他,就让他等着,跑到一个老百姓家里要来了四个馍。班长吃了两个,给他两个,等他吃饱了,班长说:"吃饱了,该走了吧!"那个时候他是班里最小的战士,大家都照顾他,站岗放哨都不让他去,就是去也是在附近不重要的地方。

解放军对待战士像亲兄弟一样,刘玉金不知道自己跟人家一样已经是一名战士,他还像在家一样,想做什么就做什么,很多老战士看他小都让着他。不过,他也有优点,那就是要强,有天不怕地不怕的胆子。打孟良崮战役的时候,他开始不知道是在什么地方。战斗打了一天,大家都没有吃到饭,部队刚拉到山后,就说是敌人追上来了,做的粥都没来得及吃。他说:"那个时候光有招架之功,没有还手之力,我就知道跟着瞎跑。"走了一夜,他们在河沿边上休息,看到到处都是汽车和大炮,才知道是好几个军在打孟良崮。撤退那天,敌人都冲了上来,他向后跑时,看着地下有挺机枪,他就跑回去,迎着敌人的面去捡机枪。他想:"我要是捡了机枪,我就能当机枪手了,那打起来多过瘾。"这时,他也顾不上敌人的进攻了,就一门心思想着捡机枪。在后面压阵的连长着急了,过来大声喊他:"你还不快点跑,你还想让敌人逮住吗?"这个时候,他一看才知道连里的人都撤没了。他机枪没有捡到,还差点让敌人抓住了。跑了十几天,在沂南县抗击了一天,又转了回来,围着山爬山,三条山路来回走。刘玉金就有些不服气,他想:"走一趟回过头就打敌人呗,还来回瞎走什么?"后来打胜仗了,他才知道这叫运动战,是在调动拖住敌人打。这下他服气了。在攻打兖州的时候,初战时部队失利,撤退的时候,他们连被敌人用机枪扫射,用大炮轰,打死40多人。其中一个炮弹下来,机枪班一下就被炸死了3个人。刘玉金跟着班长向外撤的时候,前面遇到了一个很高的土墙,班长跳过去了,准备回头来接应他。但他自作主张起身就跳,心想就这么高有什么了不起的。他背着背包和枪,还有手榴弹木头架子,结果慌忙间也没看墙多高,黑灯瞎火的"咚"的一声摔倒在地上。

19. 刘玉金——小"山东侉子"警卫兵

他当时就摔伤了胳膊起不来了,后来被班长和几个人连拉带拽地拖着撤退了出来。他自己知道,这回他又无话可说了,今后还是听领导的,太犟没有好处。

刘玉金没有文化却给师长当了好几年警卫员,我问他是怎么让首长选中的,他说:"首长看俺人小好玩,个头大就选了俺。"我又问他:"为什么给首长当警卫员没有被安排个好去处。"他说:"俺没有文化,当兵时也没有想太多,叫俺当干部俺也干不了。"

1950年,刘玉金在舟山群岛驻防的时候,因为作战得了胃病就复员回家务农了,在山东老家当了几天民兵领头的后,就一直当社员,在生产队一直是棒劳力,积极参加生产。他说:"俺这辈子都是老实人,组织上安排做什么就做什么。"

打完淮海战役后,刘玉金被调到了师部给师政委当通信员。1949年,他们部队开始南下,行军到了浙江灵平,敌人的飞机从远处飞了过来。刘玉金看了半天不知道是啥玩意,他光看大伙都跑到了壕沟里趴下了,他还奇怪觉得新鲜,就站在大道上喊:"首长哎,你看看那是什么玩意?"首长喊:"你还不马上快趴下!那是飞机!"他想:"飞机怎么了,还把你们都吓到沟子里去了,它在天上飞还能把我怎么着。"他就站在那里看热闹,完全没有在乎。霎时间,就看一道烟,一放光,"咣咣"一溜炸弹,炸得一溜红光,一下子就把大地炸了个一人深的大坑。他这才知道飞机的厉害,吓得一头栽倒在壕沟里。过后他还问首长:"这是什么玩意这么厉害!"首长说:"这就是飞机,你不害怕吗?"他说:"我也不知道这是什么玩意,怕什么呀!"从那以后他才知道飞机的厉害,知道要躲避轰炸。

解放上海的时候,他们部队作为后备队没有参加战斗。上海解放后,他跟着首长进城探家,就看满大街都是尸体,有被打死的敌人,也有我们牺牲的战士。

没有光环的英雄
——东北革命根据地农村参战军人战斗生活故事

刘玉金在解放上海的时候，第一次照的相片。这时，他是师政委的警卫员。

在一个敌人的街垒前，就牺牲了好几十个战士。他和首长在那里站了半天，想象这些战士在进攻敌人的堡垒时，是怎么样的勇敢不怕牺牲前赴后继的。其中有一个战士的胸膛上全是枪眼，刘玉金查了一下竟然有7个，战士的那双手还在掐着枪呢！到了首长的老家，他们就住在托儿所里，他不知道托儿所是什么，又问首长说："首长哎，这里的凳子和床怎么都这么小，怎么没有大些的睡觉？"看到人家在弄门两边的电灯开关，一亮一暗，他又问："首长哎，这是什么玩意，又亮又暗的？"首长告诉他说这是电灯，他说："这个玩意好呀，怎么别的地方没有？"刘玉金说："那个时候土生土长的什么也没有见过。"首长在家里待了两天，同来的战士都去照相馆照相，他跟着去看热闹，就看人家弄个大匣子，挪来挪去，人家一对光就出了照片。他又好胜，跟着照了张相。实际上他很害怕，怕那个"匣子"把他弄进去，好一顿紧张，相也没有照好。首长看到后说他照得不好，就让他重新照了一张。

刘玉金和老伴住在早年他们过来时盖的土坯草房里，院子里的拖拉机和粮食都是儿子的。他们只有两垧土地，也给了儿女种，平时二人靠每季度的抚恤金生活。实际上他们二人生活很困难，可是在我采访的整个过程中，老两口没有提到一个关于困难的字眼，他还说，有什么事情从来不找政府，就是感觉不好意思张口，还是人家政府的工作人员来走访的时候，发现他们家的门掉了，特意给安装了一个新门。市政府照顾住草房的老复员军人，每家给了50块水泥瓦，让他们把草房上面上瓦盖，防雨取暖。刘玉金有瓦却盖不上，儿女都忙，没有人干活。现在房子上的两块瓦，还是漏雨的时候，他和老伴上房盖的。

19. 刘玉金——小"山东侉子"警卫兵

  1970年，刘玉金因为在家乡生活困难迁居到黑龙江，后来家乡开发成工业区，亲属叫他回去，因为没有钱做路费，就没有回去。他有6个孩子，他说跟儿女住不习惯，自己和老伴单独生活很自在。每天，他们就做自己吃的饭，还照顾和看管上学的孙子和孙女。刘玉金对自己没有好好学习文化很后悔，他说那时候部队组织学习扫盲，可是自己犟，不听话，不愿意学习，认为回家就种地不需要什么文化。结果后来儿子们也没有好好学习，这一辈子也没有什么能力。他下决心看管孙子和孙女学习，期望孙子和孙女能够好好学习，长大成人，将来能够有出息。

20. 赵成文——"小鬼"小八路

赵成文，82岁，原四野40军10师工兵团2营3连战士，佳木斯郊区沿江乡沿江村人。1945年，在辽宁岫岩参加东北野战军40军当通信员，在辽沈战役参加战斗20多次，在解放鞍山战斗中受伤，被定为二等甲级残疾。复员后他二次又回部队参战，南下进关后，于1950年出国入朝参战，整编到工兵团2营3连。1953年复员，被分配到汕头渔业公司，因为收入少没有报到，后回家务农。1992年，从老家投奔朋友到佳木斯，没有找到工作，就落户在农村。（2006.7.18）

1947年冬，沈阳附近的沙岭子战斗打响了，东北野战军40军包围了国民党三个军的兵力，赵成文所在的连队担当了主攻的前锋。在开阔地冲锋时连队遭遇了敌人暗堡的暗算，两次冲锋都被敌人的火力阻击，伤亡很大，一个连的人都快打没有了。赵成文那时是连部通信员，天天围着首长，他的思想进步很快。

20. 赵成文——"小鬼"小八路

说起他参军那时,起初有一些私心,是为了分到好一点的房子和土地,而现在他则是想当勇士、想当英雄,不甘心只当一名通信员。那天打仗时,他在往营部送信回来的路上,在一个老百姓厕所石头墙角上发现了敌人的暗堡,他还特意留心观察并熟悉了所有地形。赵成文是个机灵人,每次都能够顺利完成任务,连长对他很信任。他知道连长正为暗堡的事情着急,就急忙回连部报告。连部正在召开战地党员会研究策略,他报告了所有暗堡的情况,还主动请战,说他知道情况,他去炸。连长和指导员说:"你是通信员能行吗?你要是完不成任务,会牺牲多少战士啊!"赵成文这时急了,他说:"我说的是真的,你就给我一个炸药包吧,我去炸,保证完成任务,完不成任务我就不回来了!"

赵成文在解放战争时期的照片。

连长和指导员被他人小胆子大的劲头感动了,问他有把握吗?赵成文说我当然有把握了。连长郑重其事地把炸药包交给了赵成文,并且要再派两个人和他一起。赵成文说:"不用了,我自己就行,我到那里把炸药放下,炸完就完事了!"说着把炸药包绑在木头板子上就冲了出去。连长他们用机枪火力掩护,他夹着炸药包从老百姓院子里翻墙过去,找到厕所一翻身跳到暗堡上,还用身子压着炸药包,"哧溜"一下拉着了导火线,就翻了回去。这边"轰"的一声响,暗堡被炸掉了,那边连里的冲锋号就吹响了。战斗胜利后连队要给赵成文奖励记功，让他上台讲一讲，赵成文觉得自己也不会讲什么，他说："都是为了革命，为了一个目标消灭敌人。我打第一仗时很害怕，现在打了几仗怎么死怎么伤的都亲眼见过。首长们面对枪林弹雨，还镇定自若地指挥，人家首长为了谁呀，不也是为我们老百姓么！我想我也应该和首长一样，不怕死就跟着冲呗，再说我就愿意冲锋陷阵。"

这一仗下来他们连就剩下7个人，这个时候指导员考验他说："这次战斗我们连没剩几个了，你老家离这里近你就回家吧。我们南方兵路途远，过来打仗就回不去了，就得一干到底了。"赵成文当时激动得慷慨激昂地说："指导员，你不回家我就不回家！只要有你指导员，还有身边剩的这几个人，我就跟你们一战到底。"经过了考验，指导员把赵成文送到了营部当通信员，营里还发展他入了党，提升他为通信班长。

在鞍山沙河子战斗中，8连包围了一个水楼子的敌人却久攻不下，营长派了一个通信员上阵地给连队送信，结果被敌人的机枪给打死了。赵成文是通信班长，这个时候他就挺身而出，背上冲锋枪也没有多想就冲上去了。他说："我就一门心思想送信，一下子就大意了。"他正在那个水楼子阵地边上飞跑，就听"嘎嘎"几声机枪点射，子弹飕飕从身边飞过来，他还没有觉得怎么样腿就先软了下来，扑通一下摔倒在地上。他本能地伸手一摸，棉裤后面被打了个眼儿，子弹从大腿跟外面穿过去，打了个透眼，血溜子呼呼直淌。左腿受伤右腿好使，他就一条腿像蛤蟆那样蹬着，一下一下向前挪，实在挪不动了就爬，离阵地不远了就高声喊，阵地上8连长听到后，就派人把他接了过去。他传达完命令被抬下来的时候，看到阵地边有那么多战士都牺牲了，躺着的，趴着的，还有的卧在机枪边，手里还拿着梭子准备上子弹的……说到这里他很难受，他跟所有老战士一样，一说到战友的牺牲和战场上的残酷情景，都非常沉重和悲痛。这是没有经历过战争的人无法体会的伤痛和悲哀。他说："现在想，那时候真艰苦，这革命不容易呀！敌人比我们狡猾，武器也好。消灭敌人，解放中国也真是不容易呀！现在政府还给我们一些待遇真是幸福了，想想

20. 赵成文——"小鬼"小八路

牺牲的战士，他们什么也没有了，他们为了什么呢？"

在医院治疗好伤他就出院了，被定为二等甲级残疾，部队让他复员回家了。赵成文在家待了一年，腿好了也不用挂拐了，他就又打听消息找到原部队归队了。那时战争正处在激烈的时期，他本来已经远离了硝烟和死亡，可是他赤胆忠心，坚决地要求参战。部队领导看他觉悟高，就重用他，让他到团部当通信员。他刚到团部报到，就开始打长岭岗战斗，他们28团被国民党包围出不来，当时正值过完年开化的时候，牺牲的战士铺满了大地。敌人的火力很猛，战斗命令传达不下去。团长对赵成文下死令说："你要想尽一切办法把信送出去，把命令传达到阵地上！"他刚冲出去，就听到周围子弹溜子"啾啾"响，他马上就被敌人的机枪封住了。眼看那么多牺牲的战士都冲不上去，他想："我一个人要冲过敌人的封锁线怎么可能呢？"他说："此刻，我想，每次我都能够完成任务，看来这次就是牺牲了我也难办到了。"他有些心急火燎，眼看着战士一片片地倒在敌人的机枪下，突然他胸中涌起一股燃烧的烈火，一猛劲就冲了出去。他跑的时候，脚底下都是开化的稀泥，对面是条河，泥地不好走还粘鞋，他就把胶皮鞋一脱，倒地一滚，就扎到冰冷的河水中。子弹溜子随着他在他身边"啾啾"打起了一片水花。当时，他也没有想到河水有多深，跳进去时水就淹没了脖子。他赶忙胡乱划水，还是摸不着底，人也呛水枪也进水，就这样他连蹿带跳地上了岸。敌人的子弹又冲他打了过来，一看距离敌人的碉堡还不到50米。他想起了身上还有个像胡椒罐似的烟幕弹，掏出来用砂纸一擦，点着了猛地扔了过去，趁着烟雾升起，他就连滚带爬地跑了过去。在敌人碉堡前，他又看到一大片牺牲的战士，他脑袋一激灵，也不管枪进没进水，端起来一梭子向敌人碉堡打了过去，然后倒地连滚带爬地到了阵地，把信送到了营部。

这时敌人黑压压地攻上来了，赵成文一看阵地上也没剩几个人了，营长也受伤了，他就想拉着营长撤退。营长这时急了，他说："你没有看到敌人冲上来了吗？"现在我们不能丢掉阵地！营长边说边拿出手枪指着他说："你知

没有光环的英雄
——东北革命根据地农村参战军人战斗生活故事

道这是什么吗?"赵成文说:"营长我不是害怕要当逃兵,我就是为了保护你!"营长说:"那好,咱们一起向前冲!"营长说着抱个机枪就突突出去了,赵成文随后也拿起一挺机枪冲到了敌人堆里。他说:"当时有十几个敌人冲到我们跟前,还得意地喊话,说共军快投降交枪吧!我一看他们那个死样子气坏了,刚要站起来打,脚一下子被鹿寨给绊住了,眼看着敌人来到跟前了,我急忙掏出两颗手榴弹一块扔了出去,轰!轰!两声爆炸,我还假装高声大喊,兔崽子往哪跑,同志们冲啊!这一喊吓得敌人望风逃窜,我哈哈大笑说:'你们上当了,哪有同志们啊!'赵成文这个时候来了勇气,周围有什么危险他都置于脑后去了。"他说:"我就想,我们死那么多战士,还有很多连长和营长,我不能轻饶了他们。"他端起机枪冲到了敌人的阵地,抱起敌人丢掉的手榴弹,三个四个地往敌人群里扔,炸得敌人捂着脑袋不敢回头,都狼狈逃窜跑到老百姓院子里去了。他想这回好打了,像牛进圈似的堵着敌人打。他抱着国民党的花瓣手榴弹扔了一阵子,渐渐地没有了动静,他就伸头向院子里看。老百姓的房子都被炸着火了,有个老头和孩子被火包围了。他冲进去连拉带拽,救出了老头和孩子,他们出来说:"屋子里有很多国民党彩号,后面还有人,你们快点打,要不他们就从后院逃跑了!"赵成文问敌人在哪里,老头说都在苞米秆子垛里呢。赵成文就端着机枪冲过去高喊:"赶紧出来缴枪投降,要不然我就用机枪突突你们!"他说着就掀起苞米秆子垛,一看里面敌人一堆堆的好几十人,他高喊:"赶紧到大地里举手站队,要不都枪毙了你们!"等到了外面敌人站完队,一看就他一个小八路,都傻眼了。一个敌人连长伸手就掏枪,他手疾眼快,一枪就撂倒了他,一下子把其余的敌人都镇住了。这次战斗中,他被评为战斗模范,记了一次二等战功。

后来,赵成文于1950年随部队南下进关,不久就参加了抗美援朝战争。1953年,他复员被分配到广东汕头渔业公司,当时他考虑家里老爹有病,还有土地房子,于是他就回到家乡的生产队。为此他很后悔,也曾想再次出去找个工作,结果最后还是来到了现在的农村。

20. 赵成文——"小鬼"小八路

赵成文复员后，又红红火火地干了几年队长。在农村20多年他还像在部队时那样，愿意出头挑大梁，干什么事情都冒个尖。他说："谁让咱是老党员了呢，干啥别让人家老百姓瞧不起。"

赵成文是外来户，别人都不认识他。我是通过一个卖豆腐的人找到他家的，那人说，赵成文总来买豆腐，这是他们家的常菜。我进屋的时候，赵成文正在炖酸菜。

"文革"期间，赵成文被错误地当成国民党特务间谍批斗，"造反派"还到部队去调查。部队的领导说，这个人不但没有问题，而且还是立过战功的功臣，后来军管会插手才把他放了出来。"文革"后到1992年期间，赵成文一下子闲在家里多年没有事情做，这使他这个内心里总涌动着热情的人受不了了。他从老家来到佳木斯找新的希望，一个朋友说到这里能安排工作，结果工作没有安排上，他反而落户在农村。

赵成文从家乡转来的时候，他原来的残疾等级被办事人写错了，从二等甲级变成了三等乙级，因此抚恤金降了一档。他想回去找，可是没有路费，他的土地又被先头村子给收了回去。现在他没有土地和生活来源，仅靠两个儿子在这里打工维持生活。由于家庭生活困难，他的小儿子都30多岁了还没有找到对象。

赵成文一生的幸福是娶到了自己的妻子，他生活美满且温馨，因而也有了精神依托。他家的墙上是赵成文和妻子结婚时的照片，这张照片到现在还高高地挂在他们家的正墙上。不幸的是相依为伴的结发妻子患了脑出血后遗症，偏瘫痴呆，他有些接受不了这个残酷的现实，只能每天寸步不离地伺候有病的老伴。就这样折腾了多年，家里越过越困难，老伴的病也越来越重。他有些灰心又有些不服气，他说难道这辈子就这样了？我看得出，他内心还有一团火没有熄灭！

21. 裴宽林——城里那个"小傻要饭的"

裴宽林，75岁，原四野41军151师452团通信员，富锦市砚山乡东五顶村人。1947年，15岁的他参加了东北第四野战军当通信员。参军后就被送到特殊训练队，后被派遣到长春当地下工作者。长春解放后下连队，参加了辽沈战役，头部被炮弹炸伤，后随部队南下。1950年，参加抗美援朝战争，被炮弹炸伤了眼睛。1953年复员，没有定伤残等级，被分配到鞍山水泥厂当工人。1961年，他响应国家号召来到黑龙江农村务农，20世纪80年代落实了伤残等级。（2006.11.19）

刚见到裴宽林时他并不是很愿意介绍自己的情况，在我一再解释催促下，他才说："我的经历和别人不一样，我是解放军的'探子'，这段经历我一般不跟别人说，不过现在也到了该说的时候了。"这时我才知道，他竟然有一段不平凡的经历，他的身心曾饱受摧残，脑袋和眼睛都严重残疾。一个有着传奇色彩的敌后英雄，隐瞒了自己的光辉业绩，甘愿平凡地生活，乐观地笑对人生困难，他始

没有光环的英雄
——东北革命根据地农村参战军人战斗生活故事

终坚信,他为党和人民所做的一切牺牲是他终身的荣耀。

裴宽林平时是个老少皆亲、性格随和的人,有段时间他想把封存在心底的秘密告诉人们,很想告知人们打下天下艰难,幸福生活也来之不易。可是他很怕一些人不理解,就想烂到肚子里。他说:"现在的人都不知道过去打下江山是怎么回事啦,我们做过的事情自己知道,无愧于国家和人民就行了,也不需要理解和赞颂了。"

裴宽林参军当通信员没有几天,就被送到特殊训练队,每天学习怎样当"探子"送情报,还有独立生存的能力。15岁的他,在三个月后就接受了一项特殊任务——在长春没有被包围之前,他被派遣到长春当地下工作者。

裴宽林6岁的时候父亲给日本人出劳工丧了命,母亲积劳成疾也得病去世,他唯一的妹妹被活活饿死。他受够了被剥削的命运,一次他反抗打了地主的人后,就逃跑去找解放军。由于他太小部队不收留,他锲而不舍地在后面追赶,一直追到内蒙古才追赶上部队。他说:"是共产党收留了我这个孤儿,我什么人也没有,就一心想跟着部队走。"

裴宽林小时候在长春生活,对长春的街道很熟悉,他化装成小叫花子开始装疯卖傻,他平时就睡在敌人的厕所里,他说:"我整天睡在壕沟厕所下水道里,哪里埋汰不能够睡人我就在哪里睡觉,就特意找厕所闻那个臭味,滚一身屎尿,大蛆都多长,爬得我满身都是。要不怎么能够瞒住敌人呢。这些事情是正常人怎么也做不到的,也是难以忍受的,你想装也不一定装得像。而我是豁出去了,就是吃屎喝尿也得忍受,因为这是任务,是为了解放长春的劳苦大众。"

21. 裴宽林——城里那个"小傻要饭的"

裴宽林平时在大街上游逛，整天到国民党新一军和新六军重要的地方去要饭。国民党兵叫他学驴叫，学蛤蟆乌龟爬，然后人家才给他个饭团子吃。有个国民党的军官可怜他，给了他一沓子流通券，他看看就随手撕掉了，人家说他真傻。壕沟里烂透的西瓜皮，他先踩几脚然后再捡起来啃一半再扔；人家给他个裤衩儿，他撕成两半穿；地主和商号门前的防火大水缸里面的水都长了绿毛，他也伸进头去就喝，然后还用脏水洗脸；每天什么埋汰就往脸上抹什么，弄得一身臭味浑身衣衫褴褛，人们说他太傻了，没有人会怀疑他。

裴宽林平时是个干净利索的人，如今这样他心里也很难受，但是他一想是为了部队的情报，也就觉得这些可以忍受了。他警惕地侦察敌人的行动，打听敌人的内部情况，看敌人使用什么武器，调动什么兵，然后把情报及时传递给下站。有一次，新一军的军长派出了6辆军车出动，后面跟了很多部队，裴宽林得知消息是敌人要出城奔德惠方向逃跑。紧急情况下他也顾不上什么了，他急忙向前跑赶着送情报。这个时候城内警报呼叫起来，警报一响，国民党规定任何人都要原地不动，凡是还继续走动的，不是被抓就是被乱枪击毙。他顾不得这些危险，还继续向前跑寻找送信的目标。为了麻痹敌人，他急中生智，边跑边假装撵前面的人，撵上后就跪下来给人家磕头，撵上一对抱小孩的日本夫妇，他给人家磕头拉人家衣服，被人家连踢带打。他哪里还顾得上这些委屈，向前撵下一个再追一个，一直跑到下站点把情报送了出去。后来城外解放军收到情报，有意把敌人放出去，然后分段堵击，打到第二天早上，消灭了3 000多敌人。

长春被围困了6个月，他一直在敌人内部活动了五个半月，目睹了城内老百姓的苦难。国民党被困得没有给养，开始靠飞机空投，后来就抢劫老百姓的粮食。老百姓吃树皮和树叶子，后来就吃香油蘸棉花团，没有香油了就用豆油蘸棉花，吃了便不出来，憋死了很多人。后来长春城里没有吃的了，金钱和珠宝都失去了价值，国民党的流通券到处都是。城里开始饿死人了，他亲眼看到，有个妇女抱着饿得直哭叫的孩子，她就把孩子放大街上哭着流泪站起来走，走不多远她也倒下再也起不来了。饿死的人开始用棺材装,后来就用高粱秆卷上。一家家都死五口六口的,再后期饿死的人顾不过来,就拖到路边码起来。好宽的长春东平大街,死尸堆得上摽错不开车了,满城臭烘烘的让人忍受不了,传染病流行,人们连拉带吐。有一天国民党的飞机往下扔东西,很多老百姓和国民党兵都出城抢,有一伙老百姓跑出了城,跑到孟家屯的一个卖东西的摊铺前见吃的就抢,一下子撑死好几十人。

即使再受不了,裴宽林也得四处走四处串,人们越害怕不愿意出门他越出去走,天越下雨他越往大雨里头钻,越是国民党军队多的地方他越是往前凑。有一次裴宽林混到了新六军的大炮基地,敌人转圈拉的铁丝网,他为了弄清大炮的数量和种类,就跑到基地对面马路上睡觉。国民党兵招呼他,他不听,被人扇耳光,连踢带打,他也不走,有时打得他晕头转向被拽到马路牙子边上。他心里想,反正他们也不能打死我,就赖在那里把情况弄清楚。有时候他也经受了很大的委屈,国民党兵正上操跑步,他也跟人家跑,装疯卖傻还让人家背着,国民党兵就踢他,扇他两个耳光,扇得他怒火中烧。他就想:"等我把情况弄清楚再说,越被你们祸害就越熟悉情况。"他就这样用肉体与精神和敌人换情报。一个人靠着精神支柱活着,并做出一些常人看来不可思议的事情,裴宽林就是把为解放军做事情当成他的职责和精神支柱,这些平时让人们看到后觉得不可思议的疯魔样子,他现在做起来倒还觉得愉快,他也心甘情愿地忍耐。

长春有个过去由日本人开的宝山银行,有个胡子(土匪)"降大杆"聚集了几百人在那里居住,他是国民党新一军和新六军豢养的土匪。裴宽林为了收集情报,经常去那里混东西吃。"降大杆"经常出城去抢劫老百姓,解放军也就放他出城,目的是让土匪能看到沿路解放军的大部队和装备力量,通过他们回来报告情况,从而吓唬国民党。别人说国民党不相信,"降大杆"说他们相信。实际上,解放军让"降大杆"看到的很多都是伪装的假象,城外解放军每天的大队人马就是几个部队来回绕用来迷惑敌人的,武器大炮有很多是假的和

21. 裴宽林——城里那个"小傻要饭的"

伪装的。裴宽林在"降大杆"那里了解情况，经常报告他出行的情报，让部队做好准备。

裴宽林人小机灵，有智慧和胆量。他结识了一个小孩子，是果匣子铺老板的儿子，平时裴宽林老围着人家转，因为他们家开果匣子铺，平时给地主老财和军商界送果子，别人出不了城，他能够出城，裴宽林就看好了这特殊的便利条件，经常利用他送紧急情报。有一次新一军要出城袭击解放军，裴宽林得到情报苦于送不出城，他找到果匣铺的小伙伴，说要跟他坐车出城去玩，人家不同意，他就商量人家说，他出去是拿玩具，拿回来好玩就给人家。哄得那个小孩就同意和他一起坐果匣车出城。走到城门跟前警报声拉响了，所有人都得站立不许动，任何人都不能出城了，情报眼看送不出去了。他急中生智，把前面有个拉高粱杆子的马车点着火，柴火车呼啦啦着起火来，烤得骡马毛了，炸蹶子就往城外跑，他跟着着火的马车，冒着被火烧的危险，装疯卖傻地扑火，趁机出城传出了口信。

在长春城他也经历了几次危险。有一次裴宽林去找卖烟的联络员，告诉他干掉两个便衣特务，那天晚上内部人派了两个人来执行，结果枪声惊动了敌人，其中一个内部人被敌人抓住了，没有几天这个人就叛变了。叛徒只知道城里有个小傻要饭的是内部人，敌人就怀疑到了裴宽林身上。裴宽林得到指示让他干掉叛徒，他就和另一个内线跟随叛徒走到一个背街道，两个人从后面上去，用事先准备好的小绳用"背死猪（用绳索套住对方的脖子，背对背地勒死）"的办法干掉了叛徒。他还让敌人的便衣给抓了一回，到现在他也不知道是自己暴露了，还是敌人有意考验他。有一次他转悠到了浴池，这个时候就来了几个敌人的便衣，他们上来就把他给绑起来了，送到附近一个修锁头刻印章的小屋里关了起来。那些人走后，他就看桌子上有个暖瓶，他就拽过来往里面尿尿，装疯卖傻招来一顿暴揍，他就躺下赖着不起来了，他当时就想："你就是放了我也不起来了，我就一装到底，后来特务拿我没有办法，只好放了我。"

没有光环的英雄
——东北革命根据地农村参战军人战斗生活故事

长春被围困了6个月,他在城里当了五个半月的"小傻要饭的"。长春解放后他回到了部队,部队给他立了两次小功。再回长春的时候他就穿军装了,有的人认出了他,说:"你不是那个傻要饭的吗?"他就说:"你们认错人了,解放军里没有傻要饭的。"

归队后,裴宽林散一时改变不了,不适应部队纪律严明的生活。连长就做战士们的思想工作,让战士们给予理解。他好长时间才调整过来。后来他想起在长春这段经历,身子遭罪不说,心理也承受了很大的压力。但是他想,我就是干这个的,为解放长春做点工作,受点罪没什么大不了的,保持自己特殊的荣誉吧。长春解放后,裴宽林跟随大部队参加了辽沈战役,这个时候他已经下连队当了战士,在茂林战斗时头部被炮弹炸伤,右边头盖骨整个炸塌了,伤势好转后又随部队南下。

1950年,裴宽林又上了朝鲜战场,在战斗中被炮弹炸伤了眼睛。1953年复员没有定伤残等级,被分配到鞍山水泥厂当工人。1961年,他响应国家号召到黑龙江农村务农。他到农村后由于伤残劳动困难,他就开始上访找他的伤残等级,直到后来改革开放,中央下发了56号文件,他才落实了伤残等级。

1954年,裴宽林和隋淑英结婚。他拿着多年前结婚的照片和老伴开玩笑,说她当年是城市户口的大姑娘,自愿结合到现在也不后悔。20世纪80年代落实下放干部政策的时候,单位给他办理回城,他那时一心一意想在农村生活而没有回城,为此儿女曾埋怨他放弃了城市生活,他却不以为意。

裴宽林全家现在有4垧多土地,他和妻子有1.3垧,其中有乡里照顾他多给的1垧。他们家既种地又经营小卖店,收入是比较可观的。他现在在后院又新盖了

21. 裴宽林——城里那个"小傻要饭的"

一幢气派的大砖瓦房子,他告诉我,房子是按照城市的标准建造的,他们马上就要搬进新房享福了。

　　裴宽林有7个孩子,由于儿女太多生活困难,他的身体又有残疾,所以他开了个小卖店,他生意做得早,获利也早,他全靠做点小生意,把孩子培养成人,现在他老了,就把店给了儿子,他也在儿子家养老。

22. 李树臣——死亡线上的钢铁运输兵

李树臣，78岁，原东北军区后勤五分部汽车11团战士，汤原县吉祥乡古城村人。1950年，抗美援朝战争时参军，在东北军区后勤当司机，1952年，在上甘岭战役中，被敌人飞机炮弹击伤腰部，定为二等乙级残疾；1954年复员被分配到了哈尔滨287军工厂后勤，因为帮助厂领导补助食堂伙食，从财务挪用了342.5元受到处分，回老家生产队当了会计。（2006.4.24）

　　李树臣报名当兵时刚结婚，他是为了顶替哥哥去的。没有文化的哥哥还没有结婚，马上要娶亲了，家里害怕这当兵一走会影响哥哥娶亲，就商量让已经成家的老二李树臣去当兵。老爹说："枪子没长眼，老二成家全可了，就成全老大一回吧。"李树臣说："我父母和哥哥供我上学，还给我先说了媳妇，我说什么也

22. 李树臣——死亡线上的钢铁运输兵

应该去。再有，我这个人心野，也愿意去。"

李树臣参军后就到了佳木斯东北军区后勤汽车学校学习驾驶技术，他为自己能当汽车兵而自豪，心里高兴地想，开汽车安全，就不用上前线打仗了。他说："开汽车那时是最好的技术兵了，我从心里喜爱。我上过三年国小（现在的小学），学习也刻苦，在部队汽车学校考的是第一名。"老伴说："他当兵好几个月没有信，我心里不踏底，大冬天求爷爷告奶奶找了个爬犁，跑到松花江的对面百十里地的佳木斯去看他。进了军营一看，十冬腊月吃冻饭，睡砖头地铺，我哭了半天，他却拿出了立功证书给我看，把我哄得破涕为笑，他还给我讲他为了考试合格半夜练路考，这是奋斗了6个月才取得的好成绩。"

李树臣在朝鲜复员时的照片。

媳妇临走时千叮咛万嘱咐，十分不放心。李树臣笑着又哄媳妇，他说开汽车上前线，没有什么大危险，可他怎么也没有想到，朝鲜战场上是如此的艰难和残酷，有那么多的恐惧、困难和血腥。他说："刚到朝鲜是真害怕，哪里见过这么多飞机、大炮的轰炸，到处都是鲜血淋漓的尸体。我到了朝鲜就没黑天没白天地跑运输，部队发了一套带有血迹的、油脂麻花打了补丁的旧棉袄，这还是已经牺牲的战友留下来的，我一穿就是一年，没有脱下来过。那个时候，没有人讲究这些，只要是为保家卫国，不管什么人都任劳任怨。"

他们运输车队，经常往返新义州和平壤之间，这是从中国直接援助朝鲜的运输路线，被称作炸不断、拖不乱的"钢铁运输线"，也是被敌人封锁严密的"死亡线"。每天美军都出动几百架飞机轰炸，白天汽车根本动弹不了，部队运输都是在黑夜，但晚上照明弹打得如同白昼一样，也很难行走。有时候战场紧急需要，就是白天也得顶着炸弹去运输，好保证前线打胜仗。在这条路上，炸坏的汽车被扔在路两旁，到处都是，车子有点毛病没有时间修理就推翻在路边，敌人的

没有光环的英雄
——东北革命根据地农村参战军人战斗生活故事

飞机一轰炸就是一片，一次炸毁的汽车就有几十台，满山满路都是。他说："我们7个学期的学员每期近200人，在朝鲜战场上有6期学员没了，都被敌人的飞机炸死在朝鲜的路旁，工兵过来连死尸带汽车统统都推到沟里……"说到这里，他痛心疾首地低下了头，半天没有言语，此时的心情是那样沉重。一会他又接着说："苏联供应的汽车在安东（丹东）摆了好几条街，有1万多辆，战场上炸没了再回来取，我就曾两次回国取车。"

残酷的现实面前，李树臣想到了自己的生死问题。他想，满天的飞机和炸弹，说不定什么时候落在自己的头上爆炸，你怕它也炸，不怕它也炸，还不如挺起胸膛勇敢地好好干，要对得起那些牺牲的战友和祖国人民。

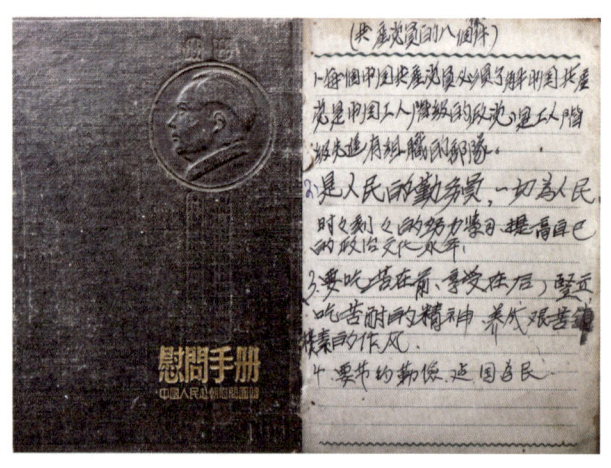

李树臣在朝鲜战场上带回来的祖国慰问手册，他是一个上进爱学习的人。

1952年在上甘岭战役中，他们的运输部队作为中线运输运送饼干。阵地上的战士已经半个月没有给养了，这都是因为敌人的严密封锁，运输兵们听说后都要冒死上前线运输。他说："走了好几天，躲躲闪闪地几个昼夜就到了银川，一个有60多辆车的车队只剩下了20多辆车。"

当时部队组织的是两个团的运输车队，一个是"老虎团"，汽车门上印的是老虎图案，一个是他自己所在的"白山团"，汽车门上印的是山的图案。他们是在最后一天到的上甘岭，那天晚上，由于"老虎团"的一个司机被炸死了，副驾驶开车经验不足，天又正下小雨看不清路，他就边开车边用小灯照明，开灯也就

22. 李树臣——死亡线上的钢铁运输兵

那么三五下，就被敌机发现了。敌机朝着亮灯的地方立刻投下一溜炸弹，"咣咣咣"立即在地面炸起一溜烟。这一溜排炮每个相隔只有几米远，正好是一个汽车相隔的位置。前面亮灯的车过去了，炮弹正好炸在后面"白山团"的车队上。敌机一下子扔了5个排炮，结果6个车报销了5个，只剩下李树臣他们这辆车了。他说："炮弹咣当地一响，我就觉得一片金光，就震得昏了过去。醒过来的时候，就看身边的助手被炸得七窍流血牺牲了，我下意识地赶忙摸一下自己肚子，看看有没有炸出肠子，再一摸一个大弹片卡在了腰上。我倒吸了一口凉气，庆幸自己扎了双层武装带，要不这会也就完了。忽然，我感到腰上疼痛，一摸还有一个小弹片，已经削断了裤腰带钻进去了，血流已经湿透了裤子。再看看前后5辆车，只剩下了3个人，其中一个人炸断了腿，那两个人吓得钻到车下躲避去了。前面没有炸着的车队根本顾不过来我们，早已开走抢送救命的物资去了。剩下我们被炸碎的破铜烂铁，又没有支援和帮助，我们只有自己救助自己。"此时，李树臣不顾自己的伤痛，马上指挥救援，把钻到汽车底下的两个人拽出来，组织给几个伤号包扎伤口，断腿的用铁丝捆扎止住血，轻伤的抬重伤的，一路蒙头转向地撤退。他们是晚上9点负的伤，跑了整整一夜，到第二天中午才找到救援兵站。当时大家血流得脸都煞白，他到了兵站就昏迷了过去，医生说再晚来一会儿就没救了。李树臣的血型特殊，在兵站找了多少人都对不上，还是朝鲜人民军的两个女护士给他输的血。他说："我苏醒的时候，她们两个还冲我笑呢！还比画着告诉我怎么给我输的血。那一刻，一股暖流涌上心头。"

他们伤兵回国的时候，一共装了12节闷罐车伤兵，结果半路上被美国飞机发现了撵着轰炸，后两节车厢被炸着火了。情况紧急，为了减少大家的牺牲都没有时间救助伤员，火车继续呼啸前进，我们只能眼看着伤员被炸死烧死。半路上，为了保证安全，火车司机冒着生命危险摘掉了钩子，把着火的两节车厢甩掉，然后钻到山洞里，才保住了大家的生命。他说："那才叫惊心动魄呢，我们亲身经历了后面伤员全部被炸死烧死的残酷现实，就听火车的呼啸声，飞机的轰鸣声，炸弹的爆炸声，还有撕心裂肺的惨叫声，声声震动心灵，大家都哭了。我们哭是

没有光环的英雄
——东北革命根据地农村参战军人战斗生活故事

为了他们，眼看都快到家了呀！结果惨死在回家的路上；也为了我们自己，能够幸运地安全回家。"说到这里，他抬头仰望天空，眼角中清晰地闪现出盈盈泪珠。半天，他意味深长地说："这个事让我终生难忘，我不想说，真的不想说，不想让后人知道，可今天我想让他们知道，就是那次，我好像突然知道了什么是生命的宝贵，什么是生活的幸福，什么是亲情的温暖。从此以后，什么困难和艰险，什么争斗长短，我干什么也与世无争了。"

说到这里的时候，李树臣突然振奋起来，他说："我一想起来我们能够活着回来就很万幸了，我们都是幸存者，打江山不容易，我们那一代人是拼死拼活打下来的啊，我们这一代就算过去了。再说，我当兵是我自告奋勇的，抗美援朝也是自愿去的，要不怎么叫志愿军呢！我现在每当想起'雄赳赳，气昂昂，跨过鸭绿江'的歌就浑身来劲热血沸腾，马上就能想起了朝鲜，眼前就会闪现当年战斗的情景。"

采访李树臣的时候，他是哼哼着歌曲从外面回来的。他和妻子是那种勤劳热爱生活的人，家庭是和睦温馨的。他把自己和妻子年轻时的照片合成放大，高高挂在墙上，说是纪念他当年参军时的不平凡经历。

李树臣在战场上负伤，被定为二等乙级残疾，后来进了东北荣军学校学习政治文化。国家把他们这些人培养成为社会主义建设的骨干栋梁。1954年，李树臣复员，被分配到了哈尔滨287军工厂开汽车。他说："我害怕人家嫌我残疾不要我，在考试录用的时候戴了个大手闷子，人家看不到缺了三个手指头的手，而且

22. 李树臣——死亡线上的钢铁运输兵

我路考和跑街都熟练,就这样过关了。"

战争教育了李树臣,使他与世无争,战争锤炼了他坚韧和奋斗的个人精神,也使他成为一个坚强且热爱生活的人。他说:"我现在什么都不多想了,也什么都不想去争,政府看得着我们,给我们补助,我也知足了,我们能够每天高高兴兴地生活就行了。"

李树臣现在有9个孩子,老两口有8亩土地,他们独立生活,每个季度政府都会给他们优抚金,他老伴儿觉得不够用,李树臣就说她:"什么是够用,我是伤残军人,给的还比别人多呢,再说,多与少,我们都不能躺在功劳簿上伸手要。"

23. 孙佩起——神枪手的神话

孙佩起，80岁，原四野38军独立师班长，佳木斯郊区大来镇山音村人。1946年，在林口参加合江老五团，参加了东北剿匪，当年入党为班长。1948年，整编到四野38军独立师当班长，参加了解放吉林、长春和黑山的战役，参加了和平解放北平的战役；1950年，因病复员回乡务农。（2006.8.14）

五团到林口剿匪时，孙佩起就撵着部队参了军。他说："我是从山东闯关东来的，家里的人都被日本人害死了，剩我一个逃到东北来，还是给日本和地主当苦力。天天抱老大的石头给日本人修工事，不是累死饿死，就是被他们枪毙，还不如揍他们。"他苦大仇深，当兵杀敌坚决，但性子调皮不服管，聪明机灵胆子大，参军就给营长当了警卫员，就是那时他练成了神枪手。他说："给营长当警卫员的时候，营部的子弹多都让我一个人打光了。小家雀落在大树上，我一枪指定能够打下来。有这两手我还怕谁呀！"一个冬天，他居然练出个神枪手。露脸的那天，3 000多人的老五团他打靶是第一名。当时正是在建立根据地的困

23. 孙佩起——神枪手的神话

难时期，土匪闹腾得很厉害。他说："土匪枪法准，你不练好枪法不就是去送死么！"

每次打仗营长都让他当尖兵。只要是和土匪打仗，就叫他上前面去，他先开火，叮当打几枪，枪枪见物，就先镇住了敌人。第一次剿匪是在大罗密围剿逃跑的谢文东、李华堂。仗打起来时，营长叫两个战士在后面陪着他，命令他当头开枪压住土匪。他上去打了几枪，这个时候后面的人就应该马上冲上来，可是他们害怕土匪的枪法不敢露头。面对50多个土匪，孙佩起只好一个人顶着，土匪出来一个他干掉一个，打得上瘾，一口气打死了二十几个，最后吓得敌人四散奔逃。这个时候后面的战士才敢上来，把剩下的一半土匪都抓住了，所有的枪都给下来了。

过年的时候，部队在威虎山包围了土匪"座山雕"，孙佩起说："哪有什么杨子荣呀，都是硬打的。"掏土匪窝子那天，他们天不亮摸了上去。开打的时候，土匪躲在山沟子里的暗处不出来，神枪手也打不着。孙佩起寻思着你不露头我就没有招啦！他灵机一动，掏出几颗手榴弹就扔了进去，炸得土匪鬼哭狼嚎的。正打着呢，突然，从他隐蔽的树上"扑通"一下掉下来一个大黑瞎子（熊），正好就掉到了他的脚下。他说："可能是那玩意正在树窟窿里蹲仓呢，被手榴弹震掉了下来。黑瞎子哼哼地冲着我叫，当时开枪来不及了，我就调转手里的枪，用枪托把黑瞎子打跑了。这一仗我们打了三天三夜，把土匪从山上撵到了牛家屯和土家沟子，这周围都打遍了，光战场就收拾三天，死人用大车都拉不过来。"

在牡丹江剿匪回佳木斯的时候，路过太平镇，这里有两个大地主李家会和杜尚平，跟我们的部队作对堵着不让走。他们家里有一台汽车，有一个团的步兵，一个连的骑兵。头天在太平镇打了一仗，打了有一天一宿，开了10炮就毁了十几户的房子。解放军怕在屯子里打伤了老百姓，就故意撤退引诱他们出来到兴隆镇打。他们以为解放军没有子弹了，就在后面开汽车追。解放军在山头和树林子里埋伏了下来，敌人也在对面摆上了阵地，支上

没有光环的英雄
——东北革命根据地农村参战军人战斗生活故事

炮和机枪。这时营长命令12门炮一起开火，5门炮打他们的骑兵，5门炮打他们的机枪卧子和迫击炮，剩下的炮一起打他们的阵地，一口气把他们的机枪卧子、迫击炮、阵地都打翻了，一直把他们撵到宝清最后消灭了他们。

这段时间富锦、罗北、绥宾的土匪闹腾得很厉害，孙佩起他们的老五团奋战了一冬全部都给清剿完了，老五团在当地也声名大噪，老百姓说他们给合江省（已撤销，现黑龙江省域内）出了大力气了。这个时候佛山县（嘉荫县）和逊克那边来了电报说土匪十分嚣张，国民党给他们下了命令，要他们抄共产党的后路。孙佩起说："眼看共产党刚刚有这么一点根据地，土匪就要给毁了，大家能不急眼么！"于是，解放军调了一个骑兵旅，一个步兵老五团。团长下令说："这仗打好了都有奖励。"去的时候冰雪封山没有路，他们爬大山钻山沟子，带着斧子和锯一边伐树一边走，走了一个半月才到了佛山县（嘉荫县）。当时，土匪已经把县城都占领了，解放军冲进城里开了一顿炮，土匪就怕解放军的炮，解放军的炮打得也准，专门打土匪的老窝子，一下子把土匪打跑了，土匪一直跑到逊克的大山里面。

孙佩起那个时候还是当尖兵。因为他在剿匪的6个月里积极作战，营长说他打仗净往前冲，枪法也准，推荐他入党。他就这样入了党还当了班长。他说："当班长的，打仗自然在前面。我和班副还有一个战士冲在前面追击土匪，撵到山里了就剩下我们三个人，后面的部队又没有上来。我枪打得准，土匪一露头一枪一个，别看他们人多，就是冲不过来。谁露头就得吃我的枪子，我一个人一把枪就压住他们了。"有一个土匪头子带几个手下和两个小老婆要逃跑，让孙佩起他们三个人给截住了，土匪不服气，拿着枪对着他们，要跟他们拼。孙佩起说："你缴枪吧，要不我打你都不用第二枪。"说着抬手，只听"啪"的一声枪响，就把树上的一只叨木冠子（啄木鸟）给打下来了。那个土匪头子一看没有辙（办法）了，什么也没有说，下马就投降了。这时，土匪的小老婆在一边偷偷把一个口袋扔进雪里，孙佩起上去一脚踢了出来，原来是一袋沙金。不一会儿大部队上来把所有的俘虏都生擒了。

23. 孙佩起——神枪手的神话

回到佳木斯的路上，在同江又遭遇了土匪，土匪的机枪像爆豆子一样压得他们抬不起头来。孙佩起摸黑扔了两颗手榴弹，把机枪窝子给炸翻了，冲上去缴获了6门炮，俘虏了一个日本大夫和一个炮副。他说："就是这个炮副，后来被部队选中了，他打炮很准，20里地一炮就中，不用二炮。但他就是爱抽大烟，每天二两大烟土养着。"正是寒冬腊月的时候，天冷得有零下45度，住宿打仗都在野地里。他们打五虎林子土匪老窝时，土匪顽抗死不投降，解放军人生地不熟，死了很多人，这一仗打得很艰苦，最后也都把土匪歼灭了。他说："我们打完土匪，一个团3 500人就剩下了1 500人。我作战不怕死还真命大，那子弹打在我脚下一溜溜的，就是打不着。"

1947年，东北民主联军改称东北人民解放军，孙佩起的部队重新整编到四野38军独立师，然后就开赴前线打辽沈战役。头一仗打吉林，把国民党残兵败将撵到长春围困了起来。解放军开展政治攻势瓦解，天天有倒戈投降的国民党兵。过中秋节时，后方送来一车月饼。营长说："咱们每个人5块月饼，剩一块送给国民党兵，让他们过过瘾，尝尝月饼味。"孙佩起和几个战士就抬着筐送到敌军的地堡里面。国民党兵问我们来干什么？我们说没有什么，就是送个月饼。还说，你们投降过来得了，在这遭什么罪呢！第二天战士们还逗他们说："弟兄们月饼好吃吗？里面有什么？"他们说没有什么，就是有个字条。孙佩起说："后来国民党一个班跑过来，接着一个排跑过来，天天报捷，一个月跑过来8 000多人，国民党一个军都投降了。"后来国民党的新七军从沈阳派来飞机轰炸，解放军就用高射炮进攻，对抗了3天。他说："解放军和新七军谈判，说你们投降不投降，要是不投降我们所有人都上，让你们全军覆灭。你们一个军没有几个人，我们有几十万军队，死了也和你们拼了。"在黑山娘娘庙，解放军一个团把国民党的一个团部给拿了下来，俘虏的都是国民党大官的家眷，部队派一个连把俘虏送到吉林，并给他们在国民党军队的丈夫发电报做工作，最后新七军被彻底瓦解投降了。

孙佩起说："我当兵5年都是作战，没有一天不听枪响，没有一天不听炮响，

没有光环的英雄
—— 东北革命根据地农村参战军人战斗生活故事

没有一天不听飞机声。"在黑山战役中,解放军和国民党军走碰了头,正吃中午饭就打了起来。就看汽车和坦克来回乱窜,又开枪炮又拼刺刀,遍地都打乱套了,平地和山头上都是人,人死得血流成河。三个山头打了一天多,死了有十几万人,国民党在这次战斗中全军覆没了。打沈阳的干沟子时,国民党的飞机就贴着地皮飞,欺负解放军武器不好,治不了它。孙佩起那天正趴在炮弹坑里吃饭,有几个飞机又来找便宜。当时部队所有的炮车都在公路上,明晃晃的目标非常危险,敌机轰轰地在头上绕飞,把马都惊毛了。飞机低得飞行员脑袋都露出来了,解放军打枪他也不在乎。孙佩起的枪法准,两枪就命中了。敌机嗡地一下子钻上面去了,慌忙扔两个炸弹要跑。孙佩起大喊一声:"你还想跑,到我这里,就是死路一条!"他抢过班里的机枪一阵子扫射,一下子把敌机撵到山边撞了下来。驾驶员慌忙跳了伞,在半空里被他一枪打折了腿,落下来就被战士们俘虏了。

孙佩起所有的军功章都被孩子们弄丢了。他说:"我打那么多年仗,什么也没有留下来,除了土匪和国民党的上千个死尸,就剩下一条缴获土匪的日本军用皮带了。"

孙佩起于1950年复员回家务农。他说:"我在打沈阳和北京的时候,被指挥部抽去带兵打仗。我干了一段时间,一动脑筋头就疼得厉害,还怕担责任,在部队当官不是闹着玩的,都是要人命的大事,你不考虑好了能行吗!"后来他们部队调到中央军委当警卫,他却要求复员回家。营长舍不得,拉着他的手哭,说你回去要后悔的。他说,就是因为在天津战役摔伤,后来病重了老吐血就复员了。现在落下这个病,到老了越来越重,出门走不了多远,还得老婆孩子看着,害怕摔个跟头起不来。

孙佩起复员时,部队说到哪里去随便他挑。他没有回山东老家,那里已经没有亲人了,就到这里安家落户了。回乡在生产队当了20多年队长。他说:"让我当队长就得听我的,那个时候要吃没有吃要用没有用的,我上江北亲自买种子,在没有开江的时候,就带人起早贪黑地种土豆和谷子。书记说没有见过你这样种地的,我说你瞧好吧,你别管了。结果到夏天干旱,别人的苗都死了,我们的地

23. 孙佩起——神枪手的神话

都是全苗。乡里来人参观,连续几年收入都很高。干了20多年队长,操老心了。我忙活了一辈子,自己什么也没有得到,我的家产就是这个住了50年,现在已经废弃的老房子。我现在住的新房子,还是儿子和姑爷盖的。"

孙佩起说:"头几年民政给老战士治病开小票,我就不去要。我得了病,老伴和儿子让我去找,我宁可花钱也不去!多要几块钱能解决什么穷。我们给国家打过江山,到老了国家也没让我们掉在地下,给我们钱补助我们的生活。我想让乡里给盖个房子,人家说有难处我也没有说啥。如今我儿子、姑爷也不会叫我掉地下了,他们拿钱给我盖了房子。"他摸着孙子的头说:"我要是多活几天,说不定又借了大孙子的光呢!"

孙佩起从今年开始身体每况愈下,半年时间折腾得骨瘦如柴。他说:"就是在山里剿匪时伤力,数九寒冻在山上一待几个月,冲锋打仗累得吐血。落下一身病,到老了都找上来了。"孙佩起现在行动十分困难,在炕上躺久了,他就这样到窗前伫立向外观望,久久地沉思不语,他在想些什么谁也不知道。当我问他的时候,他思索了半天,偷偷地告诉我说:"每天老是做梦,都是过去那些当兵打仗的事情。"

24. 乔东来——墙角里闪现的泪光

乔东来，81岁，原华东独立团留守处战士，桦南县孟家岗镇河东村人。14岁在山东莘县当民兵，1947年，参加华北步兵训练团；1948年，被改编到二野10军28师警卫连，参加了淮海战役，南下在四川荣县战斗中荣立二等战功。后调徐州华中装甲兵独立5团2连为炮车长。1950年，朝鲜战争时因右脚六指手术休养留守，被定为三等乙级残疾，于1954年复员回家。1959年到东北当地铁矿工作，后下放到农村务农。（2006.10.31）

乔东来住的河东村很偏僻，我走了七沟八梁才在一个靠山的大沟沿上找到。去他们这个村子就那么一条深沟一样的车辙路，我开着越野车还绕了半天，真是崎岖险峻。我不知道他们在夏天雨季的时候是怎样出行的，我更不知道乔东来当年选择来选择去，怎么选择了这么个偏僻的地方，而且一待就是一辈子。

乔东来住在一个老土坯房里，老两口没有什么事情做，在炕上围个被子闲

24. 乔东来——墙角里闪现的泪光

坐,屋子里的东西很少,一眼见房梁。乔东来对过去的战斗经历好像有些淡漠,无论我怎么说他就是不想说,很长的一段时间就是拿话语搪塞我。我也来了个慢性子,不慌不忙地和他闲聊。一个下午过去了,傍晚他才说:"说这些有用么,我想一辈子都不再提起这些事情。"我说,把您的军功章和复员证拿出来我看看拍个照,就当我没有白来一趟。他和老伴找了半天,才在一个墙角的老箱子底下找出来。当他拿出这个复员证和优抚军人补助金领取证的时候,昏暗的墙角里,我看到他的手突然微微颤抖,好长时间不转身,侧面的眼角里一下涌出一滴泪珠,是那么晶莹透亮……他慢慢地把证书递给我,心情有些沉重地说:"我没有什么好的战斗事迹可说,我从来没有跟别人说过这些事……"

"文革"期间换发的复员军人证明。

乔东来是老革命了。抗日战争时期他就在山东老家当民兵,那时他14岁,经常给武工队送信。这段光荣历史只能是光荣,因为不是正规军,就不能够算正式革命,就没有记录在历史档案中。他真正的革命生涯是从1947年参加解放军,在警卫连当战士开始的。他真正的战斗生涯,是从他被提升为机枪组组长那个时候开始的。那是在解放徐州战役时,由于敌人的飞机轰炸,警卫连的班排长和十几名战士都牺牲了,剩下他们这些兵,就一个个向上都被提了一级。

没有光环的英雄
——东北革命根据地农村参战军人战斗生活故事

乔东来当了机枪组组长，就开始接受重要任务，他在战斗中也英勇地表现了几次。1949年解放军大军南下，国民党军队节节败退，他们部队一路追击国民党的逃军。到了四川荣县时，他们接到命令，说国民党的一个团投诚起义，要他们派人去接收。他们副师长接受了任务，带领一个连去接收起义的国民党军队。副师长着急，带领他们在前面快速地跑，结果就把后面的部队落下了，仅剩下副师长和警卫排一股小部队。路过一个山头时，山上忽然出来一伙国民党的军队，拦住道问乔东来他们是什么人。这两支队伍距离一里来地，谁也看不清谁，谁也不知道对方是什么队伍。副师长弄不清是解放军部队，还是应该接收的国民党部队，或者是敌人的其他部队。他就叫来乔东来说："小乔，你带领机枪组上去看看。"乔东来平时话语不多，做事果敢机智。他带了两个战士迎头就过去了，快到跟前时，乔东来看到那些人都戴钢盔，是国民党的军队，但不知道是投诚的那伙人，还是没有投降的敌人。他观察了一下，觉得好像不是投诚的部队，要是投诚的部队就应该友好，看乔东来他们过来就会来人接头。而现在这些人都荷枪实弹，虎视眈眈地防备他们。他就跟身边的两个战士说："别过去，看看再说。"有一个小战士不知深浅，非要过去不可，结果他刚过去就被人家逮住了。对方是路过这里的一股敌人，看到是解放军就冲过来撵他们，乔东来迎头扫了一梭子，害怕寡不敌众，就和剩下的那个战士边反击边回头跑。

来的时候和副师长说好了在原地等着会合，结果副师长他们也不知道跑到哪里去了。没有了援兵，乔东来他们只好继续逃跑。跑到一个山头上，突然看到山下有个四合院，里面还有一院子国民党兵。乔东来想，我们要是下去，就与院子前面的敌人迎头相撞，要是不下去，后面撵上来的敌人更多。那个战士看着乔东来问，怎么办？乔东来一狠心果断地说："咱们干脆下去冲过去，打他人少的，这样我们还有冲出去的希望。"他们两个不由分说，一起端枪同时向下冲，壮着胆子大声喊："都给我出来缴枪不杀！解放军大部队来了！"结果把院子里的18个国民党兵给吓住了，他们也不知道解放军来了多少人，都乖乖缴枪投降了。他们押送俘虏赶紧跑，缴获的枪支也顾不上要，后面追击的敌人这个时候也紧跟着

24. 乔东来——墙角里闪现的泪光

上来了，他们俩一边用机枪压住追击的敌人，一边还带着俘虏跑。忽然，就听横下里一阵子爆豆枪响，原来9班上来接应他们来了，一阵扫射把后面的敌人压住了，这样他们就一起押着俘虏回部队找到了师长。

乔东来跟敌人打响的时候，这边副师长光听那边打枪，就说："完了！小乔没了，赶紧换个地方。"他接着还让副班长上去继续联系，副班长刚上去就又被国民党抓住了。敌人还把原来逮住的小战士押过来，问他认识不，副班长说我认识。敌人问，你们来多少人，副班长假装说："先来个警卫营，后面三个团几分钟就到。"敌人听了一看不好，带着小战士和副班长就跑了。下午乔东来回来了，副师长很惊奇，问他是怎么回事，他就说了怎么遭遇敌人大部队，又怎么抓了小股敌人的俘虏。师长当时表扬他说："你真行，回去给你们请功。"那边，副班长和小战士被敌人抓走后，趁敌人睡着了，抢过敌人的枪就逃跑了，由于他们没有弄清方向，一下子跑到解放军11军那去了，11军说你们再辛苦一趟领我们去一趟，杀他个回马枪，结果没有费什么劲，就把敌人一个团全部都消灭俘虏了。后来春节评战功时，副班长评了一等功，乔东来评了个二等功。他开玩笑说："副班长当了敌人的俘虏也立功，我费那么大劲抓了18个俘虏，还被弄到他的后面去了！"他还说："从那以后副师长对我可好了，什么都照顾我。我从小就比人家多一个脚指头，我是六指右脚宽，当兵那天起就一直光脚没有穿过鞋。副师长就给我弄了一只42号右脚鞋，才解决了问题。"

1950年，乔东来的部队到了四川宜宾，在那里维护地方征粮，清剿国民党的残余部队。他们驻扎的那个乡就有国民党残余的师长、团长和营长等一些残兵败将，当地有个姓肖的大地主都把他们都控制了起来，解放军做那个地主工作让他当向导，全师分几路同时进攻，一个上7保区，一个上8保区。乔东来和师长一个队，他们那路人马以参谋和当官的居多，作战经验少，上去后就被土匪打伤了好几个。师长信任乔东来，命令他带7个战士穿便衣把负伤的参谋送下去。多少次这样的任务，他都能够胜利完成，也没有给师长丢过面子。在回来的路上，走过一个山头时，突然发现从山坡里跑出一条狗，乔东来拿枪在前面，就说不好有

没有光环的英雄
——东北革命根据地农村参战军人战斗生活故事

情况,指定有土匪,老百姓的狗不上山。他指挥大家马上上山,刚到山头土匪也上来了,结果他们8个人被200多个土匪紧紧包围了。土匪高喊着让他们投降放下武器,嚣张得不可一世。他们8个人紧张地趴在地上,后面还有好几个失去战斗力的伤员。大家大眼瞪小眼都紧张地看着他。乔东来忽地上来一股坚定劲头,他像一个老练坚强的指挥官,立即布置战士们在山头上和土匪进行战斗较量。土匪很狡猾,他们不是大帮进攻冲锋,而是几个人一伙,躲躲闪闪小心翼翼地一步步接近。土匪的枪法很准,压得战士们抬不起头,但是土匪也不敢贸然起身上来。相持了一小天,乔东来一看走不了了,就想等晚上找机会突围。土匪不死心,打了一阵枪就开始向上攻。伤号里有个营指导员,他把冲锋枪给了乔东来,他就占据一个有利地形,勇敢地用冲锋枪连发顶住了敌人。跟敌人打到日头快落了的时候,山下忽然又上来一群戴铁帽子的人,战士们说怎么搞的,土匪还有戴铁帽子的。他们紧张地掉过枪口准备决战到底,等他们走近了要开枪的时候,一看原来是他们连的文化教员。原来文化教员他们正在执行任务路过这里,一看乔东来他们被敌人围住了,就上来支援。他们从土匪后面开始打,土匪以为解放军大部队来了增援,吓得慌忙逃跑了。文化教员在山下高声喊:"你们下来吧,土匪让我们打跑了。"

抗美援朝前期,乔东来他们部队整编调到天津守海防,部队扩大成立坦克团,就调他去当了炮车长,后又调到徐州华中装甲兵独立5团2连当炮车长。他非常喜爱新兴的装甲兵,部队也重用提拔他,那时他也信心十足要好好干一场。可就在这个时候,一件小事却让他在向前进步的路上来了个大转弯。乔东来右脚是六指,当兵的时候他隐瞒了,在部队睡觉的时候不敢脱袜子,别人也不知道。抗美援朝时乔东来坚决要上前线,他还想继续隐瞒下去,结果部队检查身体时,大夫非让他脱了袜子,这样就露了馅。他说:"就因为我脚是六指,抗美援朝没有去上。"当时他问大夫能拿下来吗,大夫说能拿不耽误事,几天就好了,就给他手术拿下了六指。结果不巧,第二天上级就下达了命令,

24. 乔东来——墙角里闪现的泪光

大部队全都开赴朝鲜战场了,由于他的伤没有好就留在了留守处,威武雄风的坦克车没有开上,炮车长也改成了战士,被定了个三等乙级残疾只好复员回家了,从此这成为他一生的遗憾。

1954年,乔东来复员先被安排在民政科当科员,后又送到供销社,他干了一个月不干了,嫌一个月才18元钱太少,养活不了家。回家后民政又安排他考试上了拖拉机站。他说:"一个月才挣41块1角钱,三口人还是不够。"

1959年困难时期,乔东来只身从山东跑到东北来,后来准备回老家接妻子,结果妻子等不及,自己抱着两个孩子,就从山东老家一路上要饭上东北来了。当地设卡不允许人们外跑,他妻子就晚上走,走了四天四夜,一直走到河南安阳才上火车。到辽宁金州车站没有钱就下来继续走,走不动了也没有吃的,就把怀里几个月的二女儿在车站送给了人家。乔东来回到老家一看妻子走了,马上回到东北。当他接到媳妇时,她已经蓬头垢面没有人样了,两人抱头痛哭了一场。在我采访的时候,不堪回首的往事又让二位老人痛苦哭诉了一回,这让我着实感慨,老两口苦了一辈子,现在生活还是不富裕。

乔东来到东北后,先到了林场和铁矿工作。那个时候"在企业"男女干活给吃的,不干活的孩子没有粮食吃,后来铁矿黄了他们就下放到农村了。当时他的党组织关系也丢了,后来也没有找。他说:"党不党员的,自己知道就行了。"现在,他们老两口身体都有病,没有条件治疗,每天也不出屋,就是躺在炕上睡觉。屋子里冷没有煤烧,出去外面冷也没有地方去。

乔东来有股子忍辱负重的精神,他有1垧土地给儿子种,得点口粮吃,优抚费一个月140元不够吃药的,房子是20世纪70年代盖的,没有能力翻盖。后来买了20块瓦把漏的地方盖上了将就一下。他想能过就行了,这比当兵那时的艰苦条件好多了。

　　乔东来有7个孩子，其中一个女儿给了别人。妻子现在老想着要去找回当年给人的孩子，算起来现在应该有40多岁了。他们老是想起送给人家的女儿，想起来就是泪眼汪汪地哭，他们商量了好多次，也想了很多种办法想把女儿找回来。

25. 赵金玉——战场上的哭声

赵金玉，80岁，原四野47军141师423团3营班长，富锦市宏胜乡双山村人。1947年，参加东北野战军第一师，后被改编到解放军四野当战士、班长。参加了辽沈战役、平津战役，南下到湘西剿匪。1952年，入朝参战接收云山阵地进行守备。1962年，在他复员时被定为三等甲级残疾，分配到哈尔滨当铁路警察，因为工资低没有去，后到富锦航运公司当舵手；1964年，和妻子自愿下放到农村种地。

（2006.11.16）

赵金玉当兵就是因为家穷，穷得一家人连穿的裤子都没有。全家共同穿一条破裤子，谁出门干活给谁穿，不干活和不出门的，就大伙围个破被子在炕上待着。为了上榆树县找个活路，爹妈商量好几天，哭着忍痛卖掉了最小的妹妹当路费。到了榆树还是没有生计，家里没吃没喝的，他爸妈就领着其他兄弟姐妹去要饭。有一次，他的父亲出去要饭，好不容易要个菜团子，自己舍不得吃，准备给

没有光环的英雄
——东北革命根据地农村参战军人战斗生活故事

饿得不行的家人吃,结果半路上父亲饿昏了,活活被冻死在一棵大树下。乡亲捎来信的时候,一家人顾不上羞耻,围着破被,一身破布条子,一路哭叫来到那棵大树下。他们看到父亲的时候,他手中还死死攥着那个菜团子,使劲掰手都拿不开,绝望的眼睛到死也没有闭上,赵金玉的母亲当时都哭背过气了。那年赵金玉只有十几岁,还患着伤寒病,就硬挺着去给人家扛活。一年干到头东家扣掉他所有的工钱,十冬腊月扒掉了他的乌拉鞋抵债,在流泪屈辱的冰雪路上冻坏了脚指头。他穷得实在没有了活路,15岁时就参加了八路军。

他参军时还拉着自己最要好的4个小伙伴,他们从小在一起要饭,同甘共苦吃一碗剩饭,在破房子里同盖一条破被絮,是一群在凄风苦雨中结下生死交情的兄弟。赵金玉在他们堆里是个小头头,当兵后在一个班,他就当了副班长。1946年,他参军时正是东北解放军最艰苦的时期,当时东北解放军的武器和力量薄弱,打过几次仗都有伤亡失利。有一次,他们被敌人撵到山里,看到有几户人家,过去一看人家锅里有猪食,饿得他们狼吞虎咽地吃了起来。

所有艰难困苦他都能够忍受,唯有三打四平,让他刻骨铭心永生永世难以忘怀,也使他经历了战争的痛楚。1947年10月,他们和其他部队集结开始第三次攻打四平。当时,解放军集中优势兵力一气儿就攻到了老车站,从道里一直打到二道街。眼看战斗就要胜利了,这时国民党来了大批的增援部队,把冲进城的解放军团团包围。赵金玉这个时候清醒地意识到,这回完了,指定突击不出去了,就是突围出去也是九死一生。此时,他看到解放军战士们都不怕死,他们都是那样英勇坚强地拼死杀敌。因为他们知道,怕死没用,只有硬拼才能不当俘虏,杀出一条生路。赵金玉带着他的小伙伴和其他几个战士同别的战士一样全力向外突围,眼看已经冲到了三道街,四面的道路就全部被敌人封锁了,四外敌人的枪

赵金玉复员时的照片。

25. 赵金玉——战场上的哭声

炮猛烈地射向孤立无援的战士们，他们当时就被扫倒了一片一片的。他眼看着4个小伙伴和班里的几个战士一下子全部都被打倒在地上，慌乱中他拽拽这个，拉拉那个，就看鲜血呼啦啦地流，抽缩了几下就死去了，还有两个重伤的，浑身像血人一样没有了知觉，只剩下了一口气。猛然间一下子失去好几个亲人，他悲痛得呜呜直哭，看着从身边急速撤退的战士，他喊叫着说："求求你们啦，把他们都带出去吧！"他边哭叫着边连拉带拽，背

赵金玉讲到他拼命救战友最后却没有救下来的时候，80多岁的赵金玉竟然号啕大哭。说起战友舍命救护他下战场的事情，他内心有深深的痛楚。

起来两个重伤战友拼死往外跑。敌人封锁道路，他们就无处藏身，只有掏开一个个墙洞子往外挪，黑天瞎火的脚下一踩，软软的都是牺牲的战士身体，出来时脚上都被鲜血染得通红。

跑到半拉门子集结地的时候，伤员满地都是。敌人大兵已经追到跟前了，为了保存现有力量，上级命令紧急撤退，轻伤的能走就走，重伤员都顾不上就只能留下。冒着生命背出来的战友，现在又得被迫留下，赵金玉舍不得呀，他悲伤绝望地哽咽哭出声来。没有时间安慰，也没有什么话语可说，大家心里都十分清楚即将面临的是什么样的悲惨结局。黑暗中赵金玉泪眼模糊地只看了那么最后一眼，那么多亲爱的战友，没有怨恨漫骂和号叫绝望，只是用眼睛注视看着他们远去，有的仰天流下了泪水，有的默默低下了头。他们知道，这是不得已的，要是带上他们，整个部队都得被消灭。部队刚撤退出去不远，就听到后面他们刚撤离的那个地方突然响起了一阵枪声和炸弹声，这一阵声响震动了所有撤退的战士，好多人都哭出声来，他们不知道是剩下的受伤的战士们自己英勇饮弹爆炸，还是

没有光环的英雄
——东北革命根据地农村参战军人战斗生活故事

冲上来的敌人丧尽天良杀死了没有抵抗能力的战士。他说:"就是现在,我也不知道这个事情的最后结局是什么,不知道牺牲的那些战友埋在了哪里。"

每当叙述这些痛心的经历时,赵金玉都有一种责任和内心的不安痛苦地折磨着他,想到这里他就会伤心得泣不成声。战争是残酷的,还有多少常人不可预见的场景,还有多少惨烈的场面,别人是不可能知道的。而经历过战争的老战士们他们知道,他们知道什么是战争的伤痛。

1947年,攻打德惠时他们取得了胜利,仗也打得痛快,就是从那时起,解放军开始有了优势。晚上总攻开始的时候,原来准备用7门大炮打开城墙突破口,然后再架梯子冲锋。可是到攻击的时候大炮也没有上来,团长急眼了说炮没来就硬攻,用梯子爬用人堆!战士们就使用事先准备好的成捆手榴弹爆破障碍物和城墙,用竹竿木梯子架设,冲过水壕开始登城墙。赵金玉他们是突击排,30多人爬上城墙冲到城里面,他是副班长,带领三个尖兵在前面,发现有个白房子,他摸上去顺窗户就扔进去一捆手榴弹,看看里面的敌人消灭差不多了,他大喊一声:"赶快出来投降!"结果就剩敌人的一个排长,他上去抓了俘虏,让他带路直接去找敌人的指挥部。敌人的指挥部在一个地下室里,赵金玉让机枪射手抱着机枪对着通道口,机枪射手一脚踢开木头盖子,端起机枪瞄准了敌人,大喊一声:"都出来投降,要不扔手榴弹都炸死你们!"赵金玉随即带领战士们冲到地下室,俘虏了敌人的团长,这次战斗后赵金玉立了三等功,提升为班长。

1948年,中国人民解放军开始了解放中国的伟大辽沈战役,赵金玉随大部队参加了解放四平、沈阳和长春的战斗。在四佛寺堵击沈阳的敌人时,那年雪大没膝盖,部队在雪地里埋伏两天两夜。没有吃的就哑巴豆(东北爆玉米的一种独特的产品),渴了就抓一把雪吃,天寒地冻战士们都冻伤冻坏了,他的脚指头也冻掉了两个。四佛寺山上有国民党两个团,解放军是两个营,想趁敌人不注意摸上去消灭他们,结果却让敌人发现了,敌人居高临下用火力压住了解放军。晚上他们进行拼死突围,这个时候敌人的坦克车像狗熊一样,隆隆向解放军阵地滚压了过来。排长命令一个新战士上去爆破,赵金玉一看是自己班里没有经验的新战

25. 赵金玉——战场上的哭声

士,他生怕自己的小战士有个什么闪失,他想起了牺牲的战友,忽地一下他挺身而出,坚定地说我去。排长不同意,说你上次受伤还没有好呢,能行吗?他说没有事,就操起一个爆破筒冲了上去。看着敌人坦克轰隆隆上来了,他赶忙爬到距离坦克几步远的地方,迅速拽开导火线,一下子把爆破筒射到坦克前,前进的坦克正好压在爆破筒上,就听"轰"的一声,敌人坦克被炸瘫痪了。坦克不动了,可是里面的敌人通过潜望镜看到了他,一个敌人掀开坦克盖子,用机枪冲着他就开始扫射,打得他滚了几下,怎么躲也没有躲过去,子弹射中了他的胳膊。这时后面的战友冲了上来,把坦克里面的敌人消灭了。此时,突围的突破口打开了,撤退的部队"哗"地一下子涌了出去。黑夜里战友们连背带拽带着他向下撤退,一个个换着班喘不上气地跑,大家躲着枪林弹雨,不顾自己的生命安危救护着他。赵金玉趴在战友的后背上激动得哭了,他一下子就联想起在四平城内那个黑夜,他也是这样背着战友们跑的。他知道危难之中这是那种最贴心真挚的情感所为,这是要付出鲜血和生命的援助和奉献,而做出这样牺牲的人应该是伟岸高大的英雄。他泪流在脸上,却湿润了心田,他发誓永生永世不忘这些救命恩人。是啊,要不是这些战友用烧坏的破被子拉扯着他下了战场,他或许会被敌人杀死,或因流血过多而死,他一身冰和血水冻成坨子,冻也是个死。他终生忘不了这生死关头经过鲜血与战火洗礼的友情。他也知道,就是他用自己的生命维护了战友的情谊,战友们也用最珍贵的友情回报了他。

到1948年秋,赵金玉已经是一个几经沙场,负伤多次,成熟干练的班长了。这时,东北解放军开始了全面大反攻,赵金玉他们的41军141师接受命令在黑山阻击廖耀湘兵团。开始,敌人上来了一个师,后来上来的敌人有4个军左右的兵力。太阳一落山开始战斗,枪声大作,机枪像爆豆子似的,打得敌人纷纷倒下,连滚带爬往回跑。敌人的大炮轰了过来,天上飞机来扫射轰炸,仅仅20多分钟,就把战壕炸平了,就看满地的炮弹皮子,走路一蹚哗啦哗啦直响。已经打退了敌人两次冲锋,正在等待敌人第三次冲锋时,上级来命令让部队撤退。绕了一圈绕到了敌人后路的大虎山,这里到处都是敌人,一声令下解放军的大炮在侧面打,敌人

没有光环的英雄
——东北革命根据地农村参战军人战斗生活故事

慌了四散乱窜到处跑,就看遍地都是人都是军队,骡马驮着弹药到处乱跑。赵金玉在一个掩体里躲避飞机时,就听头上"呼通呼通"来了7个逃跑的敌人,手里都拿着冲锋枪和轻机枪。他"嗷"的一声跳出来,威风凛凛地端着机枪,命令敌人都交枪,敌人看着他手中的枪口冲着他们,都乖乖地投降了。这次他立了三等功。

赵金玉这些战友在整编和复员的时候,都不知道去向了,后来他复员参加工作忙,也没有时间寻找联系。他说:"现在他天天都想念这些战友,连做梦都想,这些生死战场上的友情,折腾得他夜不能寐。不知道他们现在在哪里,是否都还活着。"

赵金玉在历次战役中获得的纪念章。依次为湘西剿匪胜利纪念章、解放西南胜利纪念章、华北解放纪念章、东北解放纪念章。

赵金玉后来参加了解放天津和北京的战斗,南下到湘西剿匪;1952年,入朝接收云山阵地进行守备。在丹东入朝前的部队集结时,他们刚参军的老战友汇聚

25. 赵金玉——战场上的哭声

到了一起，他们数了一下，入伍时原来的一个营战士，就剩下了他们11个人。朝鲜战场下来后，最后是什么结果他就不知道了。讲述他的战斗经历时他很兴奋，他从屋子里给我讲到屋子外，早上我刚去的时候，他兴奋得连饭都不吃就跟我迫不及待地讲了起来。在外面他偷偷地跟我说："我的肋骨上还有一个弹片，结婚的时候瞒了老伴，现在想说，害怕老伴心疼我。"

1956年，赵金玉和山东支边青年，在医院工作的护士孔桂平结婚。老兵复员后年龄都偏大，找对象很困难。他们俩一个是船工，一个是护士，自由恋爱结婚，也志同道合。1964年，由于家庭生活困难，他们俩商量好，自愿到农村去种地，并坚决要求到最艰苦的北大荒去开荒创业。当时那里荒无人烟，遍地是沼泽，野狼和狍子成群，小咬（蠓）和蚊子咬得人不敢出门。这对夫妻一个当队长，一个当医生，把青春和热血献给了北大荒，在这里是有口皆碑的老功臣。

1962年，赵金玉复员到黑龙江老家，被定为三等甲级残疾，分配到哈尔滨当铁路警察，可是因工资少没有报到，到富锦航运公司当了舵手。下放到农村后，他带领社员像当年战斗一样，到荒地远征开荒。有一次，他患脑膜炎病重，棺材都预备好了，后来竟奇迹般地活了过来。他现在有5个孩子，和老伴幸福地生活在儿子家中。

26. 韩凤林——无名高地上

韩凤林，74岁，原39军115师344团班长，桦川县苏家店村人。1950年，抗美援朝时参军，参加了16.8.0高地守备战。1957年，回乡务农当社员。（2007.5.18）

提起当年的抗美援朝战争时，韩凤林说："这是一场最残酷的战争，它的艰苦和残酷的程度，甚至超过了四平战斗，因为打四平是在国内，国民党也没有那么先进的武器。'二战'后，美国把最先进的武器都投放在了朝鲜战场上，短短几年，志愿军牺牲在朝鲜战场上的人就达到几十万。"

1950年，志愿军刚过朝鲜时，就正面迎来被"联合国军"打败撤退的朝鲜人民军，他们根本就不相信武器和设备还不及他们苏联装备的志愿军，能够打过武装到牙齿的"联合国"部队。他们就问志愿军说："你们有大炮吗？有坦克吗？

26. 韩凤林——无名高地上

一听说什么都没有,就摇摇头走了,有的还说,这不是白去送死么!"

韩凤林他们部队一过江,就直接追赶伏击节节胜利而不可一世的"联合国"部队。追赶到清川江的时候,正是隆冬季节,大桥已经被敌人炸毁,江面上已经结冰有一筷子那么厚了。部队一声令下,千军万马踏破冰面开始蹚水,战士们用枪托砸碎冰面,锋利的冰碴把皮肤扎得血肉模糊,很多南方兵上了岸都走不动路,有的就地就冻瘫痪了。就是四野这支勇猛坚强的部队,突破了清川江后,赶到了球场,在那里堵击了美国骑兵一师和土耳其旅,把敌人打得人仰马翻。最后来了一架直升机,才把他们的师长带走,狼狈逃窜了。

韩凤林参军时的照片。

韩凤林刚到部队时当了几天话务员,由于他精明能干就下连当了战士。他们在东线无名高地的143高地进行守备战,他说:"我们有两个排,蹲山头吃炒面,坚守一年多,我把岁数都忘了,每天什么报纸日历都没有。每天敌人的大炮轰炸不止,若有一个小时不打炮就是和平万岁了。两个排的战士不断被炮弹炸伤,一个排只剩下了六七个人。"下半年,他们开始出去伏击,各排找几个人,趁敌人早晚还没有下来的时候,先埋伏在半路上,等敌人下来就开打,打得赢就打,打不赢就撤退。

有一次连长带领他们两个班晚上出去伏击,白天都侦察好了地形,看好了几道铁丝网。晚上,他们偷偷爬到铁丝网跟前,六七道铁丝网都被剪开,把铁丝头子往地下一扎,两头拴上白毛巾,留着回来的出路。战士们匍匐前行深入敌人阵地十几里,看到敌人的地堡灯火通明,外面用坦克发电,一个碉堡一个排几十人,里面一窝窝的美国兵在打扑克逍遥呢。连长命令大家分头行动,几个人堵一个碉堡,把敌人堵死在里面出不来。每次偷袭的时候,团长告诉大家多消灭敌人,多抓俘虏,回来后谁抓俘虏多,就给谁立功介绍入党。战斗一打响,大家用

没有光环的英雄
——东北革命根据地农村参战军人战斗生活故事

冲锋枪堵门往里扫射,猛扔手榴弹,看看没有动静了就进去抓俘虏。战士王永富立功心切,一头钻进了敌人的地堡,一下子就被敌人拽了进去,大家就从外面往出拽,敌人一看拽不过,上去一手枪,就把王永富的腿打折了。大家把他拽出来后,一顿手榴弹把敌人都消灭在地堡里。

他们伏击敌人,敌人也经常来偷袭阵地。有一次,他们驻守16.8.0高地,他和一个战士站岗,连里专门把韩凤林放在晚上9点到11点容易发生战斗的关键时刻。不一会,他就听到山下的树棵子响,在月光下,就看有五六个敌人端着火焰喷射器摸了上来,连帽徽和铜扣子都看得清清楚楚,他们是准备用火焰喷射器堵住坑道洞口,烧死里面的志愿军。韩凤林说:"火焰喷射器那东西里面全是黄糊糊的黏性汽油,烧着了都胡噜不下去,粘到那里就烧起没有完,志愿军被烧死很多人,都烧得黢黑一团,辨别不清是人还是什么东西。"此时,阵地上机枪和拧开盖的手榴弹早就预备上了,就防止敌人上来时不赶趟。他操起机枪冲着敌人扫射,当时就把前面的敌人都扫倒了。对面敌人的机枪开始向他开火,后面我军阵地上的机枪阵地听到他这里打了起来,也用机枪开始火力支援,这时,就看一下跳起来了30多个敌人,敌人听枪响都起来撤退逃跑了。如果这次韩凤林不及时发现,连他和阵地上的战士就得全部牺牲了。

韩凤林他们打的是阵地守备战,比起进攻战还好多了。就说他们临近的上甘岭战役,打了40多天,那人牺牲的有几千。他说:"朝鲜战场上的艰苦,人死了多少,部队回来的时候都不让讲。就说我们一个村的,参军到朝鲜去了十七八个人,就回来八九个人。刚开始的时候,都是当地老百姓的担架队,飞机和大炮一响,他们就把担架扔了,伤员都滚到了山下,有的受伤的战士,轻伤摔成了重伤,重伤的都摔死了,后来都换成了部队的战士。"

韩凤林说他到了朝鲜就没有想着回来,他说:"打仗就是死人,脑袋别在裤腰上。别说战士,就是那些师长和团长,都在炮火下指挥。有个师长,炮弹把指挥部的坑道炸塌了,大家挖了半天,才把他挖了出来。我们的坑道经常被炮火炸塌,有一次里面压了七八个人,我们排去抢救,用锹掏用手挖,抠了一小天,人

26. 韩凤林——无名高地上

都憋死了涨成了紫色，救出个班长是活的，脊梁骨还砸断了。当时大家都说，我们志愿军是铁肚子钢嘴夜眼睛，抗打抗折腾。"

韩凤林绘声绘色地讲述在朝鲜高地阵地战的故事，他说："我们的军功章可是用鲜血和生命换来的呀！"他参军的时候应该是哥哥去，他们哥四个，哥哥刚结婚几个月，还是家里的主要劳力。韩凤林是老二，他跟爹妈说他去，那年他17岁，当时还是个孩子。在朝鲜战场下来后，回国到了辽宁。1955年，被送到速成学校培训，后被提升为班长；1957年，复员回乡务农。韩凤林有5个孩子，和老儿子一起生活，他们很融洽地住在一个30年的老草房中。他和老伴有5亩地，全家才1垧土地，儿媳妇和孙子属于新增人口，孩子都十几岁了也没有给分土地。

韩凤林的老伴去年眼睛得病，已经双目失明，她心情很不好，每天在炕上唉声叹气。儿媳妇经常照料给她宽心，老两口说，得亏娶了个好儿媳妇。韩凤林每天精心照料老伴，自己做家务，他说自己一点怨言都没有，而且总是保持平常快乐的心情，这样才能够求个好身体。

韩凤林保存了在朝鲜战场上祖国慰问团发放的缸子，他说："我们在那时候就是最可爱的人，为保家卫国立下了汗马功劳，现在想起来我终生不悔。"

有一天，他和一个战士在坑道休息，他就觉得炮弹越打越近，他想一会儿打到这指定就捂里面了。他劝那个战士和他一起出去，那个战士就慢那么一会，一个炮弹飞来，就把他捂死在了里面。阵地上班长打牺牲了，派来个新班长，他和韩凤林下沟子里收拾水井，这时炮弹来了，韩凤林叫他快躲起来。都说新兵怕炮，老兵怕机枪。班长是个老兵，有些不在乎。结果就一个炮弹炸过来，韩凤林马上趴在了地上，起来抖搂一下身上的土，就赶忙叫班长，一看班长半跪在地下，手里拄着锹，头慢慢低了下去。韩凤林上去一搬他，就看班长的肚子上一块红着冒烟的大弹皮子削了进去，地下流了一大摊鲜血。看着班长慢慢闭上了眼睛牺牲了，韩凤林心里发沉，嗓子眼往上涌热流，他站起来待了好长时间，一点点把他掩埋了。

我在采访韩凤林时，遇到了他邻村的另外三个战友，他们都是334团的，还给我讲了很多自己和战友的英雄事迹。

贺锡昌，77岁，中安村人。他在334团机炮连当无后坐力炮炮手，当初缴获敌人的无后坐力炮的时候，战士都不会使用，几个人鼓捣半天，突然"轰"的一声鼓捣响了，好险没伤到自己人，可大家还欢呼高兴，终于会使用了，可以打美国的坦克了。后来在追击美国一骑兵师时，他和战友就用穿甲弹打中了敌人的坦克。在16.8.0高地站岗时，他们发现美军偷袭，一人扔了14箱手榴弹，阻击打散了敌人的一个连。

冯贵，78岁，中安村人，在334团机炮连步兵班。在16.8.0高地阻击敌人的偷袭时，他和一个战友对付几十个敌人，身边的战友牺牲了，他把枪拽过来，用两支枪扫射敌人，一直等到连长带人来增援，一起撵下山把敌人打退了。

颜广福，76岁，小堆丰村人，在334团当通信班长，连长带他出去查看地形，中间遭遇炮火轰炸，坚持顶着炮火完成任务。

27. 王洪福——最后的爆破组

王洪福，80岁，原东北野战军36军136师炮兵营战士，佳木斯郊区四丰乡前董家村人。1946年，在原籍吉林九台参加东北野战军36军当战士，参加了锦州、四平、老黑山、叶柏寿、天津战斗，后来南下湖南、湖北和广州，负伤有20多处。1952年，从湖南衡阳复员回家务农，当了3年大队支部书记。后来家乡发大水迁居到黑龙江，在生产队当了7年队长。（2006.7.8）

1946年，东北野战军36军在吉林一带打击国民党部队，解放了九台县。136师的一个解放军大队长就住在王洪福他们的七塔木村，他的任务就是休整扩兵，壮大队伍。队长跟他们年轻人很亲近，还到每家走访，讲解放军如何爱老百姓，军民一家亲，是为解放劳苦大众的，还说农民都当家做主不受压迫，这样就把大家的心都说服气了。王洪福说："人家那才叫讲理呢，也说到我们心头上了，我们都想，要是不去当兵打仗就对不起解放我们的八路军。人家还都征得父母同意，一个不同意都不行，人家还问我们要去当兵想不想家，到部队打仗害不害怕。我那个时候年轻有点文化，人长得文静高大，人家早就看好了，我也看人家当兵的部队条件好就心活了，没有几天就报名入了伍。"

1947年冬天，解放军开始扫清锦州的外围，为解放锦州做准备。在打大辽河战斗进攻敌人阵地的时候，敌我双方开始了枪对枪的对垒战。冲锋号响了，王洪福和战士们冒着枪林弹雨冲了上去。在接近敌人阵地的时候，他用机枪扫射了一会，就和战友猛撒了一阵手榴弹，趁着敌人慌神的时机一跃冲锋上去。突然敌人的机枪又响了，一下子打在他的腿和脚掌上，他知道自己受了伤，但仍拼命向前跑，结果一个大跟头跄在了那里。他倒下一看不要紧，脚掌上竟然有两个枪眼，都把脚掌穿透了，疼得他再也站不起来了。

解放战争时期王洪福和战友的照片，左边为王洪福。

他说："刚参军那时候就是打仗了，我是枪子里漏出来的，大腿穿透了，连脚后跟和屁股都有20多处伤疤，轻来轻去都不算个啥。我是在部队入的党，就是因为我打仗积极勇敢就发展了。"

1948年，王洪福他们部队参加了锦州战役，打了40多天，十分艰苦。他们的部队先全力以赴打外围，掐电线、炸桥梁、挖公路，堵住国民党从关里、沈阳来增援和锦州逃往葫芦岛的去路。他们是在锦州城南发起进攻攻进城的，一路打下东关大市场、南关窑子街、北街兵营火车站。进城时，敌人依靠坚固的工事防守，牺牲了很多战士，就是攻不进去。战士们的步枪一下一个子不跟趟，国民党全是美式武器，什么轻炮、重炮、轻重机枪、火箭炮全都用上了。解放军从外向里打了40多天，伤亡很大。他说："我们一个村去的战士死了好几个，有个比我大两岁姓阎的老乡刚站起来，就被机枪穿了好几个窟窿，像筛漏子四处穿血，人抽动了几下就没气了。"这时，上级指挥下令挖地道，挖一人多深，宽两三米的壕沟，一直挖到城里攻了进去。打进了国民党的兵营，就拼上了刺刀，国民党官

27. 王洪福——最后的爆破组

兵也很厉害，剩下的也都是敢死队，誓死不投降。敌人的军队都是经过美国训练的，全都是美国装备。好在解放军人多，拼死一拨又上来一拨，全是用人来堆，硬是把国民党打败了。

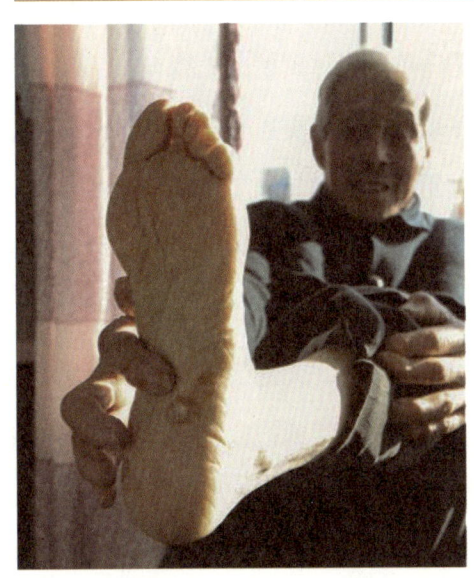

王洪福脚和腿负伤留下的伤疤，复员时部队在他简历上给了他很好的评价，他说："战争打仗可苦了，几天睡不着觉都是行军，累得上不来气，现在的气管炎就是那个时候得的。打辽沈战役多少天吃不上饭，粮食供应不上，都是干嚼苞米楂子得了胃病。有时行军打仗渴了喝不上水，烂泥汤子都得喝。"

王洪福在部队时，只要接受任务打起仗来，他就会变成拼命三郎。他说："勇敢也是个死，害怕也是个死。我那仗打得多了，刚起头几仗还害怕，后来就习惯不在乎了，战场上连妇女都不害怕，子弹嗖嗖地在头上飞她们还给伤员包扎呢，连背带扛救伤员，感动得我们这些大老爷们还害怕什么！还有，老百姓也支持解放军，很欢迎四野的部队，部队行军的时候老百姓给烧开水，送水果和点心，家里有什么拿什么，谁还算什么账要什么钱哪！都是自觉自愿的，真像亲人一样。住老百姓家不管你行军几十里上百里，战士们放下背包就扫院子挑水，很多妇女三人一伙四人一帮，来给战士补袜子洗衣服，家家烧热炕慰问部队。解放军得民心，要不怎么能够胜利呢。"

1947年入冬，他们部队参加了辽西战役。他们连的任务是抢夺占领锦州附近的一座大铁桥，然后在那里等待和大部队一起攻进城。当时他们一个连要对付守备大桥的敌人的两个营。敌人誓死顽抗，他们连又没有增援，他们在明处攻，国民党在暗处打，强攻无疑就是拿鸡蛋碰石头，不强攻就会耽搁了整个战斗的进

没有光环的英雄
——东北革命根据地农村参战军人战斗生活故事

展。国民党在大桥四外都修建了明碉暗堡，铁丝网和战壕遍地都是。壕沟陷阱下面全是插竹签子的"丧命壕"，冲锋的时候，战士们不熟悉地形，那人掉进去穿死好多，四仰八叉、横躺竖卧穿得跟血葫芦似的。有的战士被竹签子插透了脖子，一只眼睛还瞪着看天呢，有的战士被穿透了肚子人还在喘气喊救命。进攻打了两天多，连长组织一拨拨一队队战士向前冲，炸碉堡，攻战壕。好不容易攻到了桥东头，就被一个三层楼高的大碉堡堵住了主要交通要道。敌人的轻重机枪十几挺，一扫一面子一面子的，不等你到跟前，就都打倒了，不一会碉堡前的战士倒下了一片。看着那个场面，战士们的心都碎了，都恨不得立即冲上去，把碉堡炸个粉身碎骨，把里面的敌人都生剐活剥了。

全连只剩下连长和王洪福他们几十个战士了，无论是进攻还是撤退，他们都面临着生死考验。此时，连长脸色铁青，非常郑重地把他身边仅有的几个通信员和机枪手叫来，命令机枪手王洪福带领他们几个，组成最后的爆破组上去爆破碉堡。他说："我那时就想，上去指定就是个死，只有去路没有回路。我也没有寻思回来，根本不寻思家里还有什么人，什么地，就想你不打他，他打死你呀，只有向前冲锋，上去早早把敌人打死，好完成任务。"

他和几个战士在敌人的火力下艰难地冲到了碉堡前，一看碉堡是钢筋水泥修的，一丝缝隙都没有，大铁门有100多毫米厚，撒手榴弹够不着。他就等着几个人都上来了，就把大家所有手榴弹集中捆到一起，然后他一个人冒死滚到了碉堡跟前。他迅速一翻身，把一捆子手榴弹从射击窗口里塞进地堡。他刚刚滚出来，就听震天动地轰隆一声，只把碉堡底下一层炸得冒了烟，大碉堡依然伫立没怎么的。这时冲锋号响了，他像疯了一样先跳了出去，端着机枪向冲出来的敌人猛烈地扫射，扫得敌人一面子一面子地倒下了。可是大碉堡里的敌人很多，眼看大批敌人冲出来都快把冲上去的战士包围了，连长只好下令撤退。他说："那一仗，我们一个连200多人都打散了，剩下的五六十人，谁也顾不上谁了，一路下来紧跑。我就跟着连长向后撤退，天上飞机扫射，地下炮火追击。跑了一段距离，眼看已经撤出了敌人的火力范围了，一颗子弹打中了我的左腿，小腿肚子被打穿

27. 王洪福——最后的爆破组

了。我在那纳闷呢,都冲出来了,哪里来的子弹呢?正四处寻找,就听天上飞机'嗒嗒'又开始了射击,原来是被敌人的飞机机枪打伤的。"

王洪福腿伤后是先麻后疼,血流不止,不一会就疼昏了过去。他苏醒后一看荒草甸子里就他一个人,看到远处有一个小车站,等到天黑的时候,他就往那儿爬,一路上他忍痛紧拖着机枪,流下了一路的鲜血。半路上碰到了一个老乡,一看他是解放军,就背着他回家包扎治疗。老乡还说:"你不能随便走动,现在也分不清好坏人,等我找到解放军再给你送回去。"后来没等老乡去找,部队就派人把他找了回去,王洪福在部队的医院住了两个月,就又上前线了。

王洪福在东北解放后,整编到了炮兵营当了炮兵射手。然后,一直南下又参加了天津战役和渡江战役。1952年,他从湖南衡阳复员回老家九台务农,那几年家乡总发大水,他就随父母来到东北逃荒。先是战友给安排到双鸭山煤矿工作,可是父母死活不同意,害怕下井丢了命,说他枪林弹雨都过来了,可不能在井下丧命。他就和父母一道落户到了现在的农村种地。

王洪福在家乡时当过3年大队支部书记,到这里生产队又当了7年队长。他说:"当时的队长可不好干,每天操心不说,自己也得下地干活儿,有时候也就是个打头的,领人家干活,自己更得多干。那时候给的待遇也不高,费心费力不讨好,就是出力操心。几次想不干了,可是书记一找我做工作,我得听党的,于是继续工作。"

王洪福当了一辈子干部，没有给儿女留下什么财产，到老了还住在他和父亲闯关东时盖的老草房里，都有50多年的历史了。他的7个孩子很孝顺，大家凑钱给父母盖砖房，7个孩子大都进城或者是出去打工了，就剩一个没有结婚的老儿子和他们住在老房子里过日子。住在温暖舒适的房子里，他们二位老人就等着老儿子娶媳妇，抱孙子享受天伦之乐了。

王洪福给我讲完他的经历后，他深有感触地说："现在生活多好啊，战争那时候可受老苦了。不打战争是太平年，一打战争老百姓遭罪。"

28. 陈向义——为了光荣的名声

陈向义，82岁，原64军190师569团警卫连班长，富锦市西安乡合发村人。1948年，在辽宁开原参加东北野战军独立9团，在团警卫连当战士；1949年，改编到四野当班长；1950年，抗美援朝战争爆发入朝参战，参加了道蓬山、大德山、高王山守备战；1956年，部队给定为三等甲级残疾，复员后被分配在粮食局当守卫没有去，后来到本溪钢管厂工作了8个月，因为粮食不够吃回乡种地；1973年，因家乡生活困难迁居到黑龙江农村。（2007.1.24）

陈向义当兵打仗目的很明确，他说："那个时候大家都普遍一个思想，给子孙和家乡人'打江山'，等战争胜利了，有个光荣的好名声，留下点英名。"刚参军时他一腔热血，给个枪就跟部队走了。

1947年，在铁岭鸡冠山战斗爆破国民党的碉堡时，前面几个战士都牺牲了，团长急得直跺脚，眼看冲锋的时间都过去了，硬着头皮冲锋的战士被敌人打死了不少。这个时候，他还是刚参军的警卫员，他跑到团长跟前说，他去爆破敌人的碉堡。团长看看他说："你不怕吗？"他说："我看那么些像兄弟似的战友都

没有光环的英雄
——东北革命根据地农村参战军人战斗生活故事

死了心疼,我要是死了就让我加入共产党,有个名就行,就当为国家出力了。"他从来没有使用过爆破筒,抱着爆破筒就直溜溜地冲了上去。团长在后面急得直拍大腿喊,完了完了,非得被打死不可。可是,就看他就地一滚,然后又直溜溜地冲锋,后面的战士看傻眼了,敌人也看傻眼了,不等敌人缓过劲来,他已经冲到了碉堡跟前。他把爆破筒的火绳拉着了,可是,他不知道引爆的时间和爆破的远近距离,刚滚出不远,就听"轰"的一声,碉堡炸碎了,他的胳膊腿也都负伤了。战后他荣立了三等战功,团长就把他当了宝贝,说这小子是一个儿,关键时刻用得上,就再也不让他离开身边。

陈向义好脸面有骨气,每当有什么艰巨的战斗任务,他不会向后缩,他说自己并不是不怕死,也不是想要当英雄,而是因为他总在首长跟前,首长要找人完成艰巨任务的时候,他就觉得是跟他说的似的,如果自己不吱声往后缩,就觉得会让人瞧不起。

部队南下后改编为四野64军190师,他还是在569团警卫连当战士,回来在北京守备。1950年,抗美援朝战争爆发,他说:"本来没有他们的任务,他们兵团司令杨得志给中央写了血书,但没被批准,气得杨司令不干了,要回家抱孩子去。后来中央批准了,在出发前,毛主席还在天安门前给我们讲了话。"

部队一入朝就经过平壤、板门店和三八线直奔汉城(今名"首尔"),正月十七开始接受任务打穿插,上级命令寸土必争,计划是打一仗就叫美国无条件投降。部队到了大田,美军在后面把运输线给掐断了,给养上不去,他们团就被敌人堵在一个山沟子里。天上的飞机像云彩似的铺天盖地轰炸,敌人从四面八方进攻,战士们的子弹都打没有了,1 300多人就剩下90多人。激战中,团长亲自拿枪,带着他们警卫连上阵地,跟战士一样拼命。陈向义看着团长是真英雄,他也冲在阵地前面,阻击进攻的敌人。最后,他们一人留了一颗手榴弹,就准备被敌人俘虏时与他们同归于尽。在大山沟里困了四天四夜,没有吃的和喝的,大家就吃蒿草,渴得张嘴就裂口淌血。后来大家就趁黑天的时候,从敌人的岗哨眼皮子底下爬了出来,团长、副团长和参谋长都牺牲了,干部只剩下政委,回来的时候

28. 陈向义——为了光荣的名声

就剩48个人。

这一次战役中，虽然他们团损失很大，但获得了胜利。然而美军仍然不谈判签字，接着就开始了115天的防御战，和美军开始了较量对垒。他们部队守在大德山，志愿军就十几个人守着十几里地，陈向义他们一个班12个人守一个山。按照上级的命令，敌人抢阵地就给他，敌人撤退咱们就占领，主要是保持有生力量，拖垮敌人的大部队。他说："我在朝鲜三年没有下火线，后来师部挑我给师长当警卫员，在飞机轰炸的时候，我趴在了师长身上救过师长的命，师长就把我调到了电台干了几天，要不我早就牺牲了。"

解放军第一野战军入朝支援的时候，由于不熟悉地形，就抽调陈向义他们东北兵的干部战士配合作战，他被抽调到68团，一直打到停火。当时，师政委问他说："你敢去吗？"他高声说："我敢

陈向义在战场上负伤次数很多，他说都是轻伤，也都坚持不下火线。脸是爆破的时候崩的，脚是二次爆破时被铁丝网刮的。在坚守阵地的时候，没有水喝，马尿是最好的东西，那么一点马尿，只能够抹在嘴唇上滋润一下，因为后面还有那么多的战友没有喝呢。

去！"事后他和一个战友说："这次看来咱们完了，小命就交代这里了。"他经历过道蓬山、大德山、高王山大小战斗100多次。

停战前，他们进攻高王山打"联合国军"的英国皇家军队28旅。那是在11月的时候，晚上8点进攻，他们68团上去的时候，敌人的炮弹把满沟塘子都铺满了。冲上山顶时，英军都跑进防御非常坚固的工事。他说："那个时候人家就用挖掘机，修筑了地下和地上的大堡垒，能够挺住重磅炮弹的轰炸。堡垒周围还有七道铁丝网，最高的有二节楼高，上面还是卷檐子起脊的，中间的铁丝网都挂照

没有光环的英雄
——东北革命根据地农村参战军人战斗生活故事

明雷和地雷，碰一个就全都响。战士们接近堡垒的时候，敌人的先进武器不像咱们的枪支，打得零星有点，他们开打时，都是呜呜叫着响遍山野，把志愿军都压到了地下抬不起头来。"

进攻爆破的时候，当时上去18个人都牺牲了。陈向义说："那可都是好样的党员哪！"在关键时刻，有个河北的战士，把爆破筒绑在了腿上爬上去，半路上他受伤仍然拖着爆破筒，一步一步地爬到铁丝网跟前，硬把它给炸个突破口。接近碉堡的时候，敌人的机枪呼呼地扫射，战士们都上不去，还是那个战士爬到了碉堡前，把手榴弹塞了进去炸的，这样部队才冲了上去。冲交通壕的时候，脚下踩的软软的都是尸体，这个时候他们什么也顾不过来了。陈向义跟师政委跳过交通壕，向北去掏敌人的指挥部。政委在前面，他在后面，这个时候横地里冲出三个高大的英国兵。他说，敌人很狂，根本就没有看上中国人，他们不开枪射击，而是跑过来要用刺刀捅他和师政委。其中一个敌人一刺刀捅在了陈向义的脖子上，他一歪头，脖子被刺刀刮了一下。眼看敌人的刺刀就对着他的胸膛刺过来了，关键时刻，陈向义向交通壕后面仰面一倒，掉过冲锋枪，一梭子把敌人就都撂倒了。战士们包围了敌人的孤堡，用英语喊话让他们投降，他们先出来四个人，跟战士们交涉了一会，然后就向里面喊话，一会出来了132个英国皇家官兵，都投降了。他说："光女的就有48个。这些女兵都穿军装，黄头发蓝眼睛，当俘虏了还美滋滋地用眼睛四外看热闹呢。"

在汉江马连山打英国的29旅，敌人的电网、铁丝网和碉堡比28旅还先进坚固，里面有轻重武器和各种大小炮，设备先进，连澡堂子、俱乐部都有。先头部队633军进攻伤亡了一半人，接着68军和69军及陈向义他们70师一起进攻。大部队进攻了三天四宿，人死得铺满了山冈。他说："朝鲜战争都是用人垫出来的，这个死那个就上，就我们这个警卫连前后就补充了好多次人，原来的老班底，最后就剩我们两个人了。"战斗打了几天几夜，打到敌人堡垒的时候，把敌人的照明雷整响了，照明弹满天通亮。爆破的战士开始强攻，就是靠人垫也上不去。陈

28. 陈向义——为了光荣的名声

陈向义的视力很差看不清什么东西，他说是在朝鲜战场上被美军的毒气弹熏的，当时志愿军被毒气弹熏盲两万多人。在朝鲜战场上他立了两次功：一次是爆破碉堡，一次是打仗英勇。

向义在一边急眼了，他跑到政委的跟前喊："政委我说什么也得去！我早看好了进攻的位置，我去能够完成任务，我小陈牺牲了没有问题！"他就拿个5米的爆破筒，沿着事先看好的角度，一点点爬了上去，接近碉堡后，他怕爆破筒扔早了被敌人再扔出来，就在碉堡的枪眼下，拉着导火线，等到快燃烧到根的时候，猛然射了进去，他就势倒地往后滚，刚滚到山坡下，挂在了铁丝网上，铁丝的刺儿给他横着的脚背刮了一个大口子，由于距离太近，爆破崩起来的砖石把他的大腿砸伤了，他当时就昏了过去。

打了19天，我军占领了马连山，敌人急了，硬要往回夺，敌我双方天天用大炮轰炸，敌军不轰炸了我军就上去占领。他说："一共炮击了32天，都把山打搬家了。原来隔着山看不到韩国，后来削平了山头，都看到了韩国的城市了。"敌人开始强攻，大队人马铺天盖地冲了上来，志愿军部队就接到命令撤退。

大冬天，部队开始蹚水过临津江，上面敌机轰炸，地上敌人追击炮火轰炸，好多战士都被打死在江里面了，没有被打死的也都淹死了，就看满江都是漂着的死尸，光那次就牺牲了3 000多名战士。他说："敌人的飞机飞得很低，顺着江来回飞，连扫射带扔炸弹，驾驶员都看得清清楚楚。部队还下令不让打飞机。"

他说:"不让打飞机是害怕暴露目标,到了1952年,毛主席才开始下令让打飞机,那一个月就打下来3 000多架飞机。"陈向义过江时耳朵都灌进了水,他跟在政委后面,拽着马尾巴漂过去的,要不他那次也就淹死了。过江上岸后,战士们浑身冻得都是冰,大家用枪通条抽打完冰碴子才上路。他说:"部队在朝鲜待了三年,后来上级下令让回国,大家就都说有口气就不回去了,看看美国到底能怎么样,我们部队就一直打到停战。"

陈向义于1956年复员,被分配在粮食局当守卫。他说他当兵跟敌人打仗都没有站过岗,就没有去。后来他到本溪钢管厂干了8个月,因为粮食不够吃就回乡种地。他在生产队当队长和治保主任,大队每年还按照复员军人待遇给2 500个工分。1973年,因为家乡都是山坡地,生活困难,他就找战友帮忙迁居到黑龙江农村。他站在门口比画说,老家那山岗子都是兔子不拉屎的地方,每天爬老高的山上,不等干活人就没有劲头了,要不谁愿意撇家舍业远走他乡呢。

从辽宁迁移的时候,陈向义在部队定的三等甲级残疾证丢失了,当地民政局让他回沈阳办理,他嫌手续麻烦没有回去办理,至今没有享受到残疾军人待遇,还按照一般复员军人给予优抚费。

陈向义到了黑龙江的村子开始没有落户,没有土地,因为他是复员兵,有的生产队害怕负担多,就没有收留他。他没有了生活来源,就在水利局找个临时工干,后来他就在河边开垦了十多垧荒地,后来这个村子收留了他,他也成了村子里土地最多的大户,后来他把土地分给几个儿子,所以他们的生活都很富裕,都盖起了砖瓦房大宅院。他两个儿子对面住着,他从这家出来就到了那家,每天他就这样走几趟,倒是没有什么事情,就是觉得舒心。

陈向义说,我活到现在80多岁,从21岁当兵就拼命干,就是回来,也起早贪黑地给生产队干。那个时候大饼子一口没有吃完就干活,30多才结婚,到了36岁才有大儿子,从来不知抱怨。他有4个孩子,妻子在今年去世,他原本不愿意和孩子一起生活,他说自己生活惯了,后来老儿子不同意就把他接了回

28. 陈向义——为了光荣的名声

来。儿媳妇说："'江山'是你打的，我们有这么好的生活，怎么能让你一个人在外面过呢！"

在采访的时候，陈向义对我说："你今天来了，我第一次跟别人说自己这些战斗经历。就是我的孩子，他们也都不知道。后来更不敢说自己是当过兵的，害怕生产队有负担人家不要。现在我老了也都过来了，孩子们生活都很好，我也放心了。"

29. 张贵——土匪投诚的战士

张贵，82岁，原东北野战军6纵"红二连"班长，桦南县孟家岗镇太安村人。1946年6月，由土匪起义投诚参加解放军，在合江省（已撤销，现黑龙江省域内）一团当战士，后改编到解放军6纵队"红二连"为通信员、班长，参加了辽沈战役，南下参加了解放中南战役和海南岛渡海战役。1962年复员到内蒙古当公安，后下放到农村，又到黑龙江落户。（2006.10.30）

张贵开始是自愿进土匪窝的。有一次，土匪进村抓住了他，让他给土匪放马，等张贵把马放回来，土匪看见马出了一身汗，土匪就说马没有放好（光跑没吃要掉膘），顺手就抽了他一鞭子。他人小气性大，发誓要当兵报仇。他跟父亲说："这个世道真受不了，土匪老欺负人，他能打我，我不能打他吗？"他知道解放军好，是人民的队伍，可是他家那里当时还是各路人马跟地里的乱麻似的搅在一起的时候，所以他找不到解放军。后来听说土匪头孙景涛说要投降解放军，他就参加了这股要投降解放军的土匪。他进土匪窝当了三天勤务

29. 张贵——土匪投诚的战士

兵，孙景涛就带领他们上依兰去找解放军，结果在半路上被另一股土匪袭击，孙景涛被枪打死，剩下的人被拉过去还继续当土匪。张贵觉得窝囊，但这个时候既不敢跑，也不敢回家。还好没过多久，他们这股土匪被解放军的骑兵遇上了，打仗的时候，反动的土匪们往山里跑，他高兴地冲着解放军方向跑。审问他的时候，张贵说我是冤枉的，我从一开始就是想当解放军的，没有想到被弄到土匪那里去了。

张贵主动投诚要求加入解放军，就到了合江省（已撤销，现黑龙江省域内）一团当战士，跟着部队接着剿匪，一直打到了1948年辽沈战役开始。整编的时候，他有幸被分到了6纵的井冈山老红二连里，这回当了通信员。可是，他当一阶段通信员后，由于连长是南方人，有口音话还说得快，而且脾气不好，没有文化不会写字，发布命令就是口说一遍，然后让人口述。张贵听不清，又有些害怕连长，于是他本人要求下连队。打吉林的时候，部队紧紧追击国民党的60军逃兵，三排就和连队失去了联系。三排长带领一个排独立作战，和别的解放军部队会合到一起了，还缴获了不少武器，抓了不少俘虏。

这次战斗后，张贵就被调走下连队当了副班长，可是他和连长还是有着割不断的情谊。他说："连长虽然脾气不好，但是会打仗，一打仗就生死不顾往前冲，平时我在跟前看着他，给他保证安全。我下连后，他一打仗还经常把我调到连部去看着他。"打辽西战役那天晚上，国民党有几个军，外加两个榴弹炮团，还有两个骑兵旅要进关，他们就接受命令阻击敌人。晚上，他们团急行军赶路，结果走过了头，在路过一个铁道旁的村子时，就钻到敌人跟前去了。前面尖兵发现了敌人，侦察排长带着战士就冲了上去。团长下命令赶紧过铁道进行反击，他们分两路分头打。连长带领人突击屯子，这时通信员已经都牺牲了，他喊通信员没人答应，张贵在跟前就跑上前去。他问连长，是不是要让人去找副连长，连长说对，没有通信员了，你就去吧！张贵又操起通信员老业务，背个红旗和联系的喇叭，手上端个小马枪就冲了出去。对面六七十米的房子上，敌人架设的轻重机枪向他们这边猛打，他趴在地上，拽来两个死尸做掩护。结果一个炸弹落在他身

没有光环的英雄
——东北革命根据地农村参战军人战斗生活故事

边,把他打到坑里昏了过去,头皮被炮弹皮炸个大口子,后来是二营的营长发现才救了他。

张贵回来到连里一看,他走后连长又自己上前线冲锋,结果腿被打折了,肠子都打出来了,几个战士还在那里忙活包扎呢。张贵看着平时英勇的连长血肉模糊地倒在地上,他心头涌动起战友的情谊,就想用一切办法救活连长。他立刻找来几个伙夫往阵地下抬连长,敌人的炮火盖得他们不敢抬头,张贵就把担架的绳子套在脖子上,在地上连爬带拖往后大沟爬,把连长抬到团部在屯子的包扎所后不到20分钟连长就牺牲了。张贵这时有些沉痛,也上来一股子急劲,他不管什么纪律不纪律了,跑了好远,找来老百姓的一个大花棺材,把连长和他的行李背包都装上,找几个人埋了,然后他对着坟头深深地鞠了一躬。"结果那仗他们部队伤亡很大,他们一个营连伙夫和马夫都算上,就剩不到20人了。他们又坚持打了一天一宿,从锦州那边过来的友军部队进行增援,才把他们解救了出去。

大军南下的时候,东北战士不服水土,在行军征战中遭受了前所未有的困难。张贵和很多战士都疲劳至极,精神几乎崩溃。在广东佛山战斗时,国民党驻守的一个营占领整个山头,阻拦解放军南下部队前进。部队接到命令攻城,张贵就主动要求在前面冲锋。他说:"我那个时候活够了,一想天天行军打仗早晚是个死,到南方还老发疟子(患疟疾),折腾的罪遭够了,我就想早死早拉倒,就主动上前面冲锋陷阵。人不怕死就非常英勇,勇敢吧还命大没有事。"按平时的战斗部署,冲锋时前面应该是副班长带领,班长应该在后面压阵。张贵这时让副班长在后,他一马当先带领7个人一个组,一路向敌人占领的山头冲了上去。子弹溜子就在他头上交叉飞,就看他端着机枪不停地扫射,后脊梁上插个大红旗还迎风招展,那是准备胜利后插上山顶的,一路上是英雄锐气势不可挡。他说:"我在前面倒没事了,结果在后面的副班长却被打死了,我当时那个伤心呀。"

冲到山顶上,他就冲着敌人碉堡不停地扫射,高声喊叫:"快投降,缴枪不

29. 张贵——土匪投诚的战士

杀！"而碉堡里面的敌人却操着山东话喊叫说："你等着吧，交给你子弹头！"他一听就火冒三丈，告诉战士给我往死里打，大家就向里头扔手榴弹，立刻把碉堡里的敌人消灭了。忽然，后面暗堡里的敌人在他们后面开了枪，一看原来看到的是两个碉堡，现在又出来了第三个。张贵没有提防，当时就中弹受了伤。子弹从他肛门穿过去，在前面大腿里子出来的。他害怕敌人从里面出来反击，也不顾插旗了，要是一插旗，向前冲锋的战士们就以为是战斗结束了，就不会有人上来了。他也不顾伤口疼了，端着机枪冲着碉堡扫射，枪筒子都打红了，一下子把敌人消灭了。这时，副连长冲了上来，从张贵脊梁上拔下来红旗要去插，此时，碉堡中又出来个没有打死的国民党军官，端枪冲副连长过来了，张贵一看不好，掉过机枪，一梭子子弹全都打到敌人胸脯上了。

张贵在广州养好伤后，接着就到雷州半岛的白沙参加部队的海上训练，准备参加解放海南岛战役。东北的战士都不愿意打海南岛，他们没有见过大海，寻思全国都解放了，这一过海或许就回不来了。刚过完年部队就开动员会，专门播放了电影《钢铁战士》，给大家鼓劲教育。会上师长上台做动员，还说："不解放海南岛我们不回来！"那场面坚决、壮烈、慷慨激昂。张贵说："临行前，我们一人发了两包饼干、两块大洋。解放军打仗发钱这是第一次。"

晚上五六点钟，他们从下海那个地方上的船，都是老百姓的木头打鱼船，一艘船装一个排的战士，用人一点点向前划，进行渡海战斗。张贵他们部队是几个加强营组成的一个主攻团，从中间向前冲锋，两边都是火力掩护。国民党的大军舰有半里地那么大，敌人用炮舰上的大炮轰击解放军的木头船，就看一炮落下来，就炸起一股黑水柱子，炸坏的木头船上面的红旗晃悠晃悠就沉了下去。刚开始进攻的时候一点风都没有，全靠人力划船桨，战斗打响很长时间才来风，这才鼓起船帆往前跑。天亮他们登上了岸，一着地，战士们就叫喊着打上岛去，直到全岛解放。

没有光环的英雄
——东北革命根据地农村参战军人战斗生活故事

我采访张贵的时候，是从山上把他找回来的。他每天都上山去打柴火，他说这样可以锻炼身体。见到他的时候，他很惊讶，第一句话就问我："现在还有人采访我们老战士吗？从来也没有人采访我，我以为把我们忘了呢。"他老伴警惕性很高，害怕我是骗子，看了半天证件，又询问了半天才相信。然后还疑惑地说："你们做这个有什么用呢？"

张贵从解放军复员到公安工作，当时仍是军队编制，因此，他从公安下放时，是按照转业军人分配的。一般来说，转业军人都是干部，复员的都是战士。张贵的转业军人证明书的简历上，清晰地注明他当过土匪勤务兵。这个污点他试图涂抹掉，结果土匪变成了"匪"。在采访中我发现，凡是国民党和土匪投诚起义的老战士档案的简历上，都有这样明确的记载，"文革"中被称为历史污点，为此，很多人遭受了迫害和不平等的待遇。

张贵在战争中负伤很多处，肛门里面受的伤让他遭受了很多常人没有遭受的罪，而当时给他的残疾等级是最低的。他说："我也不懂这个东西有什么用，我是党员也不能去争那个待遇。"

张贵于1962年复员，他当兵14年最后还是个班长。他说："就是因为自己没有文化，什么事都干不了，干脆回家种地算了。"

29. 张贵——土匪投诚的战士

张贵在历次战役中获得的纪念章，有华北解放纪念章、东北解放纪念章、东南优抚局荣军纪念章、解放海南岛纪念章。

张贵复员后，被分配到了公安厅，后被调到内蒙古当公安，在当地结了婚，当年就响应号召下放农村务农，他后来迁居到了黑龙江。

30. 张玉——"万岁军"的军威

张玉，76岁，原四野38军114团47团警卫营班长，佳木斯郊区望江镇西付中村人。1947年参加38军，在团警卫营当战士、班长。参加了辽沈战役、平津战役、解放华中南战役。1950年，抗美援朝战争时，参加了汉江战役。1954年复员被分配到锦西矿务局当钳工，1960年，下放到吉林德惠务农，后返回黑龙江家乡农村。（2006.8.7）

张玉15岁入伍在警卫营当战士，通过辽沈战役、平津战役和大军南下征战全国的锻炼，他入党后被提升为了连队的班长。在天津战役时，团长亲自带领他们警卫营打的津塘桥和警备司令部，活捉了敌司令陈长捷。

张玉是个脾气火暴、疾恶如仇的人，他说："刚当兵时怕打仗，在战场上锻炼下来就盼望打仗。打仗时别人完不成任务我气得直蹦，然后我就叫号，豁出去不怕死去打冲锋。"

1950年，张玉随部队秘密出国参加抗美援朝战争。12月，第一次战役开始，

30. 张玉——"万岁军"的军威

38军就在肃川和介川的汉江打了个漂亮的阻击战。打退了美国第8军和自动化摩托第一师、土耳其一个旅、英国一个营和李承晚四个师，还俘虏了很多敌人，缴获了大量物资装备。然后就开始了著名的汉江阻击战。从1月25日至2月11日，中国人民志愿军在汉江南岸进行了一场历时18昼夜的阻击战。张玉他们38军担负西线战场的阻敌任务，为保障东线横城反击战的胜利，拼死阻击美军的进攻。这一路都是"联合国军"的精锐部队，包括美骑1师、美24

张玉在解放战争时的纪念照片。

师、英27旅、韩6师、希腊营等。在火力、兵力相差悬殊的情况下，38军官兵以血肉之躯苦苦拒敌。张玉说："汉江南岸山多，我们部队分连和团驻守阵地。这里是进军朝鲜北部的交通要道，也是两军必争之地。我们原来在别的高地打了几仗，后来紧急调动支援上甘岭。上甘岭原来是15军守备的，他们被美军打得没剩下多少人了，后来换我们38军驻守。"上甘岭战役打得让敌人闻风丧胆，也打出了中国人民志愿军的威风。他说："每天这里都打得很激烈，双方伤亡都很大。志愿军有的一个连就剩下几个人。敌人一次次发动冲锋，现上子弹都来不及，都是空闲的时间上子弹。敌人距离远了不打，都是临近几十米再开火。先是敌人的飞机和大炮轰炸，敌人的校正机先飞过来侦察，看好了地形，屁股上一冒烟画一个圈，然后就调来大批轰炸机轰炸，遮天蔽日，黑压压的飞机像老鹞子（雀鹰）似的，打得狼烟四起的。"

在这场战斗中，敌人除了原子弹没用，把各种"新武器"都使出来了。它对着志愿军的土木野战工事，投掷使用一吨的重型炸弹；对着包括两三个战士的志愿军战斗小组，投掷用降落伞拴系的集团炸弹；用"纳巴姆"凝固汽油弹烧焦山上的草木和长满苔藓的岩石；它的大炮把志愿军据守的山峦阵地打成了蜂窝。但是，侵略者的钢铁可以击碎山上的岩石，却不能削弱志愿军和人民军战士无敌的意志。十八个昼夜的阻击战，中国人民志愿军和朝鲜人民军完全以轻武器与敌奋战。张玉说："咱们占领山头，敌人向上攻，我们边打边构筑工事，把山都打通了。晚上还出去打伏击，敌人的照明弹把天照得跟白天似的，打了好几天子弹供应不上，等把敌人打退了，就到战场上拣敌人丢弃的八粒自动步枪。"

汉江苦战坚守了40多天，一天他们就打退了敌人20多次冲锋。有一次，一个特大的炸弹扔过来，一声巨响惊天动地，炸出的大坑有好几米深，一炮就炸死了几十个战士。张玉被炸翻的土埋了两米多深，耳朵当时就震聋了。厚厚的泥土压得他憋得快没有气了，脑袋嗡嗡响，他模糊的意识中立刻闪现出不祥之兆。昏沉中感觉自己快要死了，忽然他身上的泥土翻动了起来，战友们把他从死亡中掏了出来。他猛然吸到第一口空气，竟然呛得泪流满面。那是生命的复活和激动感慨的泪水。

在这一战线上，志愿军以少数兵力，抗击着人员装备占绝对优势的敌军，使敌军遭受重大伤亡，歼灭美国侵略军一万多人。

从上甘岭撤下来之后，张玉他们排就被调到394.8高地的前沿无名高地，开始了艰苦的阵地坚守战。原来这里只有个8米深的坑道，战士们边打边抠，给它抠透了。这样，距离敌人阵地就非常近了，两个小山头就几百米远。然后天天晚上出去打伏击，敌人也过来偷袭我方的阵地。敌人的探照灯晚上照得通亮，飞机过来侦察扔炸弹，用炮火轰击志愿军阵地，这时，战士们就都躲避在坑道里。当时所有的运输线都被敌人轰炸封锁了，阵地上没有了给养，战士们就炒面拌雪。没有子弹了就到敌人的尸体上去找，我们把敌人丢弃的弹药都搬了回来。这个时候山脚下的敌人就开始用汽车运兵，坦克都调过来向山上冲。排长告诉战士，把子弹上膛手榴弹后盖打开，大家把子弹箱子一箱箱都打开预备好了，等敌人距离阵地30多米时，一声令下就开始打。敌人黑压压地往上冲，满山遍野都是美军，打完一拨又上来一拨，有的战士急眼了就站起来扫射。

开始反击的时候，战士们都把步枪上刺刀向下冲，冲到敌人队伍的时候就

30. 张玉——"万岁军"的军威

开始白刃战。张玉领个新战士冲进了敌群，这个时候，有三个美国兵把他俩围上了。他说："美国兵人高马大，气势汹汹地可吓人了。他们仗着身大力不亏欺负人，没有把中国人放在眼里，放着枪不用，都伸手来抓活的。他们抓中国人就像老鹰抓小鸡似的。"这时，旁边的新战士被吓得直哆嗦不敢动，张玉就一个人对付三个敌人。当时他的枪膛里还有两颗子弹，他先下手为强，急忙开枪，"啪啪"两下子，先消灭了两个美国兵。剩下一个美国兵了，他也没有子弹了。这个时候他心里有点发虚，可是一想自己个头也大，美国兵也没有什么了不起的，就抡起轮盘枪跟那个美国兵打。后来一看根本打不着敌人，就捡起地下有只带刺刀的美国八大粒枪。美国兵趁他捡枪的时候，一下子抡枪打他下巴上了，当时打了他一个趔趄，四颗门牙都打掉了，满嘴流血。张玉打仗从来没吃过亏，这回让敌人打得脑袋嗡嗡疼痛，眼冒金星。他真急眼了，抄起步枪向前冲，刺刀一拨上去就一刺刀，扑哧一声捅到了美国兵肚子上，他随后上去踹一脚，把敌人踹倒，防止血喷溅到自己身上。他说："这个时候，那个新战士还在那里两腿筛糠发抖呢，我气得上前给了他两脚。"那次战斗，志愿军把"联合国军"打得伤了元气，逼迫他们到谈判桌上谈判停战。

就这样38军在朝鲜打出个王牌军的名号来，彭德怀在战后给该军的嘉奖电中最后亲笔写下"中国人民志愿军万岁！第三十八军万岁！"的手书，从此，"万岁军"名扬四海。

张玉讲述他和美国兵拼刺刀的情景，还有被敌人打掉的上下门牙。一个接近80岁的人了，还是那么激情振奋，英勇之气雄风犹在。在采访他之前，好几个人都说他脾气古怪不好接近，还说他那点战绩不值得吹牛。可是，给我的感觉是，张玉是个有头脑、有思想的人，他给我讲述的战斗故事最清晰，两次险些丧命的战斗经历最生动。谁能想到，原来他竟然是一个大字都不识的人。

没有光环的英雄
——东北革命根据地农村参战军人战斗生活故事

张玉他们的38军参加了朝鲜战争一至四次战役后,奉命调回国休整。回国后他们在海龙县(已撤销,现属吉林省梅河口市)建营房的时候,张玉得了胸膜炎昏倒在石头上。后来到四平休养,1954年复员到哈尔滨。

张玉复员时被分配到了锦西矿务局当钳工。他说:"复员时满身伤不敢说,怕影响分配工作。"1960年,他和妻子先到了妻子娘家吉林德惠务农,后来因为生活困难回了老家黑龙江。他对自己所有的经历都很珍惜,所有参军和工作的证件资料都完整地保留在一个铁盒子里。

张玉的妻子原来是锦州的中专生,在单位也有工作,她始终不悔地跟着张玉从城市到农村。我采访他时,他非常高兴,他说我像个党组织的人,关心了解老战士,他有好多话想跟我说。说着还马上掏钱叫老伴去买吃喝,诚心诚意招待我

30. 张玉——"万岁军"的军威

喝酒。他还气愤地说:"有些人讨厌老战士。共产党打天下,都是用命换来的,现在有些人还不珍惜!"

张玉现在有7个孩子,半垧土地。十年前民政部门照顾他是老战士,给他2 000元钱,村子里也给批了房场,他盖了三间房子。去年他得了脑血栓,在镇医院的门诊治疗了七天,因为交不起3 000元押金住不上院,被家人背了回来。现在他病情有了很大好转,他高兴地告诉我,今年是丰收年,这苞米能打一万多斤,这苞米能卖一些钱,以后的日子会好过的。

31. 樊永昌——"老五团"打出来的兵

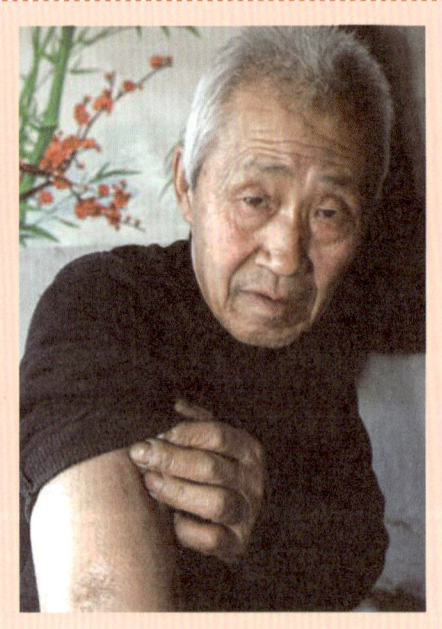

樊永昌，77岁，原四野47军140师战士，富锦市向阳川乡仁和村人。1947年，参加东北民主联军老五团，改编到四野当的战士。参加了黑山阻击战和辽西战役，东北解放后南下到湘西剿匪，荣立一等战功。1950年，参加朝鲜战争；1954年，军队裁军复员回乡种地。

（2007.1.19）

　　樊永昌是1947年参加的"老五团"，"老五团"前身是抗日战争胜利后，挺进东北的八路军改编的，借用359旅的番号，在东北不但为扫清东北的土匪立下汗马功劳，也在辽沈战役中声名显赫。樊永昌是东北解放战争开始的时候，在新开河阻击战后，从"老五团"改编到四野47军140师的。

　　老百姓常说，守啥人学啥人。"老五团"有红军、八路军，都身经百战，打仗厉害，"老五团"的战士也都锻炼得敢打敢冲，樊永昌也学会了一身本事。

31. 樊永昌——"老五团"打出来的兵

他们参加了整个辽西战役,在辽西进攻郑家窝铺的时候,国民党都是碉堡群和战壕,武器都是轻重机枪,解放军一个班接着一个排上去强攻,后来就几个排组成连向上冲,眼看上去多少都被敌人打死打伤,铺得满地是人,都是横躺竖卧的。他跟部队冲出了不远,就被敌人的火力压在地上起不来。樊永昌是跟后续部队冲上去的,他在全班的前面冲锋,也是连滚带爬继续往上爬。眼看身边的战士接二连三地牺牲了,他也知道,马上接近敌人阵地了,他也就和其他人一样壮烈牺牲了。他说:"咱们炮也不行,技术也不

樊永昌和战友拍摄的照片,右侧的是樊永昌。

行。打炮不是前就是后,不是左就是右,没有炮火轰炸,想胜利非常困难。"后来解放军抓住一个国民党的炮手送到了团部来,团长实在是没有招了,就得使用俘虏的炮兵。他掐着手枪指着俘虏吓唬说:"我要你三炮拿下前面的炮楼子,要不就要了你的命!"那个国民党炮手说:"不行呀长官,这个炮我不会使。"团长可不管他会使不会使,说他若完不成真就枪毙他,战场上可没有儿戏。那个国民党兵胆怵地摆弄起解放军的"九二炮",头两炮哆哆嗦嗦没有打着,第三炮真就把敌人坚固的碉堡炸平了。樊永昌和战士们在前面不知道怎么回事,猛然看到碉堡瞬间炸塌了,真是兴奋,所有人如释重负,勇猛地冲了上去,一举踏平了敌人的阵地,最后取得了胜利。

在黑山阻击战阻击沈阳增援的敌人时,国民党来了好几个军的力量,最凶猛的是敌人的骑兵师,气势汹汹地跑了一路烟尘直奔黑山而来。解放军调来所有的大炮,等敌人到了跟前就万炮齐轰,炸得骑兵人仰马翻,四处逃窜。国民党的部队开始整团整连往上冲,樊永昌和战士们就在前沿阵地阻击,子弹打了无数,光扔手榴弹累得胳膊都酸疼,但顽强地把敌人一次次都打退,那次战役把国民党彻

没有光环的英雄

——东北革命根据地农村参战军人战斗生活故事

底打溃败了,敌人狼狈逃窜,大炮和炸坏的汽车都推到了河里,伤兵都被扔到汽车上,浇上汽油点着了,烧得伤兵鬼哭狼嚎,剩下的敌人坐汽车逃跑,他们以为解放军两条腿撑不上。接到抄小路追击命令的时候,樊永昌跑在前面,他的腿长身体好,战士们在他的带领下跑得快,后来还是他们连最先赶上敌人的。敌人已经只顾逃跑了,战士们冲上去时大都投降了。他说:"国民党打不了胜仗,老百姓不拥护,他们都是抓的兵,战死了一公布,说是为党国效忠了就完事了,至于家里怎么穷和困难没有人管。不像解放军,老百姓都是拥军优属,对战士给予照顾。"

东北解放后樊永昌他们军就南下到湘西剿匪。他说:"那里的土匪都和国民党有联系,也不知道有多少股,反正到处都是。土匪都有穿山越岭的能耐,大帮的土匪有1 000多人。"有一次老百姓报告黄花树来了土匪,樊永昌那时候已经被提升为班长了,部队派他们三个班去剿匪。樊永昌他们班是尖兵,他还是走在前面,也和当地老百姓一样,大家都穿草鞋,行军一点动静都没有。晚上赶到黄花树,他远远看到黑暗里恍惚有一堆人影,他那时候使用的是美式的30自动步枪。他喊了一声谁?土匪们撒腿就跑,他立马就开了三枪,一下把两个土匪打倒在了稻田里。当时打脑袋死一个,一个没有死的肚子被打伤了,他就是土匪头子项家良。后来审问的时候才知道,他们是准备夜间袭击营部的,要不是及时报告消灭了他们,不知道后果有多么严重呢。

还有一次,樊永昌和战士们在老百姓的水磨站岗,发现有两个土匪偷偷下山到老百姓家里征款。他们上去抓住了土匪,土匪已经搜了两麻袋光洋(银圆)了。审问他们的时候,土匪说一共下来8个人,那6个人在田罗刹山顶上老百姓家里等着呢。樊永昌马上下山跟营部汇报,营长带领两个排,把抓住的土匪用绳子拴上,带着上山去抓那几个人。山又高又陡,爬了一夜才到山顶。出发的时候,战士们每人发了一个手电筒,配备了两挺机枪,等到了那几户老百姓家的时候,4挺机枪就把他们围了起来。樊永昌打头走在前头搜索,他还把自己当成是尖兵。他的手电筒在爬山的时候丢失了,搜索时候什么也看不着。此时,土匪都藏

31. 樊永昌——"老五团"打出来的兵

了起来，连通信员拿手电在床底下发现了一只胳膊，樊永昌见着亮，上去就是两枪，一下子就消灭了两个土匪。有几个土匪从窗户根底下要逃跑，又被他几枪就撂倒了。剩下的土匪想夺门而逃，都被机枪给扫死了。

有一次他们把土匪追到了一个山上，里面全是茂密的竹子林，大黑夜钻山林子很费劲。可是土匪却如鱼得水，土匪迅速地边跑边从山上往下开枪，阻击后面追击的战士。很多战士都落在了后面，樊永昌性子急走在了前面，这时，他如果等待后面的战士都上来，土匪肯定都逃跑了。黑夜里，他不能够喊叫，也孤立无援，他自己只好硬着头皮向前面冲。突然，他一下子撞上了一个土匪，土匪拿着汉阳造步枪冲着他就是一枪，就听枪栓"啪"的一下贴了壳，要不樊永昌就没命了。樊永昌急眼了，没有机会开枪，他就上去抱住土匪，两个人就摔到了一起，滚了好几个来回，山上的土匪也喊叫着下来支援，樊永昌急忙趁机拿起了地下的步枪，一下子就把土匪给毙了。战士们这时也都上来了，把最后几个土匪全部消灭。师部后来开大会表彰了他，特意给他照了相，让他上台讲述单身斗土匪的经过，还给他立了一次一等战功。

1950年，朝鲜战争爆发，他们部队都化装成朝鲜人民军，凡是有中国字的东西都拿掉了，毛巾上的"中国制造"几个字都用剪刀剪掉，然后秘密进入朝鲜。部队上了大青山272高地守备，他们连是前沿的尖兵，敌人几次冲锋都被打了下去。这时团里有个炮兵参谋是国民党投降过来的，平时他表现得好，提升得快。那天他从阵地上下去投靠了美军，大家看到他下去了，可是都认为他是首长，没有人注意阻拦他，他下去就没有回来。樊永昌对大家说，这回完了，他指定把我军驻守防备的情况都报告了敌人。当时，战斗计划变化又来不及，结果那天晚上美军开始了进攻，一直打了七天七夜。他说："阵地上的战士死老了，剩下的都是缺胳膊少腿的，我们一个加强连200多人，后来补充两次，一共有500多人都没有下来，最后就剩下20多人。"晚上部队命令他们出去摸敌人的阵地，敌我这山到那山的阵地，就相隔几百米远。他们摸过去的时候，美军也出来一大帮人来摸我方的阵地。两军的队伍在半路上遭遇，就打了起来，敌人多战士们人少，战士

没有光环的英雄
——东北革命根据地农村参战军人战斗生活故事

们只好跑了回来。到了坑道里一看,少了一个战士,连长命令出去找人,不管死活都要弄回来。樊永昌说,我去吧,路子熟悉。他就带几个战士又出去找,黑灯瞎火地拽回来一个一看,是个老美死尸,他们把死尸弄出去又重新出去找,最后才把那个战士的尸体找了回来。有一次他们晚上出去摸美军阵地,敌人当时占领了一个小山,连长带领他们几个班,分头从不同方向摸到了敌人的阵地上。樊永昌他们班在一个地洞子里堵住了美军一个班的人,他叫副班长在外面接应,说我去吧,我是班长。他手电在半路上又丢失了,就一个人摸黑冲进洞子里,敌人在洞子里东一个西一个都躲藏起来了,他就四处摸,用枪戳。他抓住一个俘虏就送出来一个,就这样一个个掏出十几个来。连长这时过来了,气得他踢了樊永昌一脚说:"你怎么那么傻,要是敌人反抗,一冲锋枪不就把你打死了吗,怎么还一个人去拽呢?"

1954年,樊永昌随军队大批减员复员回乡种地,在生产队当民兵连长,贫协会主任,治保主任,在农村整整干了50年。他打仗勇敢,干活拼命,在生产队始终是棒劳力,也是主心骨和骨干。他说:"就是头几年他还干活呢,现在人老有病,只能散心遛狗了。"

采访的时候,我发现他家的房子很老旧。他就拉着我看他的房子说:"这房子都40多年了,墙体都裂透了,烟囱倒了没有价值再修了。都说民政给扶贫盖房子,我也没有去找,我就考虑自己不能张口丢那个人。"

现在樊永昌有6个孩子,6亩土地,他和妻子单独生活。每天儿子和孙子、孙女都来这里照看他和老伴,帮助他们干点活,日子过得很舒心。

樊永昌脾气耿直,好说话发表意见。采访中他直接跟我说:"参战的老复员军人补助费少了些,应该跟上级反映一下。现在都涨工资,我们老兵的补助费能

31. 樊永昌——"老五团"打出来的兵

否给涨一些。"我觉得他说的是个实际问题,有很多老战士贡献很大,但是在涉及待遇问题上他们觉悟很高,不好意思伸手要,甚至有些老党员宁可待遇低也不去麻烦国家和政府。

我刚开始采访樊永昌的时候,他有些不太愿意,觉得现在宣传他们这些过时了的人和事,不会受到人们的欢迎,还可能遭到一些人的非议。可是在后来给他戴上军功章的时候,他忽然来了情绪,高兴得眉飞色舞。

复员的时候樊永昌在战场上被炮弹震得得了抽风病(惊厥),在生产队铲地时犯病,差点没有病死,现在年老患了心脏病和前列腺炎,吃药打针都不好使,他很担心自己的病治不好。

32. 罗森义——将功折罪一碗酒

罗森义，76岁，原东北军区18陆军医院军医，汤原县永发乡北华村人。1944年，抗日战争时期，在山东莒县参加山东八路军老六团当卫生员。解放战争时被编入了第三野战军，先后参加了渡江战役、华北战役、解放上海和天津的战斗。1950年，参加抗美援朝战争，在抢运伤员的时候受伤，转到长春东北军区18陆军医院当了通信员；1951年复员回山东老家务农，1959年，到黑龙江鹤岗矿区医院工作；1962年，下放到裕德公社医院，后又下放到大队当了社员。（2006.4.25）

抗日战争时期，罗森义家里穷，他就像一个没有人管的野孩子，靠四处要饭生活。八路军老六团在他家乡一带打游击，他就撵着人家要参军。当时他才14岁，他人太小人家不要，他就成天跟在人家后面。

他刚参军还不会打枪时就打了吴山守备战，日军和伪军纠集了200多人来围歼他们八路军一个连，战斗打了半天，双方伤亡都很大。仗打起来的时候，他和卫生队一起救护伤员，他正在护理运送受伤的战士时，一队日军冲了上来。这个

32. 罗森义——将功折罪一碗酒

时候，机枪手受伤昏了过去，眼看敌人端枪冲了上来，战士们的步枪和鸟枪根本就抵挡不住。紧要关头他跑了过去，他准备抢夺机枪打凶恶的敌人。可是他拿起机枪摆弄半天也放不响，也不知道怎么就扣到了扳机上，突突一下子机枪就响起来，子弹也不知道打到什么地方去了。机枪响声把身边受伤的机枪手震醒了，机枪手起身接过机枪说："来我教你怎么打，先给我送子弹就行。"就这样，他们两个来回替换打。说到这里时，他哈哈大笑说："我第一次学打枪就使用上了机枪，打起来非常过瘾，只要冲着日军一扫，一下子就打倒好几个。我边打边像吃饺子那样数数，一共消灭了20多个日军。敌人的冲锋被压住了，战士们趁机冲锋，打败了敌人，这次战斗不但化险为夷，还消灭了70多个日军和伪军。"

罗森义的复员证和参军时的照片。

听罗森义讲，他们部队当时什么装备也没有，穿什么衣服的都有，条件很艰苦。他说："不管打多大仗，每人就发5颗子弹，打光了就上敌人那里抢夺，夺不来就只有等敌人打你。"在江苏哲王庄战斗时，战斗刚开始，他的5颗子弹一会儿就打光了，看人家老战士瞄准半天放一枪，命中率很高。打了一天，战士们的子弹打光了，敌人的弹药也没有了，日军出来谈判要拼白刃战，连里也派去了两个代表和日军谈，双方讲好了只动刺刀拳头不开枪。两边队伍刚站好，日军真的把枪膛里的子弹都退出来了，还张牙舞爪地脱掉外衣，嗷嗷叫着显示他们勇猛不怕死的"武士道精神"向上冲。战士们开始站成一排迎击敌人，后来就打乱套了，打着打着就滚一块去了。很多老兵有经验，5颗子弹一定会留一两颗保命，拼着拼着不行了，就放一枪把敌人撂倒，气得日军哇哇直叫，发疯一样提抗议。罗森义其实枪里早已经没有了子弹，他人小也拼不过人家，就去找子弹。这

没有光环的英雄

——东北革命根据地农村参战军人战斗生活故事

个时候连通信员顺手把自己的马拐子枪给了他，还对他说："里面还压了6颗子弹，你就开枪打。"

眼看着敌人端着长长的三八大盖（三八式步枪）向罗森义冲来，可是他不会使用这个枪，没有拉栓，干勾枪机不开火，看敌人上来了，实在没招就提着枪向后跑。就听背后哧溜一声，有个日本兵就从后面一枪刺进他的后腰。刺刀刚刚刺进少半截，就听那边"啪"的一声枪响，一个老八路在远处一枪把罗森义后面的日本兵脑袋打开了瓢。日本兵倒下了，枪和刺刀还一半插在他后腰上，老八路快步上来一把给拔了下来。他疼得没有办法，一手拎着两支枪，一手捂着后腰伤口跑了出来。

由国家颁发给罗森义的纪念抗日战争胜利60周年纪念章。这枚纪念章只有参加过抗日战争的老战士才有。

解放战争开始，罗森义所在部队被编入第三野战军，先后参加了淮海战役、渡江战役，还有解放上海的战斗。打碾庄的时候，他们急行军已经三天没有吃饭了，休息时大家都饿着肚皮。因为罗森义在团里当医务助理，手头有几块大洋，还有来去比较自由，就去找小铺子和老百姓买吃的去了。在战斗期间，走遍大街商店都不开门，唯有一家开门的小铺还没有吃的，看看只有白酒，他就买了一大碗喝了，这在战时其实是违反军纪的。

碾庄战斗打响后，几个碉堡和铁丝电网怎么也冲不过去，敌人火力密集防范严密，眼看着解放军一排排倒了下去，组织了几百人的一个个爆破排，冲锋了一个多小时没有突破。罗森义说："我就看上去一拨拨光死人了，谁看谁着急。"他当时是军医随队救护的，看着看着自己肚子里就窝火，也没跟谁打招呼，一猛劲蹿个高，借着酒劲拿起几个爆破筒就去爆破，还说："怎么就这么个东西就整不了，还死那么多人。"爆破排的排长不让他上，罗森义也不听他的。他刚跳出

32. 罗森义——将功折罪一碗酒

去,就被敌人的机枪小炮打得抬不起头来,他想,我可别孬种让人家打死打伤,回去让大家笑话。就看准目标,向前面一起扔好几颗手榴弹,在爆炸的时候趁机冲过去。他说:"我是站着跑着冲上去的,当时也不是不怕死,我就是看他们躲躲闪闪地怕死,蹑手蹑脚的样子更容易送命。我这么闪电般冲刺的大胆举动使敌人始料不及,我几个大步翻了几个跟头,躲了几下炮弹就冲上去了。到了铁丝网跟前一看爆破筒挂不上去,就解开绑腿一个个拴上,连着绑了一大溜,一拉线,一下子炸开了30多米宽的口子。这边爆破声一响,那边冲锋号就响了,大队人马就无遮拦地冲了过去。"

战场上他的举动被指挥的师长团长看得一清二楚,首长笑着说:"我们部队又出了个战斗英雄。"战斗结束后团长亲自来找他,说:"你这个小家伙怎么这么有能耐。"他说:"我是为了全中国老百姓的解放。"团政治部主任要专门找他谈话,准备总结宣传他的事迹,再给他请功。就问他:"你怎么那么勇敢,你当时怎么想的,是为了什么?"他把跟团长说的豪言壮语又说了一通,政治部主任一看他脸红脖子粗的样子,上来拍拍他的脑门子闻了一下说:"你喝酒了吧!"这一下子他害怕了,政治部主任笑着说:"战场喝酒你违反了纪律,要是给你立大功别人知道了不服,不给你立功吧你还真是英雄,头等战功给你二等,你就将功折罪吧。"他说:"这我服气,当时也没想立什么战功,就是我这个脾气看不下去,借着酒劲打的,要不战场喝酒还得蹲7天禁闭呢!"

罗森义说他自己是"枪漏子",是死人堆里爬出来的。他还说,在战场上没有几个能够回来的,他是比较幸运的。他在抗日战争、解放战争、抗美援朝战争中,负有大小枪刀伤47处。

抗美援朝时,罗森义作为医疗队跟随部队参战8个月,在抢运伤员的时候被敌人的炮弹炸伤了前额,转到长春东北军区18陆军医院当了通信员,从此结束了十几年的战斗生涯。我问他,他在部队南征北战,资格这么老,怎么没有提升,他说:"我脾气不好,好打人骂人。"

没有光环的英雄
——东北革命根据地农村参战军人战斗生活故事

罗森义历经了抗日战争、解放战争、抗美援朝的三大战争整个过程,大小战斗100多次,现在说起这些他还激昂兴奋。

1951年,罗森义复员回了山东老家务农;1959年,困难时期吃不饱,他就一个人闯关东投奔亲属,在鹤岗矿区找了个医院的工作,还娶了比他小13岁的东北媳妇;1962年,他下放到裕德公社医院,因为一个手术他和领导发生矛盾,被下放到了大队当了社员,在这里的农村生活了几十年。对此他并没有埋怨,他说:"本来就是个农民,也就是干活出力嘛!原本也没有想什么出人头地,干不好是因为我脾气不好,不怨别人。"

罗森义有5个孩子,有1.4垧土地,其中村委会荣军优待了5亩,他在村子里是土地较多的人家。他像所有身经百战的老战士一样,落了一身的毛病。他说:"我在淮海战役行军冲锋时,累得两次吐血,到老了气管炎和胸闷越来越重。他还感慨地说,江山来之不易呀!共和国的红旗就是我们的鲜血染成的。"

33. 辛万发——比班长还小的官

辛万发，78岁，原四野47军140师420团班长，同江市乐业镇东风村人。1947年参军，参加了黑山战役、塘沽战役、北平战役，南下打沙市、宜昌战役，在湘西剿匪。1950年，参加了朝鲜战争，调团部当通讯班长，回国后在教导师学习半年，被提升为政治教员；1957年，部队授予他上士班长，批准复员回农村。（2007.1.22）

家乡征兵的时候，他是自愿报名的。他为自己所在的47军骄傲，他说："我们47军专门打硬仗，负责阻击任务。"

他是个乐天派，胆大不知愁，在部队干了好几年，从北打到南还是个战士，最大的官是个小战斗组长。打了10年仗打遍全国，竟然一点伤都没有。他说他不是不勇敢，也不是没有经历过枪林弹雨，而是自己机灵。

黑山阻击战时，他们在歪脖山上阻击沈阳、长春和铁岭向关里逃跑的敌

没有光环的英雄
——东北革命根据地农村参战军人战斗生活故事

人。他们一个军堵击国民党的5个军，辛万发他们一个连在主峰阻击敌人1个团的进攻。他们在山上边挖工事边步步向后退，引诱敌人向前一段段进攻深入。等敌人都冲到山顶，他们突然猛烈反击，一下子将敌人砸回去。他说："那时候我们受毛主席教育，那就是寸土不失，战士们也有坚定的信念。"敌人后来成师上来进攻，他和战士们相隔不远，身边有的是夺取来的弹药，打得敌人靠不了前。冲锋的时候最危险，追击的时候敌人也反扑开枪，他就先扔几颗手榴弹，先炸蒙了敌人，再冲锋抓俘虏，抢夺丢弃的武器弹药。后来，他们一个连把敌人一个团打得只剩下了一个人逃跑了。上级给他们4天时间拖延敌人，把敌人大部队堵在了黑山县，不让他们赶到锦州增援。后来锦州解放下来的解放军增援，大军汇齐，全部消灭了敌人5个军。他说："战斗打了好几天没有吃喝，就是吃苞米花喝凉水，吃高粱米籽。收拾战场的时候，敌人连人带马可山可河都是，遍地都是枪支子弹和炮车，汽车拉的大米撒可地，他们就煮大米，割打死的马腿改善生活。"

天津战役的阻击战，让辛万发感受到了残酷的生死考验。战斗打响之后，他们去塘沽阻击天津逃跑的敌人。塘沽的港口停泊了4艘敌军的军舰，准备接应天津逃跑的20万敌人到台湾，辛万发他们在新河车站负责掐断敌人的退路。天津打响后，马上大帮的敌人蜂拥而至，先是一个尖兵师，开着坦克和大炮一路轰击下来，都是美式机械化部队装备。敌人的士兵用冲锋枪和卡宾枪连发扫射，一开始就扫倒了很多战士。阻击的地方没有战壕和隐蔽的地方，战士们勇猛抗击。后来跟敌人打到一块去了，近距离什么枪都不好使，清一色都用手榴弹炸。前沿阵地上最后就剩下了两个人，就是辛万发和另一个战友，他后面就是我军的机枪和炮阵地。如果让敌人突破了前沿，那后面的阵地就保不住了。敌人的坦克轰隆隆开到了跟前的阵地，眼看就要从他们身边压过去，他就和那个战士从左坑躲到右坑，仍拼命抵抗。敌人的坦克虽然大，但是笨重好躲，可是，坦克后面的步兵，却用冲锋枪压得他们抬不起头来。他知道这次是必死无疑了，就剩他们两个人，怎么能够阻击住成百上千个要拼个鱼死网破的敌人

33. 辛万发——比班长还小的官

呢。他想指定是个死，那就拼吧，也就什么都不害怕了。他抱着手榴弹，左右跑步去炸坦克后面的步兵，他们两个人就像疯了一样，炸得敌人四处逃窜。正在他准备拼死的时候，突然后面冲锋号响了，增援的大部队上来了，消灭了全部敌人。过后，他好长时间缓不过来劲，还出现了幻觉，老想战斗真的打胜利了吗？自己是真的还活着吗？他和那个战友你瞅我，我瞅你，半天说不出话，就是心里激动得直打战。

到这个时候，辛万发才知道战争都是你死我活的拼命。国民党虽然兵败如山倒，但是他们也有很多顽强抵抗的。北平国民党起义投降时，很多国民党人都不服气，开始他们都抱团不分开，有些派去的解放军的连长和排长都被他偷偷杀害了。后来部队想了个计策，训练急行军，告诉他们轻装，在这个时候趁机下了他们的枪支和装备，把他们隔离分散插到了连队各班后，他们还是不死心，有的还打冷枪搞破坏。有个国民党党员晚上把手榴弹放在马鞍子里，第二天战士一拿马鞍子，连人带马都炸死了，连里急眼了，把那个人抓起来狠揍了一顿枪毙了。在南下的时候，几个顽固的国民党党员准备杀害连长和指导员，带领他们投诚来的9挺轻机枪逃跑到国民党部队去，连里接着挖出了6个要反抗的国民党党员，都在行军途中枪毙了。

在南下的时候，白崇禧和阎锡山要搞沙市、宜昌战役，消灭阻挡南下的解放军。解放军到了河南安阳就被敌人阻挡住了，这里的国民党散兵和当地地主富豪组成的杂牌军有一万多人，开始了顽强的抵抗，解放军好几个军都打不过去。敌人都是地主资本家的子女，这些青年男女骨干中坚分子，也是为了维护他们的财产和利益而战，所以不怕死，枪法打得很准。他们在城里城外设立战壕铁丝网，挖的护城河很宽很深，里面都放满了水，下的都是绊马索和竹签子，大喇叭成天喊叫让我军投降，气焰十分嚣张。解放军好几个军集中力量，先用大炮排开地雷和障碍，轰平了水壕，接着战士们送炸药，爆破地堡和碉堡，整整打了一天一宿才攻进去。部队赶到湖北白四爷庙又开始打，当时就把国民党打散了，解放了宜昌和沙市。敌人这个时候都钻到山里，也没有了重武

没有光环的英雄
——东北革命根据地农村参战军人战斗生活故事

器,都进山当了土匪,成了散兵游勇。白崇禧和阎锡山要粉碎解放军的作战计划,轻巧地被粉碎了。

湘西剿匪是中国解放战争史上的重要一页。辛万发说:"土匪真反动,那次剿匪可遭了老罪。"湘西周围都是大山,解放军都是晚上出去执行任务,在向资阳方向追击土匪的时候,晚上看不到路,他好几天没有睡觉,困迷糊了,一下子掉到大山沟子里去了,战士们下山找了他一宿,费好大劲才从山底下把他拽出来。他昏迷了一夜,竟然一点伤都没有,第二天早上在担架上他醒了,还问人家是怎么回事,战士们说你差点没摔死。天亮了,部队追上土匪就开始打起来,枪一响,漫山遍野有上千个土匪跟解放军拼命顽抗,结果打了一天,等大部队冲了上去时,一个人也没有了,土匪都化装成砍柴的、种地的、挑担子箩筐的、做买卖干活的,分散逃跑了。

在南江山水洞打当地叫段明堂的大地主的土匪武装时,辛万发他们连往下送伤号,走到半路就被土匪截住了。敌人轻重机枪封锁了道路,尖兵组刚上去就都被土匪杀害了。土匪凶狠,不留活口,还听从国民党的指挥,战士们恨他们没有良心。连长命令战士们抢占山头争取主动,然后掩护全连向后撤退上山。最后剩他们一个班,班长命令辛万发说:"你们组负责掩护。"辛万发那个时候是战斗小组长,带领一个老兵和一个新兵总共三个人。他知道土匪比国民党难打,也知道就三个人想阻击土匪是很难的。但是,他没有说什么,因为他是党员,必须无条件服从命令。他带领他那一老一小两个人下山时,发现护送的那三个伤号都被丢弃在山沟子里没有人管,抬担架的老百姓都跑了。他叫来几个人把伤号抬上去后,就找个大石头当阵地,开始阻击敌人。他看着连队的战士都上了山,又扔了两颗手榴弹,一阵冲锋枪盖住敌人,挥动手巾叫两个战友撤退。其中那个30多岁的老战士打仗的时候身子下面还垫个油布,起来撤退的时候他站起来收油布。这个时候,土匪冲上来,距离那个战士只有几步远,上去要活捉他。辛万发手疾眼快,一梭子子弹放倒了几个土匪,才使他脱了险。气得辛万发踢了那个老兵一脚,说都什么时候了还穷讲究。上山后,连长下命令死守阵地,这个时候土匪

33. 辛万发——比班长还小的官

1 000多人向上冲，大家都认为这回没有救了，但是都不害怕，枪都上了刺刀，都抱着剩一个人也要坚守阵地决一死战的信心。后来连里派几个通信员，费好大劲冒死出去联系，找来大部队，在山下用60炮把敌人打跑了，最后敌人又分散逃跑，一个都没有剩下。

辛万发说："土匪比国民党还凶狠、毒辣和顽固。"在安阳一个区守卫的时候，土匪来了1 000多人，来营救他们被抓住关押的同伙，把解放军一个排都给偷袭打死了，看守的排长腿也被打伤了。排长带伤来报告的时候已经是半夜了，他们急行军追赶，追到了太平村西半山上，包围了逃跑的1 000多个土匪，顶着雨战斗了一夜，60炮狠狠地对着这帮亡命狠心的土匪揍了一宿，消灭了一大半土匪，逃跑的也都被俘虏了。

我到村子里人多的小卖店打听老战士辛万发的时候，很多人都说不知道，后来我身后那个人说，你找的是"辛大包"吧，我说是姓辛的就行，这样我就找到了变成"辛大包"的老战士辛万发。我见到辛万发的时候，看到他脑袋上的大包，才知道人们为什么给他取了这么个外号。他说这个包是在生产队赶大车在树上撞的，几十年也下不去。辛万发在1950年参加了朝鲜战争，他被调到团部当通信班长。回国后在教导师学习半年，认识2 000多个字，升任政治教员，部队准备调他到军校深造提升连长。由于长期在部队很想家，就不愿意在部队干了，天天要求回家，后来部队就留他在教导团教了两年学，到1957年军队授衔时，授予他上士班长的衔，后来才批准他复员回乡务农。

没有光环的英雄
——东北革命根据地农村参战军人战斗生活故事

辛万发在南征北战中一次都没有负伤,是我采访中唯一一个没有伤疤的战士。他说:"打仗时越害怕往后缩就越挨枪子,你勇敢大胆机灵反而没有事。"他复员后部队给他登记是一等体格,一等射手的名号。

辛万发17岁当兵,27岁回家,38岁时妻子去世了,与一个俄罗斯女人生活了几天,后来因为两家人口太多,负担不起而分手,到现在也没有再娶妻,带着两个儿子单独生活。他一边当生产队长,一边照顾两个儿子,有一年照顾不过来,房子失火,烧掉了全部家产。他身后就是当年被大火烧掉房子的老房场,他的理想是,筹集资金在那儿跟儿子盖一个好房子。

辛万发跟二儿子生活在一起,儿子的房子也有年头了。他不是不想翻盖,但没有这个能力,儿子生活也不宽裕。民政部门给他50块瓦,他和儿子又买了些才把漏雨的老房子换了个水泥瓦盖。

辛万发的生活虽然比较困难,但在我采访的时候,他总是乐呵呵的,没有一句怨言,没有提任何要求。他是那种没有把自己的功劳和待遇联系在一起的心情平和的人,他认为有没有功劳,和你生活好与坏没有什么关系。儿媳妇很孝顺,她说:"谁给和不给的没有什么,就一个老人,我们养活得起。"辛万发偷偷跟我说:"儿子为了让他安心在这里住,宁可大孙子结婚花高价出去租房子,你说

33. 辛万发——比班长还小的官

我能安心吗?"

辛万发给我讲故事的时候,特别敬佩那个时候的党员和干部。他说:"他们作战不但勇敢,遇事还一马当先,冲在前头。那时虽提升得快,但牺牲的人也多。在朝鲜高地上,一宿一个通信员就被提升为连长,第二天就带领战士都阵亡了。有个排长在冲锋的时候,端冲锋枪在前面,他和几个班长都壮烈牺牲在敌人阵地里了,尸首都没有找回来。他们死得英勇,大家心疼啊,他们是我们心中最好的人了,大家哭得都不行了,再打的时候,我们也都学他们的样子一样英勇。那个时候,我们觉得光荣啊!还有行军打仗,干部都想的是战士,为战士服务,给战士打水洗脚,像一家人一样。"

34. 王友昌——抬着担架打江山

王友昌，80岁，原四野38军113师38团3营8连担架队班长，富锦市头林镇头林村人。1947年参军，先后担任战士和担架队班长。参加了解放四平、长春的战役。1950年10月，入朝参战；1953年，在中南军区复员回到家乡吉林农村务农。（2006.11.18）

解放军来的时候，王友昌由于害怕，躲到山里面去了。老百姓不知道解放军是什么部队，他们被当兵的和土匪都害苦了。住在他家的解放军团长就问他："你白天都上哪里去了？"他说："家里穷没有衣服穿，上山了找暖和地方晒太阳去了。"团长乐了，就给他写了个条子，介绍他到村子烧酒的烧锅干活，还说到那里还能够给他棉衣服穿。王友昌到了烧锅，人家真给他发了一套灰军装，马上就干活吃饭，人家对他非常好。干了一个月，东家让他别干了，当时他吓了一跳，以为人家不要他了。东家说让他给送信，就给他一匹马，让他每天到白旗黑林子和大坡周边村子送信。送了一个月信，人家说你已经参加了军队了就上县大

34. 王友昌——抬着担架打江山

队吧。王友昌是个老实听话的人，再说，人家这么照顾他，对他有恩情，他也没有多想什么就正式参军了。他在县大队培训了一段时间就被整编到正规部队，给他发了一支枪，不过分配他去的是担架队。

王友昌当兵就赶上了两次打四平。第一次他参加打四平的战斗让他知道了什么是胜利和失败。1947年6月，是东北民主联军第三次打四平，晚上他们攻进城后，敌人死命抗击严守，部队在城里街道受阻。他们就开始掏墙洞子一点点推进。战斗了好几天，最后那天晚上解放军就开始冲锋。有伙敌人聚集在一个房子里抵抗，他被阻挡在了那里。周围的战士都冲过去了，就剩他一个人，他心里一惊想，要不马上冲出去，还不被敌人打死呀。与其束手就擒被击毙，还不如拼死当英雄了。他一下子冲了出去，"咣咣"向

王友昌在部队立功时的照片，他在部队共荣立两次三等功。

房子里扔了几颗手榴弹，壮着胆子高喊："都出来交枪，不交枪都要你们命！"这一喊，敌人除几个被炸死的外，其余的吓得把枪扔了出来，他一下抓住了十几个俘虏。正在大踏步地向前进攻时，敌人的大部队增援上来了，结果反把他们打得败阵逃了出来。

1948年2月，他又参加了第四次攻打四平的战斗，这次胜利解放了四平。晚上进攻飞机场转移的时候，连长就点名说："王友昌你从参军就没有给你什么任务，这次给你个大任务。"他马上挺起胸膛说："接受任务，坚决保证完成！"他说："开始是什么任务不能够问，问不问都得去，就是牺牲了也要去，就得挺起胸膛上战场。这就是战场军令，战士就得服从。"连长命令他带领4个人组成担架队，配备两挺机枪和一门60炮掩护，去敌人阵地的楼里解救一位干部。大楼在敌人火力控制之下，要去就是九死一生。虽然很危险，但是他也不是没有经历

没有光环的英雄
——东北革命根据地农村参战军人战斗生活故事

由解放军第四野战军颁发给王友昌的革命军人证明书。

过单独的考验,一想解救的还是一个大干部,连长这么重视,听他的口气起码也是个团长级别的。人家信任他,给他这么重要的任务,说明自己在连长心里很重要,用他这条命换个团长也值得。距离大楼30米就是敌人的碉堡工事,有很强的火力阻挡,他们在稻田地绕道过去,他在前头带领4个战士绕过敌人的火力封锁,在没膝深的大雪中先爬到大楼,然后从窗户跳进去四处寻找到那个重要伤员。在黑暗中,他摸了半天才摸到了那个人,翻开他的军装里子,勉强辨认出是解放军的番号,就把他背起来往外爬。他不敢站起身,怕被敌人发现,就把伤号驮在背上,一步步爬出去。刚出楼,他和几个战士就被敌人发现了,一阵机枪压得抬不起头来,他指挥另几个战士用机枪和60炮还击,他把自己的衣服脱下来,把伤员放在上面,硬拖着像拉爬犁似的把伤员拽了出来。回去的时候他连吓带累出了一身汗,汗水浸透了衣服,寒风一冻衣服都硬了直不起腰来。结果回来一看,救的原来是他们连的一个排长。

王友昌坚决服从命令完成任务,也经过了战场的生死考验,连长和指导员很器重他,还说他救伤员有经验,后来就提拔他当了担架队班长。他倒没有觉得这是个什么官,但是人家领导相信自己,就应该把这个事做好了。后来他这个"抬担架的"从辽沈战役抬到平津战役,一直抬到南下解放全中国。

1950年,抗美援朝时,王友昌他们10月入朝就参加了云山战役,接着就开始追击"联合国军"部队。中间他们团和大部队分开了,被美军包围在一个山上。前面是成千上万的敌人,后面就是大江,正值冬季,江水白天化解,晚上冰冻一

34. 王友昌——抬着担架打江山

层。旱路上都是美国军队的坦克大炮，敌人就在山下围困堵截，就是插上翅膀也飞不过去。他们团还四处联系但没有救兵，侦察连出去侦察，回来报告说四处找不到突破口。这时，别说打仗，连吃的都没有。大家明白，要是突围不出去，在这里就是等待死亡，而唯一一条生路就是后面的大江。最后，团里决定强行过江突围。战士用衣服被单子拧成绳子，一边拴在树上，另一边竖到山崖下面，拽着绳子过江，后面由一营战士掩护断后。这边刚突围过江，那边美国兵就从后面就打上来了，一营战士誓死抵抗，坚持阻击到天亮保护全团过完了江。

一营最后撤退的时候，后面再没有部队掩护了。生死绝路，就看他们那些剩下的没有战死的战士，明知道是无回头之路，他们还是那么从容和坚强，个个坚定勇敢，边还击追击的敌人，边从容地拽绳子过江。江面上那一串一营的战士，他们被敌人当活靶子打，此时已经没有了还击的力量，黑压压追赶上来的美军，成片地站在江边爆豆子似的打枪，江面上都打成了密集的水花，眼看着把一营突围的战士一个个都打死在江里，他们牺牲时那拉着绳子的双臂向空中一张，就都壮烈地掉到冰冷的江水中随着一片片血水顺流漂走了。营长牺牲了，连长牺牲了，排长和班长也都牺牲了，没有人知道这些战士叫什么名字，也不知道他们将顺流而去漂到了哪里。已经突围的战士就在江这边看着这震撼心灵、惊心动魄的惨痛一幕，团长和战士们都失声痛哭起来。是呀，这些勇士舍命掩护大家撤退，在最后自己突围寻找生还之路的时候，生还的人竟然没有能力在他们的生死关头救助他们，而那些牺牲的战士，是那样的从容不迫和坚定勇敢。在经历了生与死震撼人心的场面后，王友昌真正体会到了什么是战士，什么是英雄。

1952年，志愿军在朝鲜南部汉江展开了守备战，王友昌他们部队就守在上甘岭28.12高地。这是一场震撼世界的战斗，是一场震惊了敌人，也震撼了我们自己的战斗。"联合国军"从此知道了中国军队的耐力和速度，也知道了中国军队不怕死的牺牲精神。王友昌说："首长下命令要坚守阵地，寸土不让。"美军每天排炮轰击，飞机轮番轰炸。敌人一天最多7次进攻，那人像蚂蚁似的

没有光环的英雄
——东北革命根据地农村参战军人战斗生活故事

黑压压往上爬,我军一声令下把他们打得连滚带爬的,山前面打的都是死尸。我军的阵地伤亡也很大,牺牲一个连一个团,马上就又上来一个连一个团,真是前赴后继,中国军人用肉体抵挡敌人的钢铁先进武器。阵地被美军都包围了,困得部队没有了给养,一天就吃一顿烀苞米粒子,后来就吃炒面,用小勺剜一勺炒面糊到嗓子眼上,没有水就吃雪。山都被炮火打得连树都没有了,阵地的雪都是黑色的,战士们就用小勺一点点拨拉找点土面子少的雪吃。每天他们在后面修筑坑道,战士们就在前面阻挡敌人冲锋。担架队每天都向山下运送伤员,山路陡峭都是雪很滑,炮火轰轰隆隆,民工吓得趴在地上都不敢起来。战士们4个人跟跟跄跄往下抬,裤裆都撕开了。个子小的使不上劲,王友昌个子大就在下面,两腿一叉支上,一个人抬一头,一抬就是八九十里地,天天一身汗水来回倒腾。有几次炮弹就落在了他身边,担架队牺牲了好几个战士,王友昌也经历了好几次危险。他说:"那时我也豁出去了,我们觉得比起那些在战场上冲锋陷阵的士兵差多了,阵地上的士兵拼死拼命,流血牺牲是英雄。没有战死负伤的,他们的生命每一分钟都在我们手中,我们没有什么理由惧怕那些艰苦危险。"

王友昌拿着他十分珍爱的革命军人证明书给我看,他说:"我后来在朝鲜战场上被美军的细菌战染上了阿米巴原虫,每天拉肚不止就回国治疗了。"1953年,王友昌在中南军区复员,刚复员的时候战士们思想上都想不通,很多人有情绪。后来首长来给大家讲话,他说:"同志们!没有你们,国家胜利不了,但是你们不能够躺在功劳簿上睡大觉,部队留你们也不能够在部队干到50岁、80岁,那能有战斗力了吗?目前我们军队要调整,改变军队改变军事,你们回家也不是不革命了,我们还要建设社会主义,要实现楼上楼下电灯电话。"这样一说大家都服气,而且至今还抱着这样的理想信念。王友昌原本就是个思想进步的人,就心甘情愿地回到家乡吉林农村务农。

王友昌喜欢解放军部队的政治和文化学习,他说:"文化是开心锁,思想好了才能够走正道。"在解放军大学校,他学习了共产党是干什么的,为什么要解

34. 王友昌——抬着担架打江山

放受苦的老百姓等很多道理。他还把在部队和不同年代学习的字典、政治课本和毛泽东著作都一一保存了下来。

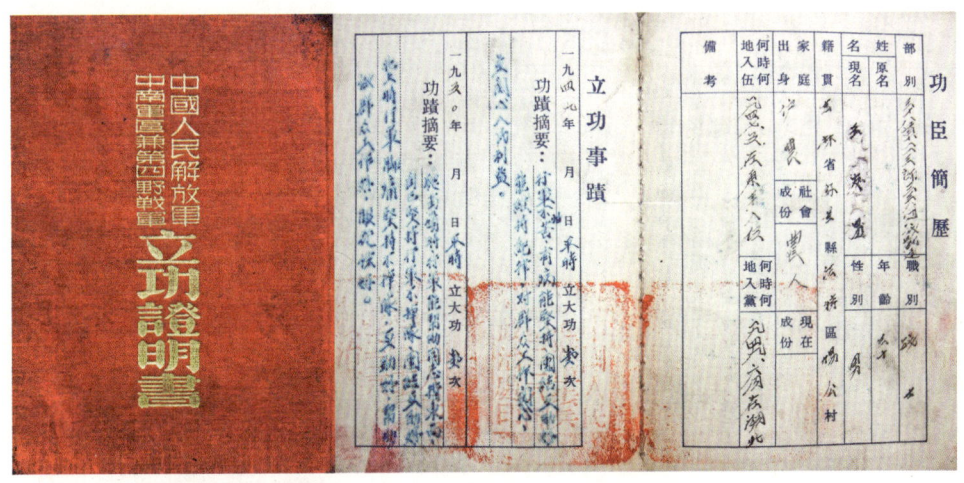

王友昌在解放战争中的立功证书和事迹记录。

王友昌是在吉林舒兰当兵复员的。后来由于家里有5个孩子一共7口人生活困难，他投奔亲属到了黑龙江，在村子里当社员和保管员。妻子去世30多年，40岁的他带领一帮孩子到荒野地里的鹿场生活，孩子上学困难，他就用字典来教孩子认字。当时吃穿困难，生活艰难。他就想，党讲了，困难是暂时的，硬着头皮就熬过去了，国家好了我们就好了。现在他有一垧土地，和儿子生活在一起，儿子经营运输，他们家也实现了"楼上楼下电灯电话"。

35. 丁原学——"模范营"的英雄

丁原学，73岁，原三野21军63师187团战士，桦川县新城镇裕丰村人。1947年，13岁的丁原学在山东伍莲县街头镇罗家丰台村入伍，加入三野21军63师187团3营当司号员，参加了孟良崮战役，在淮海战役时当炮兵装弹手。1949年，参加了渡江战役；1950年，参加抗美援朝战争，负伤四次，荣立一、二、三等功各一次；1958年复员回山东务农，1959年，他到黑龙江找工作，落户在本村当社员。（2007.5.15）

采访丁原学的两年后，一天，突然接到黑龙江省肇州疗养院一个领导的电话，问我认识丁原学吗，我说认识，是我采访过的一个老战士。那个领导说："丁原学患脑血栓去世了，找不到家属的联系电话，他的本子上有你的电话号码。"震惊之余，我回想起了当初采访时的情景，仍历历在目。

在新城镇采访老战士异常顺利，乡民政助理告诉我就找丁原学，说只要有他

35. 丁原学——"模范营"的英雄

你都能找到。我问怎么找到他，民政助理乐了，他说："你不用说名字，就提戴军功章的老头，谁都知道。"果然，在新城镇我第一个打听的人就把我带到了丁原学家。一见面，就见丁原学满身戎装，佩戴金晃晃的军功章，精神矍铄，声如洪钟。原来他每天都把戴满军功章的军装穿在身上，活动在这四邻八乡，还经常到市里和县里参加各种义务活动，给老战士和老乡办好事。在我采访他之后，他经常跟我联系，给我提供采访线索，还给我带来家乡的土特产。后来，我专门去了一趟黑龙江省肇州疗养院，想看看老人家的墓碑，结果到了那里才知道，他的骨灰被亲属接回了家乡。在和疗养院的老战士们回忆他时，他们说丁原学的战斗故事正在整理，疗养院准备编辑到老战士故事集里。

丁原学参军就在他们部队"模范营"当司号员，"模范营"之所以成为模范，是因为他们的"模范营长"张存礼而命名的。这个营长打起仗来，勇敢机智，生死不怕，冲在前面，他带领的战士敢打敢冲，都是立过功不怕死的，而这个营也总出战斗英雄。丁原学说："我不是什么英雄，我说的是我们营的那些英雄，他们的鲜血为和平铺就了道路。"

丁原学入伍就赶上了孟良崮战役。国民党的74军是飞机大炮快速机械化部队，他们武装到了牙齿，解放军进攻几乎是上去一个死一个，战士们靠硬拼，用手榴弹开路强攻。孟良崮的山头都被炸平了，牺牲的战士铺满了山，大炮炸不到土地上，都炸在了死人堆上。在进攻到敌人阵地前的时候，营长带领他们全营战士跟敌人展开了肉搏战，就连伙夫、司号员、通信员全都上了战场，最后伤病员也不要命了都上去拼杀。阵地上，大片刀和刺刀乒乓声和喊杀声震天，山冈上混战，乌烟瘴气的。刚参军不久的丁原学只有14岁，虽然岁数小可人长得高些。他这个年纪不知道什么是生死，也不怕什么生死。他说，他一个没有爹妈没有家，没有亲人牵挂的人，也没有什么后顾之忧。在"模范营"英雄气概的感召下，他也虎虎生威，初生牛犊不怕死。他端着带刺刀的步枪，胡乱拼杀，几次被敌人追赶，在战友们的保护下，他没有受伤，还趁机刺杀了两个敌人。他也不懂得什么拼杀战术，就是抽冷子使劲儿向敌人的肚子上面攮刀子。

没有光环的英雄
——东北革命根据地农村参战军人战斗生活故事

丁原学3岁丧父、7岁丧母，他和哥哥姐姐都参加了革命的部队。当时，他的大爷大娘不同意他当兵，说他们能够养活他。他却说："我就是死了也愿意。"害怕部队不要他，他就撒谎说自己是18岁。他第一个接触的群体就是英雄的"模范营"，入伍后第一堂课学习的是赵一曼、董存瑞和刘胡兰的事迹。他最佩服他们的营长，佩服每一位英雄的战士，他那时脑袋里一门心思就想入党立功。有一次黑天，营部要往师部送信，中间要翻山越岭，有的战士怕走夜路不敢去，作为司号员本来没有他什么事情，他却在一边喊了一声，说我不怕我去。在沂蒙山区陌生的崎岖山路上，他一宿翻了三座大山，他感觉累得快吐了血，咬牙完成了任务。营长看他是个好苗子，就把他评为二等模范。他脾气秉直，豪爽胆大勇敢，总是喊叫不怕死，动不动就说"生的伟大，死的光荣，要为解放全中国"。这是他的精神，也是他的口号。在解放莱芜的战斗时，他几次要求完成上前线的任务，营长没有批准。在进攻莱芜城的时候，营长为了引诱敌人，制作了不少草人，让草人都穿上军装，下面做个爬犁远远地用绳子拉着。丁原学冒着枪林弹雨，和其他战士来回跑动拉草人，引诱敌人出城，然后解放军用大炮猛轰，一下子全歼了敌人。

1948年，淮海战役打响了，丁原学作为部队的骨干被抽调到了炮兵团当装弹手。10月，他们驻守在兴安镇进攻徐州，每天打炮不止。攻城的时候，他们一气打了两个多小时，把敌人的阵地都打平了。一个榴弹炮弹20多斤重，他一鼓作气装填不歇气，肩膀都抢肿了。他说："那也不觉得累，打得可过瘾了。"包围敌人一个月，是粮草不进，敌人的飞机来空投物资，还投在了以为是他们的阵地上，结果早就被我军占领了。敌人饿得不行时，战士们就高举着馒头和罐头引诱他们，结果很多国民党兵都过来投降。在阵地坚守的时候，敌人的炮火也猛烈攻击，他趴在地上隐蔽的时候，飞来一个炮弹，他为了保护连长，一头扑在连长身上，结果炮弹炸伤了他的屁股，他立了二等功。那次战斗，消灭了国民党三个兵团的兵力。

在解放军横渡长江，取得了伟大胜利的时刻，毛泽东赋诗一首来描绘当时的壮观场面："钟山风雨起苍黄，百万雄师过大江。虎踞龙盘今胜昔，天翻地覆慨

35. 丁原学——"模范营"的英雄

而慷。"当时，人民解放军分几路大军，在一个晚上突破长江天险，真正创造了战争的奇迹，而创造这些奇迹的，是被称作"土八路"的解放军战士，他们用小米加步枪，打败了国民党的钢铁军舰和天堑防线。

那时，丁原学他们刚刚改编成装甲兵炮兵团，在南京对岸的镇江集结训练。面对每天耀武扬威、横行江面的国民党大军舰，他们没有被吓倒。部队发扬民主，集思广益，宣传发动战士，鼓舞士气。大家表决心，都主动在决心书上按手印，有的人咬破了手指头，用鲜血书写名字。他和全连战士威武地站成列队，高声宣誓："打过长江去，解放全中国，学习刘胡兰，誓死不投降，将革命进行到底，为解放人民而战斗！"

1949年4月1日晚，丁原学他们炮兵团和其他大部队一起，把大炮拖架到老百姓的木头船上，用沙袋子稳固起来，千军万马冲破黑暗，冲进了宽阔的江面上。战士们和船夫一起奋力划船，快到对岸的时候，敌人的炮火开始轰击，江面上都打得火红一片，整船的战士被炸翻了，整团的战士被炸得漂满了江面。国民党的钢铁军舰冲入进攻的木船群中，横冲直撞，就看水浪翻卷，把飘摇的木船都掀翻，滚进滔滔的江水中了。前面的尖兵船誓死抵抗，战士们快速划桨，最后连扁担和木头板子都用上了。后面的炮兵开始往船上开炮，向江对面平射，后坐力把船只顶得倒退好远，船只都被打的漏水了，前进很困难，战士们边舀水边快速划水前进。

南下剿灭白崇禧部队的时候，我军一直乘胜追击，在进攻长沙的时候，敌人组织精兵强将企图做最后顽抗，他们炮兵手在后面反击的时候，听到前线传来"模范营"英勇战斗的消息，他们一个班的战友，已经提升到副营长的任长林壮烈牺牲了。在进攻时，遇到敌人一个大碉堡，我军战士上去很多人都牺牲了，战士们急红了眼都要求上去爆破，任长林为了保护战友，怕牺牲更多的人，就自己拿60斤炸药包亲自去炸碉堡。他临走的时候，把所有东西都交给了教导员，他还说："同志们！我要是牺牲了，你们要听毛主席的话，不怕死不怕牺牲，我们一定能够解放中国，让人们过好日子，别给我们模范营丢脸。"

没有光环的英雄
——东北革命根据地农村参战军人战斗生活故事

他说完一头跑进弹火纷飞的阵地上,把60斤的炸药包投到碉堡上,在轰隆巨响中,他也壮烈牺牲了。战士们含泪奋勇杀敌,大家还给英雄的副营长编了一首歌曲,天天边哭边唱:

"战斗英雄任长林,他是黄县孙胡庄的人,十九岁参加八路军;

他打仗像猛虎冲锋在前面,完成任务坚决又认真,他为人民牺牲也甘心;

他在战场上受过九次伤,轻伤不后退,重伤不惊慌,战斗中缴了无数的枪;

他对待同志们体贴又热心,紧急情况下不顾自己的命,肖单家救了4条命;

党的培养下自己苦用功,帮助同志们学习不放松,四四年当了战斗英雄;

长沙战斗中他光荣地牺牲,他的名字我们人人记得清,任长林敬爱的战斗英雄。"

唱到这里,丁原学早已经抑制不住痛哭流涕。他说:"没有这些勇士,哪有今天。我们都想他,我们是一个班的。炸碉堡谁去谁就得牺牲呀!他就是英雄不怕死。他不也是个人嘛!他也有父母,有弟弟妹妹,他为什么要这样做呢?他就是为了解放全国人民和劳苦大众。任长林这样的人在解放军里有成千上万个!我们要是不勇敢战斗,就对不起我们英雄的副营长。"

1950年,在辽宁待命准备抗美援朝的时候,秋天发了大水,老百姓被洪水淹死好多,他们解放军去抗洪,当时洪水中冲过来两个老人和两个孩子,别人都不敢下水,丁原学不顾生死,脱了一件军装就跳进洪水中抢救老乡,他多次下水救了这4条人命。被救上来的老人和孩子,跪在部队和他的面前,边哭边感谢解放军,要求给救命恩人请功,后来部队和吉林省政府授予他"模范军人"称号,并给他一等功奖章。

1950年,抗美援朝战争爆发,丁原学随部队入朝参战,冒着严寒与敌人战斗。还多次躲过细菌弹和燃烧弹,睡潮湿坑道,多少天都没有饭吃。在坚守无名高地的时候,被炮弹炸伤了大腿根部。

1958年,丁原学在部队复员回山东老家,部队给他定伤残他不要,害怕回家

35. 丁原学——"模范营"的英雄

说是残疾，娶不上媳妇。1959年到黑龙江落户，一直在生产队当社员。他不寻思当官摆老资格，一心一意学习修理机械的手艺。

丁原学对政府和队里交办给自己的事情很认真地完成。早年政府和生产队信任他，委托他给周边的老战士发放抚恤金，他很好地完成了任务。后来政府说要给他补助费用，他笑着说："跑跑腿学个舌，打打电话通知也没有几个钱，还要那个辛苦干什么。"

丁原学家是革命之家，姑姑和姑父是老红军，都是军长司令级干部，他姐姐早年就抗日参加了八路军。他和哥哥同时参加了解放军，哥哥在部队一直当到了连长后因负伤退役。他对孙子说："你长大了要好好学习，将来当兵保家卫国。"

丁原学原配妻子早年去世，他在30年前和现在的老伴结婚，两人共有8个子女。改革开放时期，他家人口多，生活困难，看到人家发家致富，他曾经急得直哭，后来借了3 000元债务，办起了修车厂。由于他坚持按照为人民服务的宗旨办厂，受到了当地百姓的欢迎，他也发家了，好名声也留下了。现在他人老干不动了，就把厂子交给了已经下岗的老儿子。

丁原学性情急，为人心肠好，他如果知道哪个老战士有什么生老病死，都去帮忙料理；就是在处理自己家庭的事情时也公道合理。他的大儿子有气管炎，他就扶持他干修鞋，自食其力养家活口。他把积攒的钱给老伴带来的儿子娶了媳妇，还把最好的房子给他们住，在村子里受到了人们的赞颂。

没有光环的英雄
——东北革命根据地农村参战军人战斗生活故事

/ 232

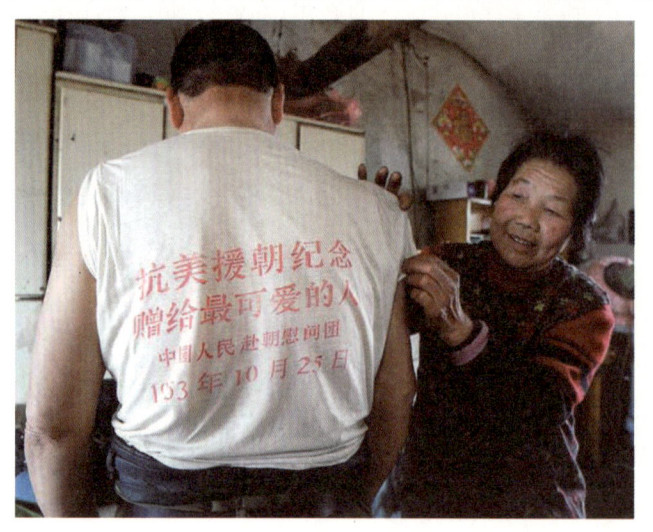

丁原学珍惜过去的战争经历,看重自己的荣誉,经常给人们讲战斗故事。他到哈尔滨烈士陵园看望他一生尊敬的赵一曼烈士纪念像的时候,他给纪念馆捐赠了他保留的抗美援朝最可爱的人的茶缸和毛巾,民政厅给他钱他不要,人家领导带队,特意到村子来拜访他,又给他2 000元钱,他坚持不收,后来人家硬是塞到他衣服兜里,告诉他说:"你想吃什么买点好吃的享享福。"他还哭着告诉人家说:"我捐献不是想要点什么,就是想教育下一代。"上图是他另外保存的抗美援朝纪念背心。

丁原学生活很简朴,民政部门给他发的衣服,穿了十几个春夏秋冬,打了不计其数个补丁都舍不得扔掉。他看不惯有些人忘本,他说:"忘记爹娘恩情的人,忘掉朋友之义的人,忘掉给他们打江山流血牺牲的人,这样的人就不是人了。"他还看不惯别人浪费,谁把剩菜剩饭倒掉,就会引来他的训斥。有些人不理解,说他像个精神病。他是一个从不下饭店的人,在我采访的时候,说什么也要请我上最好的饭店,要来几个好菜招待我。当我提出由我出钱招待的时候,他说:"我是代表我们老战士谢谢你的。"结账时,老板说什么也不要钱,人家说:"这个老战士从不上饭店,这么尊贵的人上我这里来吃饭,我怎么能够要钱呢!"

36. 朱启——媳妇的家书

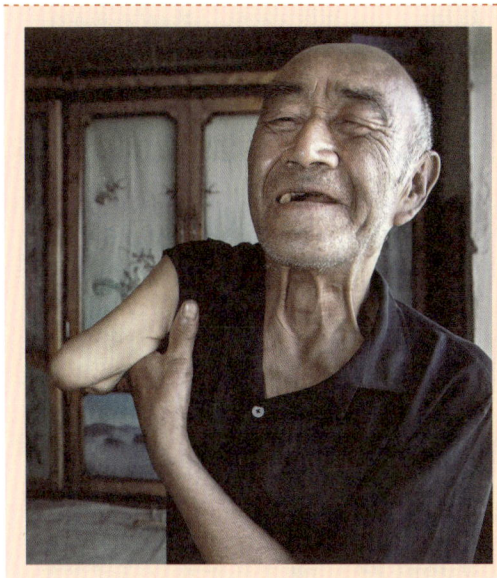

朱启，77岁，原四野39军坦克独立第3团汽车连战士，佳木斯郊区敖其镇永仁村人。抗美援朝战争时期参军，在朝鲜战场运输军火时被炮弹炸成重伤，定为二等甲级残疾。1954年复员被分配到福利屯农业局当科员，后因家里人口多生活困难回家务农。（2006.8.29）

朱启是那种不善言语，但是心中有数的人。1950年朝鲜战争爆发时，他们村子里征兵，虽然他是独生子，但是他毅然决定参军。朱启说："我是自愿参军的。我当时已经结婚一年了，媳妇在家里坐月子还不到20天，媳妇虽心里惦记但是也没有说什么，就是说什么也没有用，无论如何我也得去。我想办法说服了媳妇，可父母是坚决不同意，那也没有办法，我决定了就得去。"

朱启参军在39军坦克独立第3团汽车连当司机，学习6个月的驾驶技术，就出国参战了。他正赶上朝鲜二次战役打得激烈时，运输部队刚过鸭绿江就遭到了敌人的飞机轰炸。白天不敢走,都隐蔽在山上和防空洞里,晚上出发还不敢开灯行驶。敌人的侦察机"大油条"很厌恶,它发现汽车反光就扔炸弹。晚上敌人的飞机扔照明弹一片片的,照得大地通亮,地下掉个针都能够看得见,这时开着的汽车马上就得停下隐蔽,要是晚一点来不及那就遭殃了,飞机扔炸弹把汽车都炸得烧着了,人都烧煳了。他说:"那时连车带人都被工兵推到道路一边,没有工夫掩埋。后来我们害怕车灯反光就都摘下来了,晚上只好摸黑行驶。"他们是坦克部队,坦克走到哪里,他们就运输坦克炮弹到哪里。有几次飞机轰炸躲不过来,飞机炸着了炮弹车,一炸就连上好几个,飞机扔下的炸弹和汽车上装载的炮弹一起引爆开花,连汽车带人都崩没有了。他说:"在朝鲜3年多,战场上我们什么也不敢想,什么死呀伤呀的,什么家里孩子老人的,就是把自己豁出去了。"

最后那次执行任务他受了伤。冬天的时候,朱启他们部队在板门店往上甘岭运输军火,出发的时候,12台车一台一个司机都没有助手。班长在前面开车领着蹚路,在经过敌人封锁线的时候,美国的榴弹炮打得到处开花,连车带人炸坏炸死的不少。他正在紧张地躲避炮弹,跟着班长的车紧走,突然就听"轰"的一声,炮弹炸到了他的汽车上,当时他就觉得昏天黑地昏迷过去了。后来他才知道,他当时被炮弹炸成重伤,炮弹皮子从右边肩膀穿过去,从后背出去的,肺子被打个大窟窿,距离心脏就差一点,整个右膀子都快打掉了。汽车也完全报销了。他是被担架队当作死人抬回来的。到了救护所直接就把他放在了房子外面的死人堆里,人家认为他已经不行了。三天后才有人发现他还有出气,就把医生找了过来,医生也是拿他"死马当活马医"。在手术的时候,临时医院没有他血型的血液,医生就抓医疗队里的人化验。赶巧,有个老兵跟他的血型一样,医生就把他的血抽出来给朱启。手术了一天,血输了好几次,才救活了他。他说:"我身上的血都不是我自己的了,一点一滴全部都换了老兵的血,那老兵也因为给我输血过多下了前线了。那是多么好的人哪,到现在我也不知道那老兵姓甚名谁,到现在我也不知道他人怎么样了,也就是他让我心里有了精神支柱,就这样一点点活过来了。等我苏醒过来的时候,护士说你

36. 朱启——媳妇的家书

这条命是我们捡回来的。那时我想，这人有些时候也真命大，竟然三天三夜没有疼死，一般的就是流血过多也早死了，我要好了真要珍惜生命，好好活着拼命也要报答救了我的这些恩人。"

转移回国治疗的那阶段，没有什么治疗措施，他整个胳膊因为治疗不及时坏死截肢了。在医院住院两年多，每天疼痛折腾他翻来覆去，看着自己的胳膊没有了，干什么都吃力，苦闷懊丧，心里越来越不好受。这个时候他最想家，他想到父母亲就他这么一个儿子，把所有希望都放在了他身上，自己要有个什么一差二错，他们可怎么活呢？他想到了年轻的妻子和不到一岁的儿子，当兵的时候媳妇哭喊着不同意，就怕有什么三长两短。这回可好，怎么有脸回去见人家面呀！如今自己是剩一只胳膊的废人了，也不能够干什么了。出来的时候是个活生生的人，回去就剩一只胳膊了，怎么养活老婆孩子和一大家人呢？他的思想痛苦斗争了几个来回，他最后选择了自杀这条路。他认为，自己一个人不能够干什么，还得让人家养活，连累大家，不如不活，找个机会了结自己的生命，或者找个偏远的地方躲避，永生隐居不让家人知道。

部队开始调查登记伤号，准备最后安排他们复员。登记到朱启那里，也是按规定问他是哪里的人，准备分配到哪里去。这时，他神情恍惚，悲观地说："分配得离家越远越好。"部队发现了他思想不对头，有轻生的意向，就安排护士轮流看着他。他3个多月也没有给家里去信，成天就琢磨怎么去寻死自杀，还有到哪个人们不认识的天涯海角躲避起来。这个时候，朱启的家里人也感到意外，觉得有好长时间没有来信了，亲人都惦记着，就猜疑他是否在战场上出事了。3个多月后家里才收到了部队的一封信，还是朱启他同屋的伤员写的。原来那个战友看朱启写调查地址的时候，就偷偷记下来，并按照那个地址给朱启家里的生产队写信，报告了朱启受伤要寻死自杀的事情。当时大队接到信不敢给他们家属看，朱启媳妇听说来信了就去找人家要，大队干部还是不敢给。这时，朱启的媳妇急眼了，说怎么回事连信都不给看？大队干部说是胳膊受了点伤，朱启的媳妇说受点伤怎么了，那也得给

没有光环的英雄
——东北革命根据地农村参战军人战斗生活故事

看信啊!这个时候亲人们才知道他受伤要寻死的事情。朱启的媳妇没有过夜就马上找人给写回信,她没有文化,也不管害羞和面子了,口述着说:"朱启,你走的时候说你一定回来,你当时是哭着下决心跟我说的。现在你为什么不想回家?难道不要我和这个家了吗?我现在要你,要你回家,还有你的儿子和你的爹妈都要你回家。"朱启接到信的时候,刚看了一半就抱着脑袋,"哇"一下失声痛哭了起来,一股亲切的巨大暖流,一下子就化解了久久冰冻的心,他恨不得马上起程回家见久别的亲人。朱启说:"那个时候我不是不想回家,人在危难的时候,最想的是亲人,日夜都想,想得我心里憋屈得慌,经常在黑夜和没有人的时候偷偷地哭,我是害怕回家给家人添麻烦哪!"

朱启在朝鲜战场负伤后被定为二等甲级残疾,1954年复员,被分配到福利屯农业局当科员,后来调到种子站工作。他说:"我那时候就想家,一想家里媳妇孩子和爹妈5口人过得艰难,就一咬牙不要工作回家种地了。"

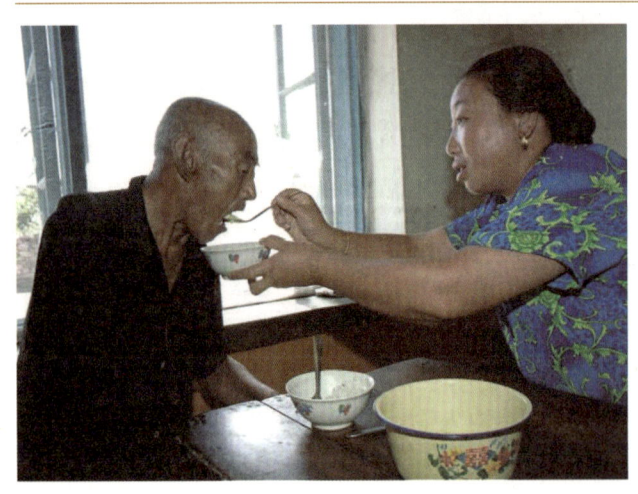

朱启是一个重情义的人,他的一家人也很和睦,儿孙孝顺。虽然他很要强,但有些事情还需要别人来帮忙,妻子和儿子、儿媳妇每天都习以为常地帮他穿衣服和喂饭,他就这样在亲人的照顾下温暖地生活。

朱启回乡后,生产队还是挺照顾他的,不让他下地干活,给大队看小卖店。后来由于家庭人口多,生活很困难,他就要求下地干活。他说:"我虽然缺只胳膊,剩下的也不比别人缺少什么,你们能干我也能干。共产党也给我安了好几个假胳膊,对得起我。"如今,他把假肢搁置起来,一般的生活起居,他还坚持自

36. 朱启——媳妇的家书

己做。

朱启说："在关键的时候，亲人们给了我温暖和勇气，回家再苦我也要坚强，不能够当狗熊、草包，不能够给家人丢脸。我在战场上没有当成英雄，就当一回自己的英雄，当一回儿女亲人心中的英雄。我就和大家一起下地铲地，你干一根垄我干一根垄，队上照顾我让我管理铡草机，就起早贪黑到各小队去铡草，累得我那只好胳膊都哆嗦。"他的劳动要付出比常人多几倍的努力和力气，很多劳动工具都是特制的，现在他都把这些伴他度过艰难岁月的工具完好地保存了下来。

朱启后来度过了很长一阶段的困难期。他说："那个时候我不干也真不行。有一年生产队一天才分5分钱，分粮的时候还倒找钱。孩子越长越大，吃得越来越多。"粮食不够吃就上山自己开小荒。他和媳妇上山开荒烧地，结果烧跑荒了，他就用衣服扑火。扑灭了火，衣服却烧坏了，里面衣兜的党组织关系也烧没有了。当他看着媳妇已经被烧得头发焦糊都不成个人样了，他心里特别难受，赶忙给媳妇整理头发，泪水在眼圈里打转。他很恨自己，说他连媳妇和孩子都照顾不好。

没有光环的英雄
——东北革命根据地农村参战军人战斗生活故事

朱启的党员关系没有了,他也没有去补办。他说:"我也就不费那个事了,我在组织上不是党员了,可我心中知道我还是党员。我从来没有因为困难找过政府,党给我多少我从来也不多要!"在采访的过程中,这一家人从没有跟我打听过什么待遇的事情,也没有跟我提补助费和要修理房子的什么意见。这一家人令我十分感动和钦佩。

朱启问我采访他们老战士有什么用,我说我是在开展寻找英雄的活动。我说你就是英雄,是那种无名英雄。他说:"我可不是什么英雄,人家那战场上的英雄比我可多了。说有功之臣都是英雄,实际上人民才是英雄,我们在前方打仗的时候,老百姓就在后方供应粮食,没有他们的支持也不能够胜利。我们冒死不就是为了国家和老百姓嘛!到什么时候人都得想'大家',干什么都不能够只想自己的小圈圈。"

37. 张少明——战火中绽放的血泪

张少明，79岁，原67军201师炮兵601团战士，富锦市大榆树乡兴达村人。1950年，抗美援朝战争爆发，张少明在安徽灵璧县参军入伍，在部队当炮手，参加了2~5次战役。1954年回国到青岛驻防，1956年复员回家乡农村务农，1961年因为生活困难迁居到黑龙江。

（2006.1.17）

1950年，抗美援朝战争爆发，张少明在安徽灵璧县家乡坚决要求参军报国，他到区里报名第二天就换了军装。他说："我那时候是村主任，我带头，自愿去的，我就是对党有感情。有人参军要东西和钱，我什么也不要就自愿走了。"

他入伍后在67军201师炮兵601团当炮手。在出国的时候，坐火车刚一到朝鲜就挨了炸。他们部队是骡马炮兵，走了六天六夜到了西海岸。团里派他去拉面

没有光环的英雄
——东北革命根据地农村参战军人战斗生活故事

做饭,他的骡马车遇到了朝鲜人民军老牛拉的炮车,那边老牛一叫唤,把他跑车的骡子吓得蹦了起来,一下子把他从骡子身上掀翻到地下,当时腿就摔脱臼了。他忍痛回到部队,参谋长叫几个人摁着他硬抻,疼得他"嗷嗷"直叫唤。参谋长说:"你这个小伙子,志愿军战士是宁流一滴血,也不流一滴泪,这点疼就叫唤,还怎么上战场?"这句话从此被他牢牢记住了。

到了泉眼山接12军的防,许多天没有睡觉。到了前线没有吃的,战士每人给4两高粱米。他说:"大小伙子4两米怎么活呀。"饿得他就到处找野葡萄,挤成水放到水壶里,饿了渴了就喝一口,又甜又酸。到了阵地,他们就在那里修筑炮兵工事,准备阻击敌人的坦克。当时,连里派去一个班13个人,去搬铁道轨修工事,结果这个地方是敌人炮弹的弹着点,他们一过去就落下来一炮,13个人一个也没有回来。他说:"有一个朝鲜老乡在跟前帮忙,也被打伤了,抬过来一看,他肚子里的肠子都被炸出来了,一会儿翻下眼就死了。那时候我们就在炮弹和飞机底下钻,也不知道害怕,思想上没有准备回来,实际上也回不去,早晚也就交代在那里了。我两年没有给家里写信。那个时候的思想你就得开明,能在阵前死,不在阵后亡,宁流一滴血,不流一滴泪,就是再困难你也得挺住。"

在泉眼山打了75天的战斗,每天敌人的大炮对着他们炮兵的阵地轰炸不止,一炮接一炮震天动地的轰炸,把山头和阵地炸翻了几个,树木和草一点都不剩。他们一个团的人就这样在密集的炮火中坚守阵地,进行顽强的还击,最后人和炮都快被敌人的炮火炸光了。他们连在最前沿的山头,遭受伤亡最大,连长也牺牲了。他们排43个人,最后加上排长就剩下了7个人撤退了下来。他们都被打散后,就到长道里去找部队,半路上没有吃的,就遇到友军要饭吃。头发长了一拃多长,从到了朝鲜那天起他们也没有剃过头发。找了两天找到了营长,营长很关心跟大家握手,给弄来一袋子面,还有一袋糖和一桶油,说到家了,有好吃的就自己做吧。他们几个人急忙和面烙饼,还没有熟就吃了,从天亮开始吃,一直吃到了中午。班长说肚子疼,大家就送他到团部的医院,结

37. 张少明——战火中绽放的血泪

果走到半路上就撑死了。

张少明他们机炮团经过一阶段的休整，到1952年10月又上了战场，接收114～119高地开始坚守任务。每天，他们都向大山里面挖坑道，到里面再转几个弯，这样，敌人的炸弹炸不着，毒气弹熏不着。张少明经常出去捡敌人没有爆炸的炮弹，回来扒里面的炸药，找来雷管爆破石头。在114高地挖工事，连续下了好几天大雨，战士们在交通壕里冻得要死，营长来一看，战士冻得都青了，一个个缩成一团没有人样了，他赶紧命令大家撤退回去休息。到了山洞里，大家全身都湿透了，就都脱光了衣服，也顾不上什么羞耻了，就你搂我，我抱你，互相取暖睡觉。看着疲劳过度的战士像孩子一样的酣睡，营长心疼得偷偷地掉眼泪。有一次正在训练，敌人的侦察机"吊死鬼"过来侦察，张少明喊："坏了，马上就会有大轰炸机来！"说话间就来了几个大轰炸机，连扫射带轰炸。他说："我们就距离坑道20多米远不敢进去，肩上扛着炮就都趴下来了。我心想揍着屁股别揍着头。当时炮弹炸得石头乱蹦，我们都滚到交通壕里躲避，一个战士喊我说，副班长！我的屁股怎么了，我上去一看，他的屁股被炸了个鸡蛋大小的窟窿，露着白骨头茬子还没有出血呢，我们赶紧就把他送到后方去了。"

有一阶段，他给前沿阵地送子弹，有一天，他给4班送子弹。结果他们核对数量到天亮，耽误了他回去的时间。其实这种情况下他不回去也可以，但是，他想要是不回去，一旦有什么任务不就耽误了嘛！自己是党员，不能因为天亮返回危险就害怕让人家瞧不起，落了个怕死鬼的名声。他大着胆子往回走，刚露头就被敌人看到了，一阵疯狂地扫射，打得他左右前后都是子弹。他就觉得后腰有些热乎乎的，伸手一摸，子弹打在了他后腰的皮带上，要是打透了，他那次就"报销"了。他连滚带爬冒死跑回阵地，大白天闯过敌人的火力封锁线，他创造了个奇迹。到了阵地上连长又急又气地骂他说："你不要命啦！大白天回来干什么？"他说："我不回来你找不到我不是误事嘛！"后来连长知道他是在阵地上核对子弹数量耽误了回来的时间，后来找到4班长把他狠狠地批评了一顿。

没有光环的英雄
——东北革命根据地农村参战军人战斗生活故事

1953年5月志愿军开始了大反击。他说:"敌人不谈判,上级就下令反击揍他们。"他们部队和志愿军四个军进攻敌人的山头,从116高地开始一直到119高地等4个高地,一个一个往回夺。敌人的坦克都开到了山上向志愿军开炮,即使这样也没有阻挡住排山倒海的志愿军反攻,打到最后只剩下一个山头了,这个山头是南北朝鲜(现为"韩国"和"朝鲜")的主要交通道路。8连步兵奋勇当先,紧随其后就是张少明他们,战士们大小炮一起攻击,先毁灭敌人的地雷群,从山下向山上一段段排炮。但是,并没有压住武器和人力都占优势的敌人。敌人用大炮轰炸用轻重武器扫射,战友的尸体把整个山坡都盖满了。最后,一个连上去240多人就下来8个人,战士们都壮烈拼死在阵地。第二次6连开始冲锋,他们炮兵最先火力支援。他说:"那天我们一个炮坑一个92钢炮,整整打了半宿,我自己就打了3 000多发炮弹,一分钟能打好几发,打到天亮也不知道耳朵聋了,衣服前面全是血,原来是鼻子被炮震的。"天一亮,敌人被打撤退了,他们冲上去追击抓俘虏。到了晚上,他们又开始夺取下一个新的阵地,敌人的阵地隐蔽不好找,连长叫张少明跟他一起去查看。走到半路上,张少明听到一个坑道里"哗啦"一声枪栓声,他大喊:"连长不好,有人!"他们两个马上隐蔽,然后冲进坑道里,发现里面躲着一个韩国的伤兵,看他们两个过来,就拉枪栓要开枪打死他们。这一次,由于他机灵,及时发现敌人,他们两个才捡回了一条命。他上去一脚踢翻了敌人,夺过枪支,狠狠地把他推翻一边,疼得那个家伙"嗷嗷"直叫唤。

张少明不识字,他把当年复员军人宣传手册保留了50多年。他说,这里面有个大首长的讲话,说复员军人复员后,没有媳妇的给找媳妇,生活困难的给救济到中等生活水平。我全部看完后,却没有发现有这样的字眼,那只是一个复员军人宣传手册,教育复员军人如何到地方遵守纪律,积极参加社会主义建设。我再次问他说,这里没有他说的领导讲话,他说发册子的那个时候,首长开大会说他讲的话都在这里头呢。

37. 张少明——战火中绽放的血泪

张少明给我讲他的战斗故事的时候，就像说笑话一样，轻松幽默。看得出，他是一个久经生死考验的人，已经达到了乐观、豁达的境界了。

张少明于1954年回国到青岛驻防，1956年复员回家乡农村，在大队当了几年管委会主任，他说："国家对复员军人够意思，没有结婚的都给安家，生活困难的都给达到中等水平。不分配是怨自己，北京来了大干部挑选人到新疆钻探队，没有结婚的国家给管，待遇也很高，可我就是想家没有去。"他还说："我到现在也不后悔，在农村也不错，现在都住砖房，吃大米、白面，也和城里差不多。"

1961年困难时期，张少明在家乡挨饿去了东北，在火车上他丢失了党员手续。他说："我入党是拼命流血换来的，没有一定表现能入党吗？在部队入党要积极勇敢，我从来没有挨过一次批评。"由于几次搬迁，他当兵的所有证件和物品都遗失了，只剩下在朝鲜时祖国慰问给的手册和宣传册了。

没有光环的英雄
——东北革命根据地农村参战军人战斗生活故事

/ 244

　　张少明有6个孩子，和老伴有6亩土地，他说："我一家都感谢共产党，没有党就没有我们一家人。现在生活很好，吃的喝的比过去好太多了。"当孙子拿着慰问手册上面的毛泽东相片问他这是谁的时候，他说，现在这茬人教育不够，都忘本了。

　　张少明在部队行军打仗时落下了哮喘病，到老年病情加重，多年不能够劳动，妻子成为他们家的顶梁柱，家中大事小情都由她料理。就是上厕所的工夫没有穿鞋，老伴也追着过来拿鞋给穿上了。

38. 肖春林——带血的印记

肖春林，77岁，原四野39军战士，汤原县竹帘镇兴顺村人。1945年，加入汤原独立团，后改编到解放军四野39军当战士，在四平战役中精神受到刺激，后送到汤原荣军学校学习；1953年，回家务农，间歇性精神病经常复发，丧失了劳动能力。"文革"中选为大队革委会主任，因父母与军阀张作霖是亲属，被军管会定为"历史反革命"送精神病院关押，"文革"后上访给予平反。（2006.5.27）

别人或他自己不说，根本看不出他是精神病人。他和正常人一样每天遛大街，割猪食菜，养鸭养鹅。儿孙们叫爹、叫爷，一起吃饭生活，乡亲们称他叔叔、大爷，有说有笑。而让他说起从前当兵打仗的事情，他虽然思维不清，但是话语铿锵有力，落地有声。他是这样讲述他的经历的：

我十六七当兵，参军就打辽沈战役。共产党打游击战都是黑天打，打仗吃的是"苞米豆"，哪有饼干呀！穿的都是灰布衣服，里面写个名签，布鞋都是

没有光环的英雄
——东北革命根据地农村参战军人战斗生活故事

老百姓做的。四平战役打得最厉害,血水成河尸骨成堆,国民党火箭炮一排一排的,也没有挡住解放军,把四平打得就剩一个东北角,有个大官打败跑回去让蒋介石给枪毙了。(原国民党东北剿匪总司令卫立煌于锦州之战后,被蒋介石追究责任,将其软禁在南京寓所。卫立煌在1955年3月15日由香港返回祖国。)

打完四平国民党全部都投降了。我们村一起去了6个战士,打黑山阻击战死了一个,后来回来的现在就剩我一个了。那黑山阻击战打得,人死老多了,枪炮用不上都动刺刀捅。有好多新兵没见过这样的阵势,人都吓得尿裤子了。我有些懵但是还算是勇敢的兵,也不知道怎么捅倒了几个,手和全身都哆嗦呀!就是没有尿裤子,我虽然吓得得了病,也算是勇敢的兵。(他的精神就是在这次战役中受到的刺激。没尿裤子是英雄,就是尿了裤子再杀敌仍然是英雄。在战场上,一下子面对血腥淋淋的杀场,让你端起刺刀刺进敌人的身体,割断他的喉咙,砸出他的脑浆……是什么样的人能够不紧张从容下手呢?突如其来的惨烈精神崩溃,他们没有最后崩倒和后退,他们还是英雄。)

回来到武装部报到时,他们说我是精神病,把我送汤原去了,我说我是四野的,那个武装部长说我,你是四野下来的谁不是,什么人也不能在我这里耍横,就把我给绑起来拴门口大树上,说要好好收拾我。正好我们连长带战士送兵路过看到了,连长就找公安局,严厉地批评了那个武装部长。从那以后,人们都知道我有精神病,可是得精神病的多了,送我到汤原荣军学校学习时那里就有一个连的精神病,哭喊吵闹的、大头冲下跳大井的什么样的都有。

我回家后,因为有精神病没有人想嫁给我,后来上辽宁老家找了一个老伴儿,她一辈子照顾我,可跟我遭老罪了。我一犯病就看满墙满院子都是人,遍地都是血淋淋的死尸,就用手挠墙,把手指盖挠得都是血,墙上挠得都是血指印子,还用锹镐刨,刨出了大坑再用泥抹上厚厚的一层,再不就用

38. 肖春林——带血的印记

板子钉上，好把那里出来的人都盖上别再出来。我们家的老房子里屋让我刨得没有好地方了。我有青光眼，怕有亮光，就把窗户全都用被子和板子钉死，屋子一年四季都是黑的，再不就用脑袋撞玻璃窗户，没有办法窗户都换成了玻璃砖，每次都撞得头破血流，然后就全身抽筋，翻白眼嘴里吐沫子，身体像木头棍子一样。有时候看到外面墙上也有人和死尸，就连喊带骂用锹镐刨墙，用水盆子泼水。（儿媳妇说，他一犯病真吓人，连喊带叫很瘆人，连刨带挖地把个房子都弄得不能住人了。那场面谁看了都心疼害怕，也没有办法制止，年纪大了就更厉害了，这样折腾他也活不多长时间了。去年他得了脑血栓，差点没过去，花了1万多元钱。我们做儿女的有些受不了。我们说，这样的事放在谁身上也受不了，战场上厮杀残酷一阵子过去了，那是战场，战场就应该是那样你死我活的争斗。在现实中一个精神病人，每天都厮杀喊叫，把战场带到了平静的家庭生活，几十年如一日，那才是最残酷的磨难。）

刚回来那阵子干不了活，有几次都犯病累趴下了，队长说你别干了，干不了政府照顾得了。我家9口人，我干不了活儿，没有粮吃，就找政府解决问题，政府告诉我，回去指定有你的粮吃。后来来了7个县的民政科长到我家给评定，给我定的一年给3 000工分不用干活（原县民政局按照他精神病的伤残等级，列为特殊情况，协调工作由生产队给他全家一年3 000工分买粮生活）。

原来的房子已经破烂不堪，住不了人了，后来大队给房号，盖新房都是5个儿子种地弄的钱，还拉了不少饥荒（债务）。县乡民政对我很照顾，过年送给我钱和吃喝，团委书记还给我那么些衣服，我现在穿的毛料的衣服和哔叽服都是人家给的。

并不多余的后记

我进村打听肖春林家的住址时，人家说从你车旁过去的那个人就是。开始我也看到了他，给我的感觉他有些怪。我追上他问做什么去，他说去地里给鸭子挖野菜去。接着，我马上掏出照相机拍摄下了他特殊的形象，此时，我还不知道他是精神病人。

家里人都种地去了，我郑重其事地向他介绍采访情况，没想到他开口就吓了我一跳，像所有精神病人一样，说话没有边际，且疯话连篇，我感觉不好，又不得不听下去。过了很长时间，他的儿子和儿媳妇匆匆忙忙赶了回来，说是听说市里来采访的了，地也不种了，来照顾一下。他儿子先开口告诉我，他父亲是间歇性精神病，是打仗那时得的，还说见到我肯定要犯病，一会静下来就好了。实际上我也猜出几分了，因为我见过好几个这样在战场上被吓出精神病的老战士，据说，重的长期精神病都送鸡西军人精神疗养院了，间歇式的就在家里养着，享受残疾军人待遇。

等待了很长时间，老人家情绪稳定了许多，开始唠家常嗑了，才接着讲述他的故事，可我听着还是精神不正常的话语，我也就不费那个劲了，按照他的思路记录了下来。

让我心痛的是我看到的那些墙上的印记。肖春林患有严重的青光眼，眼睛害怕光线，平时畏光就戴墨镜，把家里所有的窗户都堵上了。犯病的时候，他的幻觉会看到墙上都是战场上冲锋厮杀的场面，他喊叫着："冲啊！杀呀！快跑

38. 肖春林——带血的印记

呀！"然后撕心裂肺恐怖地哭叫着，他又看到了鲜血淋淋的死尸，然后就用头撞，撞得头破血流；他用手指拼命抓挠，挠得满墙都是深深的手指印子，每次都把手挠得鲜血淋漓；再不就找来锹镐工具连刮带刨，用水浇用沙子扬。直闹得昏天黑地，壮烈凄惨，任何人都阻拦不了。最后，活活把一栋房子破坏得不能住人了。

看着满墙的印记，我的心在抖，这是战争的印记，是人间痛苦和悲惨的印记，是精神和生命搏斗的印记。想当年，这是怎样的一场精神和肉体的搏斗和抗争啊！

我本来不想编辑这个故事了，看到他这个样子，我自己的精神都有些受不了。而且，我们多年来都是弘扬坚强勇敢的英雄形象，而像这样的低调凄惨的事情一般都是回避的。但是，我最后还是把他编辑了进来，我认为，这是真实的，真实的东西最有力量，远比那些空洞装饰的语言更教育人。真实的他就是吓出了精神病，但是他身上也是有英雄精神存在的。

肖春林带着我参观他刨坏的房子和土墙，讲述他犯病的经历和状态，我问他你能够记得当时的事情吗？他说，他犯病的时候什么也不记得，都是家里人事后告诉他的。尤其是他的妻子，每次都是哭诉着告诉他当时的惨状，他们两个人每次都是抱头痛哭。肖春林还告诉我，妻子和孩子都很心疼他，可是谁都没有办法，也都受不了他的折腾。他这一折腾就是几十年，什么人也经受不了。

肖春林现在由儿子赡养，在新房子里居住。他平时不犯病的时候经常做些家务活，在村子里四处溜达。近年犯病的时候喊叫挠墙的行为少了，转变成了抽缩痉挛，身体状况一般。他对共产党和毛主席忠心诚挚，对政府和干部照顾他的事称赞不已，对乡亲和亲人亲爱有加，都是那些直来直去的真话。

没有光环的英雄
——东北革命根据地农村参战军人战斗生活故事

/ 250

在他们村我要采访的另一个老战士王金彦,可巧,就在他们家对门,在肖春林带领下一起访问了王金彦,当他们俩站在一起的时候,我被他们那种军人特殊的气质吸引住了,端起照相机就抓拍。而旁边的人却当作笑话,平时村子里的人把他们俩看成是老活宝。

39. 邹洪录——怒吼的机枪

邹洪录，80岁，原公安总队一师副班长，富锦市长安乡德胜村人。1946年，参军在合江省（已撤销，现黑龙江省域内）老5团当机枪弹药手，参加剿匪。后整编到四野独立师当战士、副班长，参加了辽沈战役和平津战役。北平解放后，部队改编为公安总队一师，专门负责北京的警戒任务。1950年抗美援朝战争开始，部队改编为志愿军自纠队，抓纪律犯和美韩间谍。1953年复员回乡务农。（2006.11.21）

  邹洪录，一个老老实实的农民，一个哭鼻子的战士，一个狠实的机枪手，还是一个志愿军的自纠队队员，他给我讲述了战争中很多我们不知道的故事。

  19岁的邹洪录参军被分配到了合江省（已撤销，现黑龙江省域内）老5团，就开始剿匪。1946年，土匪李华堂纠集了地主武装和日本特务，还有伪满警察和国民党勾结在一起，专门祸害老百姓，破坏东北解放区的土改。合江省（已撤

没有光环的英雄
——东北革命根据地农村参战军人战斗生活故事

销，现黑龙江省域内）调集了老5团和几个县大队开始围剿土匪，在山区足足追赶了8个月。6月，终于把土匪追到了距离刁翎、莲花泡子一里来地的屯子里，准备包围歼灭。上级命令拂晓进攻，以炮声为令。他们连夜摸到了屯子的炮台跟前埋伏下来，都等到太阳老高了，我军的大炮也没有动静。这时，团长把捡粪的一个老头叫过来，写个字条，让他送给土匪进行劝降。敌人不但没有投降，还开始顽抗。援兵上不来，敌人不投降，自己又暴露了，团长命令强攻，这次团长轻敌了。埋伏的战士一阵子机枪扫射，把土匪窝的大门打了好几个窟窿，三个连的战士们一窝蜂冲上去，准备用炸药炸大门，消灭土匪。结果，没冲出10步远，一大面子战士，就像高粱秆子似的都被扫倒在了雪地上。原来，敌人占据的一个大院，房子四周是一圈高高的围墙，从围墙里面掏的地洞，四周全都是枪眼，老百姓把它叫作"老虎不出洞"的炮台，就是人不用出来，就能把外面的人全打倒，能攻能守。事先部队没有侦察到这个情况，结果轻敌了，战士一冲锋就都暴露在敌人的枪眼下了。土匪枪法准，一枪一个将战士全部都撂倒了，连续冲锋了3次，一个团伤亡得就剩下了一个半连了。

团长后悔得骂骂咧咧地直哭，四处喊战士，"人都哪里去啦"。邹洪录是2排1班的机枪弹药手，他第一次打仗，哪见过这样血淋淋的生死场面。都是刚参军的战士，枪还都不会放呢，刚才大家还在身边说话，都是生龙活虎的，转眼间就有好几个都被打倒在了前边的雪地里。他就觉得一股酸热涌进了肺喉，泪水糊住了眼睛，他哭得伤心极了，觉得胸口刀剜似的痛，边哭边喊："怎么也不能把他们扔在雪地里呀！"他不知道哪来股劲，也不知道什么危险，跳出去几步跑过去就抱起一个最要好的战友，翻过身就看那人前胸还咕嘟咕嘟冒血呢，十七八岁还是个孩子，只动了一下眼皮就死了。邹洪录喊了一声他的名字，拽过来背着就跑。他哭着对死人说："我怎么也不能让你死在这里没人管啊！"敌人一阵枪响都打在了他后背已经死亡的战友身上，他突然猛醒，知道敌人的枪法准，再打，他也活不成了。他灵机一动，拽着战友尸体的两只脚，倒背着牺牲的战士往回爬，子弹打不着他，他一口气把5个战友都背了回来。

39. 邹洪录——怒吼的机枪

他把牺牲的战友整齐地排列在地上,一边给他们整理一边抱着脑袋痛哭。这一辈子就这次让他悲痛到了极点。他守着血淋淋的尸体,看着他们一点点僵硬,又慢慢冻成了冰坨,就这样边哭边等。他说:"我当时就没有认为他们已经死了,抢回来摆在地上的时候,我还以为他们一会儿就能活过来,直到后来被大车拉走了,看着一车一车冻得硬邦邦的尸体埋在东山上,我那时才缓过劲来。后来我就想,人死了就是那么回事,打仗一枪没放也是死,杀死更多的敌人也是死,就豁出去能杀死一个敌人就多赚一个。"后来一直艰难地等到第二天八九点钟,就听后面炮声响起来,炮弹炸得敌人骑马往外冲,二团用轻重机枪火力猛打,把土匪的人和马都打上撂了,共击毙1 000多人,抓住了1 000多人,剩下不到几百人钻进了深山老林。此时,团长看见首长哇哇大哭。首长说山路不好走,炮车意外坏到70里地外了。战斗结束后就开庆功会,公审土匪,把牺牲的战士一排排都埋在了刁翎的东山上。大家都说:"难舍难离刁翎县,伤心落泪莲花泡。"

后来土匪打散后,很多人没有吃喝就下山投降,有的被当地武装消灭了,有的被老百姓和亲属举报自首了,匪首李华堂后来被我军俘虏。当时流传着"婶子抓侄""老爹掏儿子心吃"等大义灭亲的故事。据说有个婶子和叔叔在地里挖土豆子,当土匪的侄子逃跑时找到他们要吃的,他叔叔给他扒了8穗苞米烧着吃,他婶子在后面解开裤腰带,一下子就把土匪侄子勒上了,高声喊一边的丈夫,说你还不上手抓住他,还让他祸害人哪!老两口就把亲侄子送到政府处决了。

剿匪胜利后,邹洪录就被整编到四野独立师当战士。邹洪录是个老实巴交的人,平时连杀鸡都不忍心下手,看着流血和死人都害怕,还做噩梦。就是从那次剿匪战斗后,他好像一下子锻炼出来了,什么也不怕了,他人也坚强硬实了起来。他说:"战场上你经历一次就什么也不怕了,再说,敌人你不打死他,他就打死你。我就想可别让敌人给打死了,要先下手为强,狠下手把敌人打死,这样才好保存自己。"他参加了吉林、长春战役打了几仗后,由于他作战英勇,部队提拔他当了副班长。每次战斗,他都把它当成为牺牲的战友复仇的机会,他眼前闪现的都是那些满脸鲜血已经牺牲的亲爱战友的脸庞。正在他前进扫射的时候,

没有光环的英雄
——东北革命根据地农村参战军人战斗生活故事

一颗子弹打伤了他的腿,他摔了一个跟头,竟然不知道自己受伤,他还以为是什么东西绊倒了呢,爬起来还端着机枪扫射呢。他心想,反正是打死一个少一个祸害。后来在战场上下来,战友们发现他腿上淌血,连长把他叫过来,让他立正出列,到卫生队报到,他还以为去执行什么任务呢。结果到了卫生队,连长一下把他的枪下了,一把把他推到手术床上,用几个人摁住,不打麻药就取出了子弹。

在黑山阻击沈阳的增援敌人时,遍地都是溃不成军的敌人,怕敌人反冲锋,他站在深水里面,端着转盘机枪横着扫射,一下就打掉了500发子弹,把敌人打到一面子一面子的没有回头路,两个枪身都被他打红了,攥枪身的手都打木了。

打完了国民党,邹洪录就赶上了1950年抗美援朝战争。这次他没有上前线打仗,却当了志愿军自纠队的队员。平津战役后,他们部队改编成公安总队一师留守北京,入朝后又改成了志愿军自纠队。彭德怀亲自给他们讲的话,告诉他们的任务就是为了检查军容军纪,整顿部队纪律,特意强调不管是志愿军还是朝鲜人民军,不管是哪国的老百姓,还有不管是多大的官,都可以检查整顿。他们的主要任务是针对部队刚入朝的时候,有些担架队人员失散的问题,他们素质不高,有的人难免犯纪律,他们的任务就是把犯纪律的人抓回来肃清纪律和影响。

自纠大队分东西中线,一线一个营。邹洪录他们自纠连分配到东线元山执行任务,一直管到汉城(今名"首尔")。开始抓的纪律犯很多,一天盘查就抓30多个,集中搜索抓了半年,后来明显减少。有个担架队的战士在战斗的时候脱离了部队,他打死了一个朝鲜人民军的战士,抢了一支手枪,然后跑到一个村子里祸害妇女,晚上出去偷抢部队运输粮食和给养物资的汽车。后来一位朝鲜老太太来部队告状,自纠队就到那个山沟子去抓他。抓到后当天就送到志愿军总部,经查实后当天就被枪毙了。第二天派人到村子里搜查,在一个房子后面搜查出偷抢的大米、罐头整整有3汽车。

自纠大队还有个任务就是抓特务和间谍。有一次,部队发现一个山洞子里出来个可疑的人打水,这里从来没有老百姓活动,就怀疑是特务搞间谍活动,连里就派邹洪录带领他们一个班去执行任务。进洞后他看到里面点着电灯,有三个

39. 邹洪录——怒吼的机枪

人,一个是美国人,两个是韩国兵,正在点灯发报呢。战士们悄悄摸上去,一下子把那三个人擒住了。两个韩国特务仗着会几下功夫想反抗,邹洪录上去就抡了几枪托子,打得他们好几个趔趄,当时就满脸淌血。抓到了大特

邹洪录第一次讲述战斗故事的时候,是那样兴奋、精神矍铄。

务不能疏忽,连长命令连夜送往营部审讯,他们带上三个特务,还拉了70多个纪律犯一起带过去了。三个特务都用手铐扣上,他亲自看押,怕出什么意外,纪律犯都用绳子拴上绑在汽车上,就去了他们四个人押送。刚到马转岭,敌人的飞机就来了300多架,可能就是这三个特务电报联系的。飞机到了这里转一个圈先扔照明弹,然后大面积地扔开了炸弹,有个炸弹"咔嚓"一声像打个沉雷似的在他们的汽车旁爆炸了,邹洪录被炸弹炸翻的土埋了起来,战士们就边喊他的名字边用手刨土,他被刨出来的时候,昏昏沉沉的,幸好只负了点轻伤,可是耳朵嗡嗡响,什么也听不到,他的耳朵被震聋了。他是班长,马上清点战士和俘虏人数,好在战士没有伤亡,当时炸死了一个韩国特务,还死伤几个纪律犯,他们继续押着犯人和特务直到把他们送到了指挥部。

邹洪录有8个孩子,除了一个儿子在外面打工,其余均在农村种地。他和妻子有1.4垧土地,老房子破旧不能住人,后花钱买个旧房。他说:"我以前孩子那么多可困难了,也从来没有找过国家,能自己过得去就行,我打仗命大没有死,活着回来就行了。"我的到来使他的老伴和孩子很高兴,一大家人都来了,围了一屋子人,大家一起听他讲战斗故事。他老伴还张罗让邹洪录抓小鸡给我吃。我深深地感受到了一个家庭的温暖。

邹洪录这个人把什么都看得很淡,什么都知足,与世无争。就是当初孩子

把他的转业证明书烧了他心疼了，上股儿急火，眼睛都肿了。他说："那上面有毛主席和朱总司令的像，有所在部队番号、功劳，负伤情况也全在上面，拿到哪里都好使，那可是我的命根子呀！"他的儿子说："我老父亲平时什么困难都不找政府和村子，我们要说他功劳大待遇少，他就会跟我们急眼。虽然他从不拿自己的功劳压人，但是他很拿自己的经历当回事。要是他的事迹能够登报和出书的话，一定给他邮寄过来，他会幸福高兴到老的。"

1953年，邹洪录在北京公安总队复员回乡务农，先后担任了生产队的支部书记、队长、民兵连长、治保主任等职。后来，他就一直在农村当社员，劳动几十年身体仍然很好，就是现在人老了他也待不住，经常下地帮儿子忙，鸡鸭猪狗喂了很多。后来再次采访他的时候，他得了重病，老伴说他活不多长时间了。用盆子栽点芹菜苗，准备给他包饺子吃。

一年后，我第二次到他家的时候，邹洪录自己在家，他80岁的老伴出去打工扒苞米去了。我跟邹洪录说话他竟然不认识我了，表情痴呆麻木，跟先前那个精神矍铄的老战士判若两人。我说我是那个采访你的老肖呀，他说："我是当过兵，什么事情都忘啦。"正在我疑惑不解时，他老伴回来了，见面就抱着我号啕大哭，我这才知道，邹洪录在我走后不久得了严重的脑血栓，整个人已经废了。他老伴拉着我说："他得病可花老钱了，儿女们说他这辈子是革命功臣，说什么也要救活他。"家里没有什么招待我，老太太到园子里摘了一些西红柿，邹洪录也没有抬头看我，麻木地拿起一个西红柿就吃，此时我的心里真是酸楚。

40. 杨庆丰——嘹亮的军号

杨庆丰，80岁，原43军108师382团司号员，桦南县孟家岗建华村人。1946年，加入合江省（已撤销，现黑龙江省域内）独立团，后整编到43军，先后担任连、营、团司号员。辽沈战役中参加了吉林、德惠、四平、长春、辽阳、锦州的战斗。南下后参加了解放天津、北京、武汉、广州、海南岛的战役。荣立三等功两次，负伤五次，没有要求办理残疾待遇。1954年复员回乡务农。
（2006.11.3）

  杨庆丰参军后在部队一直干了8年司号员，从连一直升迁到团，也就是相当于一个班级干部。号兵别看不起眼，不是一般什么人都能够干的。号兵不光是吹冲锋、休息、集合几个号点，他还担负部队联络的重任，要求死记硬背掌握几个部队和众多首长的番号，像密电码一样。如果被捕，绝不可以泄露机密，只有壮烈牺牲。还有，号兵也最危险，打仗冲锋，是敌人最先消灭的目标。所以部队培训的时候，10个人中才能选出两三个来。而杨庆丰这个号兵，不但能够完成联络

没有光环的英雄
——东北革命根据地农村参战军人战斗生活故事

任务，在部队还是一个肩负重任、身经百战的勇士。

杨庆丰参军就在赫赫有名且敢于拼死打硬仗的"英雄9连"当号兵，当时也正是在"三下江南，四保临江"最艰苦的时候。解放战争初期解放军不是节节胜利的，国民党边谈判边运兵发动内战，解放军的武器落后，几次集中兵力反击国民党军，都没有取得大的战略胜利。

在部队时战友给杨庆丰画的画像。

1947年6月，杨庆丰他们军开赴前线进行第三次打四平。围攻了30多天，铁道西的敌人都打完了，只剩东面一些敌人顽抗，眼看就要胜利了，国民党就从热河调集了7个师的兵力来增援，部队下令撤退时，敌人已经攻了上来。"英雄9连"在攻城打前锋的时候，伤亡就已经很大了，这时，他们又承担了阻击敌人掩护其他部队撤退的任务，他们边打边撤，一宿才撤了五六里地。人多势众的敌人成帮地往上涌，猛烈的火力完全压住了拼死抵抗的战士们。当时杨庆丰的裤子都打成筛子眼了，就看身边的战士一个个都相继倒下牺牲了，"英雄9连"战死100多人，最后就剩下23人，打死打伤的战士没有机会往下抬，只好忍痛留下。连长的通信员在快突围出去的时候牺牲了，平时像个硬汉子似的连长突然再也忍不住了，火光里就看他满脸是泪水，他哭喊着声音都变了，他命令让杨庆丰必须把牺牲的通信员给他抬出去。杨庆丰知道通信员是跟连长从抗日那时候过来的，更知道连长对战士的感情深厚，一下子死了那么多英勇的战士，他受不了，别人也受不了。他和几个剩下的战士连背带扛，冒着枪林弹雨，宁可自己牺牲了，也要把那个通信员带出去。天亮的时候他们追上了大部队，撤退的部队都在大平道上，连军部师部和炮车浩浩荡荡的。国民党这时来了3架飞机狂轰滥炸，后面还有敌人的一个师在追击，解放军就用一个师的人顶着打，一口气跑到吉林西安。

杨庆丰说："胜利来之不易呀，我们'英雄9连'眼看在打锦州要胜利的时

40. 杨庆丰——嘹亮的军号

候，最后又大部分都战死了。"在西安整顿时，9连重新扩建了队伍，杨庆丰也调到了营部去当司号员，接着就开始打锦州。解放军连包围带攻打进行了7天，在铁路车站边上抓住了国民党兵团司令。刚刚休息整顿，沈阳的国民党12个师全部出动杀过来，要夺回锦州。敌人走到彰武，把解放军第四军包围，眼看就要全军覆灭了，上级就让杨庆丰他们部队去打增援。部队准备先到朱家窝棚打国民党一个师的守军，结果向导给带冒进了，一下就闯到了朱家窝棚的敌人堆里。9连在前面的是尖兵连，在距离敌人不到200米的时候就打起来了。敌人猛烈的火力一下子就把前面的尖兵连给压住了。就听前面激烈的枪炮声打红了半个天，到晚上7点多钟枪声才稀落下来。战斗开打前后就失去了联系，营长说："号目，你进去看看，联系一下。"营部的司号员就叫"号目"，杨庆丰头一次单独执行这样的任务，心里紧张壮了下胆，压上子弹，端着枪就冲进了前沿阵地。快走到阵地了，一看敌人已经开始撤退，他急忙回来报告营长。营长告诉吹号进攻，嘹亮的冲锋号打破了平静的夜晚，战士们呼啦啦冲向村子，敌人望风而逃。刚进村，大家就被眼前的场面惊呆了，就看敌人的阵地上到处都是死尸，而在进攻敌人阵地的路途中都是9连的尖刀连牺牲的战士。最惊人的是，在敌人的阵地上躺着平时有名的8位战斗英雄，他们有的抱着炸药包，有的抱着机枪，有的拿着刺刀带血的步枪……他们浑身血红，身上有好多个枪眼还在冒血，有的被刺刀挑得开膛破肚。大家知道，这里一定发生了一场恶战，战士们震惊了，都被悲壮的场面震动得悲痛得哭了，营长也失声痛哭了起来。大家都喊着烈士英雄的名字，呼喊着英雄连。这可是我们的战斗英雄连呀！他们也是我们部队的猛虎尖刀连，坚决完成任务连哪！他们都是抗日过来的呀！营长和大家边哭边挖坑，一个坑里埋几个，都整齐地安葬了。9连最后就剩一个连长，还把脚后跟打掉了，剩几个伤兵也没有了战斗力。天亮了，营长指挥这些愤怒悲情的战士跑了20多里地，赶到了辽西战场，站在山上一看，底下大荒甸子漫山遍野方圆几十里都打乱套了。战士们憋足劲头，冲下山勇猛杀敌，杨庆丰吹完号也端枪去消灭敌人，大腿上中弹也不知道。最后打胜了辽西战役，辽沈战役胜利结束。

没有光环的英雄
——东北革命根据地农村参战军人战斗生活故事

1949年，杨庆丰他们部队开始南下，从广州开始进攻广西，追击白崇禧的国民党逃军。国民党有7个军，副指挥是张干，解放军一个月都没有追上。敌人很狡猾，一路算计着走，你停他也停，你走他也走。在距离博白县有120里地的时候，国民党又开始算计，认为解放军吃饭睡觉一宿追不上，这样他们就放心休息睡大觉。可是他们算计错了，解放军饭没吃，一宿急行军120里路快速到了博白县，一枪没有放，接连破了国民党两道警戒哨，战士们冲进城时国民党还不知道呢，他们正高枕无忧地放心休息睡觉。战士们上去用枪都顶头上了，大喊不许动，都缴枪不杀！国民党兵还以为是自己人，还说别闹了。进攻敌军指挥部的县政府办公楼时，国民党有一个警卫团猛烈还击，部队就调来火箭炮打，几下子就把小三楼给炸开了，把敌人全打垮了。杨庆丰他们营这个时候奋勇进攻，当即抓住敌人的军级干部十几个。大家四处寻找敌司令张干，战士手里都有他的照片，问这些俘虏军官都说不知道，搜查了一番也没有找到。晚上打扫完战场吃饭的时候，有个副连长找杨庆丰上楼去想找点好吃的。走到三楼敌人睡觉的卧室，杨庆丰听到好像有人喘气，副连长掏出枪大声喊"谁，出来！"这个时候从床底下出来个挺高挺胖的人来。副连长问："你是谁？"他说："我是司令"，又问："你是张干吗？"他说"是。"他们一看抓住张干高兴了起来，张干却一言不发，也不坐下来，他没有瞧得起解放军战士，他们只好将他送到军部。军长说你下令都投降吧，结果他说话不好使，下面还是打。国民党有6个军，解放军只有3个军，打了一宿直到天亮，最后以少胜多把国民党部队打败了。

1949年3月，杨庆丰被提升到了团里当司号员，他们部队集结在湛江市，准备开始强渡琼州海峡解放海南岛。当时战士们都不愿意再打仗了。杨庆丰说："在练兵的3个月里，就教育学习忆苦思甜，战士们讲受贫穷受压迫都哭了，诉苦增加了力量。一诉苦也就是要打大仗了。"开始进攻那天，看天气预报说有7级西北风，解放军3个军有50多艘船，一艘船有的坐30多人，有的坐百十个人，每个连出一个炮兵排，船上装半船沙子，上面放上大炮，这个炮船

40. 杨庆丰——嘹亮的军号

的任务不干别的就专打军舰。杨庆丰说:"那天战士们情绪可低落了,有的一宿吃了5顿饭,把手里的两个钱都花完了,一想也不知道能不能够回来,都说国民党有一个舰队,那船一走海浪一鼓还不把咱们的木头船给鼓翻了呀!这个时候也不管迷信不迷信了,船夫烧上香开始祷告,战士们都得听他的,船夫是花钱雇的,一只船500大洋,一个船夫40大洋。"杨庆丰说:"进攻的时候是晚上,起船的时候傻眼了,风也没有刮呀,就靠人划船。大伙说,这样到海南岛一宿也到不了呀!战士们都急眼了,说这气象预报不准呀!没风这一宿也到不了海南岛,半路上还不得喂鱼呀。"

这个时候,国民党的军舰挑灯从海口出来了,它开炮打解放军的渡海渔船,解放军所有的炮船都开炮,一下子把它打蒙了,敌炮舰不知道满大海里有多少炮,也不知道打哪个好,就在海里转圈跑。半夜10点多钟起风了,不长时间就到对面海岸了,原计划半夜1点钟登陆,好趁天黑海防线上国民党守军看不着时进攻,可是等渡海军队登陆时,太阳都出老高了,在距离海沿登陆还有几海里时,就被敌人发现了。敌人的枪炮像刮风似的封住海岸线,有的船没有靠岸,距离海沿几海里时就被打坏了,海浪掀起来像房子那么高,平时不学习游泳不会水的都跳水淹死了。登陆上岸时又遇到了强烈阻击,还越打越硬,战士们不知道怎么回事。团长命令杨庆丰说:"你带几个人,过去抓一个俘虏问问怎么回事。"他们过去一看打仗的都是少数民族打扮的冯白驹游击队,在游击队的配合下,解放军绕过国民党的防线,上岸后就直接向里面挺进,一天100里,连行军带打仗,海南岛16个县,解放军一气儿打了42天。在攻打其中一个寺庙的时候,杨庆丰他们团把国民党包围了,敌人又增兵把解放军围上了,就这样里三层外三层打夹馅了,眼看部队要被敌人消灭,团长这时又命令杨庆丰,叫他单独去联系调兵,找师部增援。大黑天杨庆丰摸着爬了出去,刚上道就迎面撞上了国民党的尖兵部队。他吓得一惊,紧张地想着对策,一再告诫自己,千万不能跑,一跑就会被他们乱枪打死。他把解放军帽子摘下来,站在那里,壮着胆子迎着敌人。敌人问什么人,哪部分的?他硬着头皮唬他们

没有光环的英雄
——东北革命根据地农村参战军人战斗生活故事

杨庆丰在辽西战场上负伤留下的伤疤。他说:"我当时还不知道,战斗结束的时候,别人告诉我,我才知道。"

说:"是司令部的号兵,联系部队的。"敌人看他确实拿着号,可能觉得司令部号兵起码也是个连级,看他大摇大摆的样子,没敢惹他。刚走几步就遇上了后面上来的国民党大部队,头里那个大官戴个大盖帽,歪着脑袋瞅了他半天没吱声。他心里紧张心跳得厉害,但还是昂首挺胸、满不在乎地唬过去了。看敌人走远了,他撒腿就跑,估计距离师部不远了,急忙找个山头上去,掏出号就吹师部的番号。他说:"我的号声刚落,那边师部回答的号声就响了。那时刻激动得我比什么都高兴。我马上吹增援号,师部那边回号问我们方位,一对一答,联系上后,师部就派来增援部队把敌人打退了。那次我立了三等战功。"

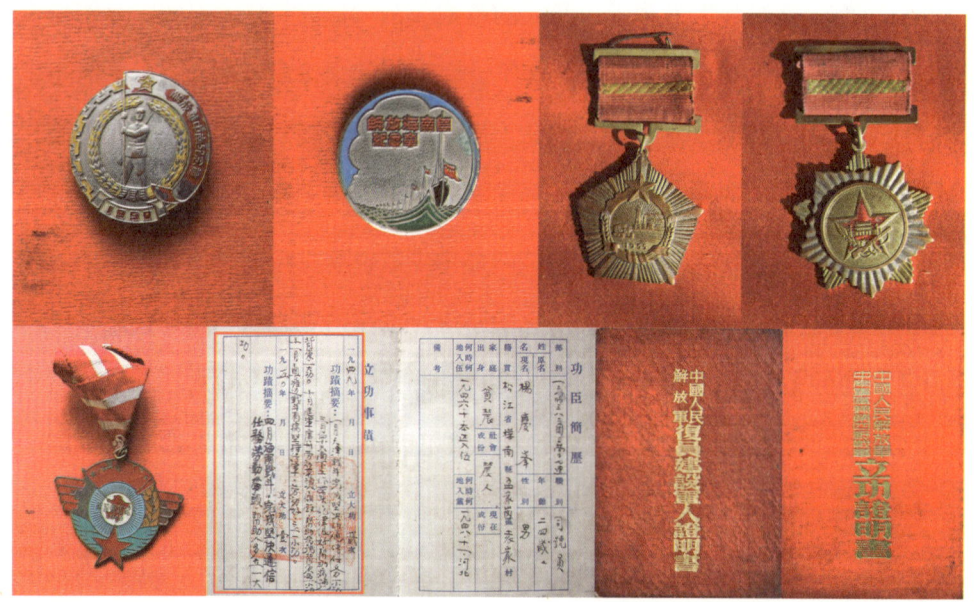

杨庆丰在历次战役中获得的纪念章、立功证书和他的复员军人证明书。

40. 杨庆丰——嘹亮的军号

杨庆丰于1954年复员，他被分配上新疆、广西和西藏他都没有去，就回黑龙江老家务农。他在这里一干就是50年，当了20多年的村干部，现在岁数大了，就回家全面管理家务。

杨庆丰妻子去世11年了，他有两个儿子，现在和小儿子一起生活。小儿子都30多岁了还没有成家立业，他又当爹又当妈，每天做饭洗衣服，两个光棍对付着过日子。县民政局照顾扶贫，给他盖了两间房子，可是因为他收入少，土地被小儿子低价包出去20年，生活还是困难。

杨庆丰在村子里当了两年大队长和十几年书记，给村子立下了汗马功劳。他说他以前从来不顾自己和家庭，起早贪黑地干，他这一生就是为国家解放和农村富裕献身的，他说他不后悔，起码他对得起共产党员的名号。

杨庆丰的生活费用就是包出去的几亩口粮地，一年800元，外加优抚费一季度420元。他说："自己现在是穷了，补助费也很少，可是，打仗拼命那个时候，也不是为现在要几个补助费打的。那时挂了五次彩，大腿都穿透了，回来复员一点要求都没有，根本就没有想什么待遇。我当书记时，老觉得自己是党员，没有钱宁可从个人借，也不上大队借。"

没有光环的英雄
——东北革命根据地农村参战军人战斗生活故事

　　县武装部的政委听说杨庆丰是老战士、老书记，特意专程和我一起来看望他。杨庆丰激动得两眼闪现泪花，嚅动了半天嘴唇才说："你是今年第一个来看望我的领导，以前县委书记来我们这里走访过，共产党还没有忘记我们这些为国家打江山的人。"

41. 丁长友——双枪警卫员

丁长友，78岁，原一野一纵19旅55团警卫班长，富锦市砚山乡东瑞村人。1943年，在山东肥城参加县大队开始抗日，解放战争整编到二野部队，给团长当警卫员，参加了安阳战斗、羊山战斗，进军大别山。1948年，参加淮海战役，后期随患病首长进城。1949年，因病要求复员回家；1952年，在大连油漆合成厂工作；1962年，他因为生活困难，主动要求下放到黑龙江落户。（2006.11.20）

丁长友参加的是八路军的地方武装县大队。他是个孤儿，父母和哥哥、弟弟都相继患病死去，他给人扛活，东家只给饭吃不给工钱，他年幼时饱尝人间冷暖和屈辱。他说："不去当八路军，早晚也得被日本侵略者抓去当汉奸和出劳工，不是八路军收留我早就死了。"

丁长友讲究忠孝，他没有父母，就把部队的长兄当父母敬重，以义气忠良为本。1943年，肥城的抗日县大队发展到1 000多人，经常出入敌占区打击日本的零星部队，缴获武器武装自己，他和战友们经常装扮成小孩一起出去打日本兵、抓汉奸。日本兵进村扫荡时，县大队马上集合在青纱帐半路埋伏，他人小也是指哪打哪。他们打游击战的这个地方，就是电影《地道战》描述的地区范围。1943年，日军集中力量开始大扫荡，有一次，日军把好几个村庄的兵力都集中一起包围了路房村，把县大队三个营和老百姓包围在村子里，准备实行"三光政策"，摧毁这里的抗日有生力量。县大队就和日本兵打起了地道战和麻雀战，战士们在房子上架起机枪打，在老百姓修筑的地道和房顶上房底下的墙洞子里来回穿梭打伏击。日本兵在河沿冲锋几次都没有成功，被战士们打死100多人，县大队也牺牲了好几十战士。战斗打了三天三夜，日本兵吃了亏，就抓老百姓用机枪扫射。掩埋战士和乡亲的时候，人们看着那些惨死的乡亲们的尸体哭声连天，惊天动地。丁长友从没有见过这样血腥残忍的场面，他和人们一样，痛恨日本侵略者没有人性，从那以后，他再打日本侵略者的时候，就狠命往死里打绝不轻饶。

解放战争时期，丁长友参加了解放军一野一纵19旅55团，他给团长当警卫员。开始的几个战役都不顺利，因为国民党武器精良，解放军伤亡较大。这样就发明了"催雷弹"和"爆炸弹"，一个最原始、最传统但是最具有威力、让敌人震惊的土制武器。在羊山战斗中，解放军先围困了国民党一个多月，敌人依靠坚固的防御和精良武器抵抗，打了40多天没有攻破。最后解放军开始强攻，有个战士发明了"催雷弹"，用个大木头排子，上面绑满了手榴弹，底下装上地雷，远远拉响地雷，地雷一爆炸，就把几十上百颗手榴弹全部炸飞了起来，成片的手榴弹铺天盖地飞进城里，大面积四处开花爆炸。战士还找来大汽油桶，里面装上土炸药和几百颗手榴弹，制造成特制"爆炸弹"。战士们把它推到敌人前沿后撤退下来，等敌人冲上来的时候，点燃炮捻子，特大号的炮筒子轰然巨响，趁敌人晕头转向伤亡遍地的时候，解放军顺利攻进城里。

在淮海战役前夕，解放军有个著名的行动，就是进军大别山，把主要战场由解放区转移到国统区。1947年，刘邓大军千里跃进大别山，然后又转出来，就留下他们19旅在大别山牵制敌人。当时，国民党有20个师围剿他们，部队在山上与

41. 丁长友——双枪警卫员

多少倍于他们的敌人开展游击战，还带领群众斗地主土豪，消灭地主武装"小保队"。平时解放军一个旅的人全部都分散到了山里隐蔽起来，大到一个排几十个人，少就几个人，满山开花打敌人，让敌人摸不着头脑到底有多少人，一有机会还集中合围消灭敌人。

丁长友给团长当警卫员时团长给他配了20响的双枪，他平时偷着找地方练习枪法，好用来保护首长。他说："因为我是团长的警卫班长，运送弹药的人特意多给了我几箱子弹，有时候连长们都找我索要子弹。我子弹多就找地方偷着练习枪法，最后练成了神枪手。"有一次地方的一个民兵连长看他使双枪就跟他打赌，他一时兴起忘了纪律，抬手"砰"的一枪就把斑鸠窝给打了下来，这下惊动了开会的团长，下命令要他蹲禁闭。他当时有些不服气，他说平时不练枪法怎么保护你呀！团长当着大家的面，指着门前百来米的一棵树说："你现在给我打，打不上，我就关你禁闭。"他也不含糊，掏出枪连打三发都命中了。团长让他使用步枪把200米外的一个葫芦当敌人的脑袋打，他抄起来步枪把葫芦脑袋打飞了。团长还不依不饶，非让他骑马用短枪打绳子，他翻身上马回头连续"啪啪啪"放了三枪，有两枪都打在了绳子上。这个时候大伙拍起巴掌来，都称他是神枪手，团长高兴了，说他这神枪手还真行，今后到哪里放枪都可以随便打。团长从此对他另眼相看。

在山上被牵制的敌人开始集中力量来围剿解放军，国民党11师和28师在黑洼把19旅全部包围，像铁桶一样，要想突围出去很难。旅长就下了命令，让各团各连分散坚守阵地，一个连把一个山头，一共占了7个山头。部队占领山头后敌人就开始了强攻，从早上一直打到天黑，6个山头都被敌人的大部队占领了。丁长友他们团最后剩下不到100来人，从山上突围的时候，他的枪法派上了用场，他紧护着团长用双枪开道，一挥手就撂倒几个，再挥手又是几个，硬是拼出一条血路来。最后就剩一个旅长指挥部这里的山头了，大家都集中在了这里，全旅3 000多人就剩下370多名战士。几千个战士的尸体铺满了山坡和沟壑，没有时间和能力掩埋，跑回来的少部分战士已经筋疲力尽了，这次光团长就牺牲了两个，

没有光环的英雄
——东北革命根据地农村参战军人战斗生活故事

剩下的政委回来抱着旅长哭。没有见过战争场面的人,是不会体会到血腥厮杀的残酷的,也很难理解什么是意识崩溃和意志坚强。面临这样敌众我寡的现实,历朝历代,有哪个军队不是以投降和溃散而告终的。但是,人民解放军却有中国人民的骨气和脊梁,从参战起,这个以翻身穷人为主的军队,就以不当俘虏、血战到底的气概威震四方。现在,剩下的这300多名衣衫褴褛、武器不全、弹药缺乏、极度疲劳的战士,仍然在敌人的重重包围和叫嚣中誓死抵抗。这个时候,山下和半山腰全都是敌人。抵抗到半夜,旅长命令一部分战士掩护,他领着其余的战士突围。大家手拉手在半山腰绕道,在一个敌人以为不可能走人的悬崖峭壁的山空子,连夜偷偷摸出来了。

后来到了淮河北找到大部队,进行重新整编又返回大别山。这时,国民党大部队已经撤回城里被打败了,他们的任务就是清剿地主武装的"小保队"。"小保队"是大别山区的土匪、地痞流氓以及恶霸组织,凶狠地残害解放军和工作组。解放军就采取全面清剿,重点打击的手段进行镇压。首战告捷打下了七里坪,"小保队"一个团全部被消灭,部队开始领导地方开展了斗地主分田地。有一天团部在沈家屯驻扎,地主的"小保队"300多人就从两山的沟子里偷偷摸了上来。敌人的机枪和小炮都对准了团部门口,满以为房子里几个人无力反抗,一定是手到擒来了。敌人在外面猖狂地喊叫让解放军交枪,丁长友这个时候已经是警卫班长了,他想,作为班长,危难之时自己必须挺身而出。他挡在门口,镇定了一下,就看他高大的身子像一面墙一样,"呼"地一下子站起来,掏出双枪,踢开门,甩起双枪20响,冲着堵门的敌人开火,一下子就打倒六七个。敌人惊呆了,慌乱之时,他夺过敌人支着的机枪,冲着没有定神的敌人扫射,把敌人打得连滚带爬。屋子里的团长带领警卫员也冲了出来,英勇抗击,这个时候,两边山上警卫的两个排也冲了过来。战斗打了一会就结束了,部队仅3个排的解放军,一下子打败了敌人两个连的兵,打死敌人100多人,其余全部抓了俘虏。

41. 丁长友——双枪警卫员

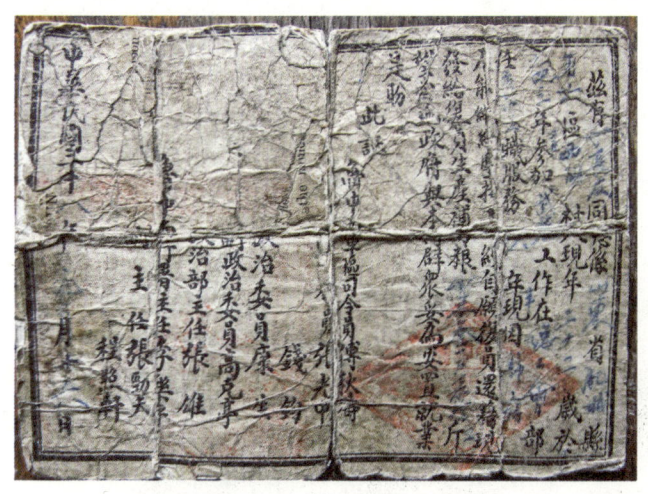

丁长友的复员证是独家所有。因为他所保护的团长后来因病下了战场，到了开封总工会当主席，特意留他跟随继续当警卫员。后来他也因病复员，因为他复员时已不属于部队的军人，就由河南军区和省总工会联合签署给他发了一个特殊的复员证。

1948年后，丁长友他们部队从大别山下来参加了淮海战役，解放徐州后，团长得了重病，被分配到开封当总工会主席，他就随首长进了城。1949年，中华人民共和国成立后，丁长友的身体因在大别山的艰苦条件下得了严重的腿痛病，他就要求复员回家。他为人始终是讲信誉，真诚爽直，对党和政府忠诚、热爱。在我采访后，老人步履蹒跚地坚持送我到村口大路上，还一再表示，感谢党和政府关心老战士。

1952年，丁长友到大连随对象找工作，在大连油漆合成厂工作。1962年，他因为生活困难，主动要求下放到黑龙江落户。丁长友为人处世谦和勤劳，一辈子跟妻子从来没有红过脸，从来没有和乡亲闹过意见，无论是谁家割地、盖房子他都会去帮忙。

没有光环的英雄
——东北革命根据地农村参战军人战斗生活故事

丁长友在这个村子里和乡亲们的关系很好,人家都说他这个老战士没有大架子,为人热心肠。他在这里几十年,当过打头的,当过队长,他说:"我这个人就是有劲儿,肯出力,就知道干活,一辈子没做过坏事。"

丁长友有5个孩子,儿子生活过得一般。老房子倒塌后他们有段时间没有地方去,就想到老年公寓,可是一打听费用很高。后来大女儿负责养活他们老两口,姑爷开面粉加工厂,生活还比较富裕。就是他腿疼这个老毛病让他很遭罪,他每天都坚持锻炼晒太阳。有的老战士找他议论待遇高低的问题,他从不参与、过问。他说:"革命成功了就行了,自己心里头从来没有什么想法,也没有居功自傲想贪图什么的要求。"

42. 于凤先——不死的"英雄鬼"

于凤先，79岁，原四野38军112师班长，佳木斯郊区永安乡兴安村人。1946年，在阿城参军为战士，参加了"三下江南，四保临江"的战斗，入党当了班长，在攻打榆树县的战斗中荣立二等功。参加黑山和沈阳战役，负轻伤一次，在解放天津战役中荣立二等战功。1950年，被定为三等乙级残疾复员，后放弃城市工作回乡务农。（2006.7.27）

于凤先参军时，东北解放区还没有建立起来，解放军在艰苦卓绝的条件下背水作战。他们响应中央"三下江南，四保临江"的指示，从牡丹江进吉林打到辽宁，往返几次拉锯，欲在南满地区站稳脚跟。他说："那时国民党比较强大，占据了东北的主要城市，他们都是美式装备的军队。蒋介石准备要把解放军撵到佳木斯的松花江彻底消灭，或者撵过苏联去，不让我们东山再起。结果国民党大部队把解放军撵到了松花江上游的吉林，不知什么原因停了下来。松花江下游的

没有光环的英雄
——东北革命根据地农村参战军人战斗生活故事

国民党没有来，这里就成了共产党的根据地了。这样我们才有力量在哈尔滨打反击，开始建立东北根据地。那个时候战事吃紧，部队大量征兵。若要保证根据地和自己的胜利果实，年轻人就应该都去当兵，没有武器扛个烧火棍也得去。"

于凤先在连队里思想积极，打仗麻利，不长时间就入了党当了班长。他十分机灵，打仗勇敢，排长和连长把他当宝贝。他说："当兵一走就豁出去了，就没有想着回来。我想在战场上怎么也是个死，宁可当英雄鬼，也不去当怕死鬼。"在打榆树县的时候，小小的县城就有国民党的一个军把守，敌人重武器多装备好，有坚固的地堡和战壕工事，机枪和大炮把解放军打倒了一面子一面子的（非常多）。他说："咱们是三打三败呀！那解放军人死的有3万多，担架队都抬不过来，就雇老百姓的大车拉，尸体把县城东边的大坑都填满了。当时领导让一次攻下来，胜败就这一下子了，要不惜代价。……解放军打仗坚决，敌人在里面不出来，就包围他打。国民党兵都胆小，他们也不知道解放军的实力有多大，就这么天天围攻，穷追猛打。最后进攻那天，我们都憋急眼了，冲锋命令一下，我带领全班的战士在前面冲锋。战士们看我不要命，他们也壮了胆，紧跟着我冲锋陷阵。敌人看我们像老虎似的冲过来，也都害怕，吓得屁滚尿流地跑。"他说到这里的时候兴奋异常，还得意地说："在战场上下来后，部队当时就给了我一个三等战功。"

于凤先对自己是一名解放军感到非常自豪。他说："解放军能够胜利就是因为都不怕死，不是有那么个口号嘛，'一不怕苦，二不怕死'。打起仗来都得往前冲，有谁想弄个怕死鬼的名声呢！解放军的排长和连长都带头领着打冲锋，当兵的也跟着冲。国民党当官的都怕死，当兵的更怕死。"榆树战斗虽然伤亡很大，最后还是以少胜多，俘虏了国民党上万人，还缴获了很多美式武器。就从那时开始，解放军士气大振，装备也武装了起来，又扩了很多兵，在力量强大后打的辽沈战役。

刚建立东北根据地的时候很艰苦，部队每人就给发5发子弹。吃的都是高粱炒米，喝凉水直拉肚，穿的是妇女做的衲底"大毂鞋"，行军打仗一年也不换洗

42. 于凤先——不死的"英雄鬼"

一次衣服。于凤先说:"解放军纪律也很严明,'三大纪律,八项注意'谁违反了就枪毙,一点也不含糊。国民党兵可不行,他们的口号是'打精米骂白面,不打不骂不害怕',还抢夺老百姓的东西。解放军是不侵占老百姓一针一线,共产党胜在民心。"

辽沈战役时,部队天天行军打仗。在黑山战斗中,他们打敌人的增援,一路追击敌人,从东风撵到黑山再撵到锦州,天天边跑边打,甚至和国民党的部队打混在一起了。佳木斯一带的北满战士打仗非常勇敢,刚翻身解放积极性高涨,他们要打敌人保家乡,不让自己和亲人再受苦受难。他们上战场都没想自己会回来,都是抱着拼死的态度。战斗时,一个排打得剩几个人了,仍然拼死到底,把国民党兵打得到处跑。国民党兵就害怕北满来的"狗皮帽子",一听说是解放军就吓得不打自败。打到了锦州时,营长要乘胜进攻,可是上级不同意,要集中力量统一进攻。正在阵地坚守的时候,一个炮弹落下来,炮弹皮就穿进了于凤先的肚子,他昏迷不醒被抬了下去。他说:"送上火车到讷河上千里地走了好几天,满闷罐车都是伤号。这一路我疼得不行,再看车里那么多的伤号哭爹叫妈喊祖宗,有很多疼得熬不过去就死在半道上了,到车站后抬下去,地下死尸摆满了一片。"

于凤先在医院养伤半年后,就又回部队参加打沈阳新立屯。国民党36军一个军守着车站,差不多整个四野都上去了。新立屯是个大车站,也是交通战略的要道,国民党进攻守备都依靠这个地方,都是坚固的工事。他说:"敌人后面有官逼着,守在里面拼死顽抗,有的被锁在地堡里出不来。他们也认为不打死我们,我们就得打死他们,国民党当官的都是这么教育他们的。"在进攻冲锋时,有个地堡大家怎么也攻不上去,火力十分猛烈,冲锋的战士被它打倒好几个。于凤先火暴性子上来了,他高喊"你们掩护我,我上去。"他叫大家把所有的枪都集中火力专打地堡的枪眼,他趁势滚了几个跟头冲了上去。到跟前一看,地堡里就一个被锁在里面的国民党机枪手,于凤先用枪托砸开门上的锁头,进去一把把他拽出来,一看里面竟然打了7 000多发子弹,光子弹壳子就有三个篮子,身边还有

没有光环的英雄
——东北革命根据地农村参战军人战斗生活故事

两个机枪备补桶，枪都打红后变色了，看样子已经换了好几次，就这一个敌人他究竟打死我们多少战士。气得战士们涌上来要枪毙他，可是部队有纪律不许虐待俘虏，大家就揍他，打得那小子鬼哭狼嚎的。在向车站进攻的时候，敌人火力很猛，眼看着战士死伤不少，于凤先还是率先冲锋，带几个战士冒着炮火向前冲，结果一个炮弹落下来把他们都炸倒了。说到这里的时候，于凤先嗓子哽咽了半天……他说："本来是应该我死啊！因为我是班长，应该在前面带领冲锋，没有想到有个战士更英勇，他跑到了我前面，结果那个炮弹把他炸得粉身碎骨。本来牺牲的应该是我，而不是那个战士。我俩距离也就差那么几步，我应该是在他那个位置，炮弹应该落在我的脚下，结果他跑我前面去了，就被炸死了。"于凤先为那个死在了他前面的战士感到痛心，他为此抱憾终生。

于凤先眼睛被炮弹崩伤了，他又住了几个月院，归队后又参加了打天津战役。战斗是腊月二十七开始打响的，一直打了三天三夜。他们先在郊外坟圈子里蹲了三天，开打的时候从外围向城里冲。他说："战壕和交通沟里都是尸体和伤号，冲锋的战士端着枪往上跑，也顾不了下面，想救助都没有工夫。"他带领着全班战士冲到城里，在搜索敌人的时候，发现有个楼房的地下室有很多敌人在向外射击，阻止了冲锋战士的道路，还撂倒了几十个战士。于凤先坚决地和排长说："我去解决他！我就不信他们都是钢铁打的。"他让几个战士辅助给他运送手榴弹，他一边爬着接近地下室，一边接二连三地就向地下室里面扔手榴弹，一下子扔进了四箱子手榴弹，把那些国民党的南方兵打得吱哇乱叫，高声求饶，都喊叫着说："我们投降不打了。"他一个人冲进去俘虏敌人50多人。这次战斗他荣立了一次大功。

天津战役后，于凤先的眼疾就越来越重，后来就是半失明了。他笑着说："连部让我复员回家，我不干就赖在连部。我当兵没有当够啊。连部一想我这眼睛都这样了，回家也不能干什么了，就让一个人专门照顾我，天天供吃供喝养活我。1950年，朝鲜战争爆发，部队都上朝鲜了，一检查身体，我这回去不上了，按老弱病残算给我定了个三等乙级残疾就复员了，当时给了300斤高粱米。"

42. 于凤先——不死的"英雄鬼"

于凤先复员回来后,地方对于凤先是很照顾的。他说:"到哈尔滨给我找工作,小黑轿车拉着我可牛了,说上哪就上哪,去哪个单位都得无条件接收。先上了三大动力厂当保卫,我说当了好几年兵净站大岗了,坚决不干。后来还让我挑选,我一看那个时候当工人还不如农民,白菜帮子好几块钱一斤,高粱米还三块钱一斤呢,这样还买不着,一个月挣几十块钱还不够买吃的。一想这工作好但生活不好,就不想在城里干了。我就自愿回家种地了,就想种地好呀能够吃得饱。"

于凤先回家后到了29岁才结婚。他说:"我回来那个时候说媳妇没有人给,我什么也没有,就是跑腿子穷光蛋,那时的老百姓还是旧社会时的眼光,还是看有钱有势的人,就这光景到了合作化那个时候还不行呢。我没有办法,就找了个二婚的。我这人干什么也都行,还当了几年队长呢,老伴那个时候就是看我不错才嫁给我的。现在都儿女成群了,看着他们长大成人我就知足了。"于凤先是倒插门投奔老丈人才到这里落的户,在生产队的时候,也是拼命三郎,给队里干活的时候很卖命,还把胳膊砸骨折了,到现在胳膊也抬不起来。他说:"我从初级社员干到高级社员,在生产队大食堂当伙食长,干得可来劲了。'大跃进'后我就当社员了,后来又当队长。我这前半生给国家打江山,后半生贡献给了这里的父老乡亲。我这一生都是为人民服务了,到老了是儿女们为我服务。"

于凤先的儿子和我说:"我父亲是刀子嘴豆腐心,说话像发牢骚,可思想很进步。他一本正,对现在有些风气看不顺眼。还有,他可愿意跟我们讲他当兵打仗的故事了,我是从小听他的故事长大的。我小时候,那时生产队过年找他讲故

没有光环的英雄
——东北革命根据地农村参战军人战斗生活故事

事,当时就把大家听上瘾了。可是现在没有人听了,就连我们儿女都听腻了,他都有好几年不讲了。你来了他可高兴了,一下子精神了好几天。"

于凤先和老儿子一起生活,和老伴有6亩土地,3年前盖了新瓦房。前几年老伴得了脑血栓不能够治疗,去年他又得了脑梗。家里一下添了两个病人,给儿子和媳妇增加了很大麻烦,平时要专人照顾不说,光打针吃药治疗就要花很多钱,现在还欠外债3 000多元,一家人的生活水平从此开始下降。于凤先为此很担忧,说老了老了还拖累了孩子们不消停。

于凤先对采访他们老战士既高兴又心存疑虑,他很希望人们去宣传他们的抗战精神和战斗经历,可又害怕现在的人们不理解和曲解。他说:"过去这些东西现在还有用吗?"他犯病时眩晕糊涂不能多说话,他说:"我已经不行了,明年你看不看得着我就不一定了。"

43. 肖振帮——为毛主席当兵

肖振帮，82岁，原四野炮兵团通讯排副排长，富锦市兴隆乡兴富村人。1947年，在辽宁本溪参军，在四野炮兵团当通信兵、班长、副排长，参加了辽沈战役、平津战役。1949年，随部队南下；1951年，抗美援朝战争时在上甘岭守备阵地；1954年复员，被分配到河南信阳邮电局当局长，因母亲去世，父亲来信说爷爷奶奶没有人照顾，于是他自愿调回农村赡养老人。1968年，他和父亲携全家老小到黑龙江落户。（2006.11.18）

肖振帮对毛主席领导中国人民翻身解放感恩戴德。他说："自从毛主席来了我得好了，毛主席是救星呀，他救了我这个穷人。"他13岁就在辽宁本溪县地主"郑扒皮"家扛活，扛了10年活，伙计们给凶狠盘剥的"郑扒皮"编个顺口溜，说"一宿小半夜，鸡叫为亮天，一天三气活，一气两袋烟"。他扛活累得不行，一解放就到区中队报名参了军。他父亲不同意他参军，说："没有枪就给你两颗

没有光环的英雄
——东北革命根据地农村参战军人战斗生活故事

手榴弹,你不就等送死嘛!"他说:"我上战场就是死了也是为了毛主席,毛主席给我们解放了,给我们好日子过,他让我们当兵我就愿意,我应该报答他的恩情。"

一个人感谢一个人不容易,一个时代的人都感谢一个人,那么这个人一定伟大,这个人就是人民的领袖毛泽东。而就是肖振帮这些人创造了这一时代的伟大的奉献精神,也就是这一精神成为历史的动力和中国人的财富与骄傲,从而使那些想要让中华民族低头的侵略者们感到惧怕。

肖振帮入伍在四野炮兵团当通信兵,训练了一个月就参加了辽阳战斗。战斗中他在城墙上拉电线,他当时人小不懂事,不是他管的电话线断了他就不去接,结果团长知道了严厉地批评了他。他非常伤心自责,说:"我这么点事情都没有做好,怎么像一个毛主席的战士。"在鞍山千山战斗时,他吸取教训,解放军打了一天炮,要把山头拿下来,这个时候电话线断了很多,有的短的他接不过来,他也不管是哪个营的,就用两只手一边扯好几股连通。战斗结束后,营长表扬他电话畅通,当知道他是用手连通时,就问他你怎么知道这样做?一个新兵能够做到这样不简单。他说是因为团长批评了他,现在他知道这是一个战士应该做的。

在鞍山城外拆卸敌人的电话线时,他登上了电线杆子一段段剪,这时敌人的飞机来了,发现他后就俯冲下来,贴着他猛飞过去,猛烈的气流一下子就把他给刮掉了下来。他用一只手死命拽住一根电话线吊在半空中,下面的战士害怕他掉下来,就喊他顺着电线到电杆上下来,他没有惧怕什么,还继续坚持不下来,等飞机走了他又上去继续剪电线。

部队解放兴城后,接到命令要求三天到北平,他们一天就跑100多里地,三天跑到了康庄,正赶上这里战斗打响,国民党的一个师被解放军先头部队给消灭了,大路上横躺竖卧都是敌人的尸体。他接到命令马上到后山架接电话线,走到半路上遇到个庙,就听里面鬼哭狼嚎地叫唤,他觉得应该是敌人。这时,他可以告诉别人去侦察执行这个任务,他还是接他的电话线。但是他觉得自己有责任,是敌人就不能够放过。他自己侦察时有些害怕,弄不好可能就一枪让敌人结果

43. 肖振帮——为毛主席当兵

了，但他还是硬着头皮去侦察了。到了庙里一看，这里面有20多个人，都是国民党的伤兵隐蔽到这里了。他用电话马上接通团部，报告了情况和具体位置，后来团部派人来，他和战士们冲进去缴获了敌人的枪支，把他们全都带到了俘虏营，肖振帮也立了功。那一刻，肖振帮感到自己很精神，很骄傲，有一种英雄胜利的感觉。

到了北平后他们部队接收了国民党投诚的部队，整编后都补充到解放军部队里，一个班里面就有四五个。这个时候他已经是副班长了，那时正赶上中华人民共和国成立的阅兵式，首长让他在家里看管没有去的投诚战士。他是最想见毛主席的，可是首长就相信他，让他执行任务，他有些不情愿，但是他想没有看到就没看到吧，谁让咱们当干部了呢！

随部队南下的时候，他已经被提升到了班长。在四川进行剿匪征粮时，他带领全班到乡下征粮，走到半路的一个山边，突然山顶上土匪向他们开枪，他指挥战士先别开枪，三四个人分成三组分头向山上进行包抄。冲到山顶一阵猛打，冲到一个三间房子跟前一看，土匪把枪都扔到稻田地里，人却没有了。后来他们发现土匪上了房盖上，他此时身上已经负伤，还是带领战士上了房，抓住土匪要枪，土匪说没有，他急眼了上去就给了土匪一枪托。回到部队后，首长严厉地批评了他，说："我们有个班长，小个子不高，让他优待俘虏么，他用枪托打人家。"他想："反正没有打好人，对要给予人民痛苦的敌人，就不能够原谅。"

1951年，抗美援朝战争时，他们十冬腊月蹚水过江，下水的时候冻得就受不了，上岸后衣服裤子冻得叮当响，还不允许烤火，怕暴露目标。首长就给他们讲长征的故事教育他们，说红军过雪山草地，吃皮带和草根，大家都应该向老红军战士学习。在部队撤退过汉江时，他个子小背着枪和背包，一手还拉着一个后勤的女同志。那个时候他已经被提升为副排长了，上岸后他们一口气跑了200里路。这个时候他想起了长征的故事，应该向长征的老战士学习。有个姓白的战士跑不动了，赖着不走，连长命令肖振帮去把那个战士的枪下了。他

没有光环的英雄
——东北革命根据地农村参战军人战斗生活故事

一看不好，就对那个战士说："小白呀，要不我们给你背枪和背包，你就坚持跑吧，要不就枪毙了。"那个战士一看动了真格的了，起身就跑，这一跑也跑了200多里路。肖振帮对战士很好，就是当兵那会也爱护战友。那时，他人小手巧给战士做棉衣棉裤缝补衣服，还到伙房给烧火干活，到了评功的时候，大家都表扬给他请功，他还立了两次小功。

部队一口气跑到了上甘岭准备打守备战。开始时就天天挖坑道，他是副排长，带领战士昼夜不停地干，一天就睡三个小时的觉，战士换班他也不换班，这样他又立了一次三等功。阵地上天天打仗，敌人的炮火封锁得很厉害，打得战士们不敢出洞口。后来部队没有炮弹了，战士们冒着炮火和子弹出去扛。他说："《上甘岭》电影演的那段战士背炸弹的镜头是真的，前面第一个背炮弹的战士那就是我呀！"当时他就是前面那带头扛炮弹的战士，电影也就是根据他们的真实事迹而改编的。不管是怎么回事，就看他说到这里的时候，眼睛里放射出来的光芒和眼中含着的兴奋的泪花，就足以让人相信，这是千真万确的。

到了山下的时候，敌人的飞机开始扔炸弹轰炸，炸弹坑比两间房子面积还大，一炮下来就出个大水坑，有好几米深，里面都咕嘟咕嘟冒出了清凉的地下水来。他赶紧喊战士们趴下隐蔽，还告诫战士胸膛不要着地，以免震坏胸膛。有的新战士不听，也是没有经验，光捂着脑袋全身着地趴着，结果让重磅炸弹震得七窍流血死伤很多。坚守上甘岭的时候，条件非常艰苦，山洞子炸坏了还得挖，18天给养上不来没有饭吃。首长又给他们讲长征的故事，说长征吃草根皮带，吃硝铵当咸盐，死了一匹马一个连分着吃，还说苦不苦想想红军长征，长征路上没有吃的，没有水喝，一直坚持到现在，队伍发展壮大。肖振帮就以红军为榜样，和战士们苦守了几个月，最后坚持到谈判停战。

43. 肖振帮——为毛主席当兵

采访肖振帮的时候，刚开始他就很激动，指着家里挂的毛主席像跟我说："毛主席是大救星，是他老人家解放了我们一家人，给我们带来了幸福。"说话时他热泪盈眶，那种发自内心的真诚情感会让每一个人都感动和信服，不由自主地生成一种对领袖的敬仰和热爱。他还说："我们家就信毛泽东。"正墙上面端端正正地挂着毛主席像，旁边是肖振帮孝敬的老父亲，中间是他的光荣军属的牌子。这些反映了他忠孝两全的思想，还有他革命军人的生涯和荣誉。

肖振帮的立功证书、纪念章和立功事迹记录。

没有光环的英雄
——东北革命根据地农村参战军人战斗生活故事

/ 282

  肖振帮很珍惜他的荣誉，上图中是他保存的所有军功章和纪念章。在我所有采访的老战士里，他是少有的几个保存最完好的人之一。

  1954年，朝鲜战争结束，肖振帮转业被分配到河南信阳邮电局当局长。后来，家乡的母亲去世了，还有爷爷奶奶没有人照顾，父亲就来信叫他回来。他调回农村后，一直伺候爷爷奶奶，直到二位老人去世。他是一个忠孝两全的人，他按照那个时代的标准把自己打造成一个忠诚积极的战士，又牺牲个人前途来孝敬爷爷奶奶，还有父亲。他很普通，但是他所做的事情，是一般人难以做到的。现在，他和儿子一家生活在一起，他说："儿子和媳妇都对我很孝顺，我们老肖家的根就是孝顺。"

  1968年，肖振帮和父亲携全家老小来到北大荒，一看这里的土地又好又多，就在这里扎了根。自1970年开始，他当了8年支部书记，有5个孩子，妻子去世后在儿子家居住，他有1.3垧土地，其中1垧是这里的乡落实上级政策多给老战士的。后来，他居住了50年的老房子被推倒，又盖上了新砖房。

44. 张福奎——静静的河水

张福奎，82岁，原华北野战军第5师排长，桦川县新城镇新华村人。1945年，他哥哥接他到关里念书时，在山海关车站被日军抓劳工，在唐山关押出苦力3个月，在地下党的策反下，逃跑到山里参加了华北八路军第13团当了战士。1945年，日本投降后，参加了蓟县县大队；1948年，在解放战争中被改编为华北野战军第5师当战士、班长、排长。1950年复员，被分配到齐齐哈尔工作，后因为哥哥不同意而回家务农。1974年，到黑龙江桦川县新城镇新华村落户。

（2007.5.15）

1945年，在日本没有投降前，张福奎的父母就都去世了。他在关里当伪满警察的哥哥回东北来接他，准备到关里去念书。火车到山海关，他们下车时，他哥哥不知道被人流拥挤到哪去了，就一转身的工夫，他就被几个日本兵连推带搡抓走了，带到一个背静地儿推上车就当劳工去了，那年他18岁。

没有光环的英雄
——东北革命根据地农村参战军人战斗生活故事

他和哥哥分散互相都不知去向,他被日本人抓到唐山,所有人都像蹲笆篱子(监狱)似的,每天由日军看守出工,给日军修建炮楼子和工事。干了3个月左右,有一天劳工营炸营了,后来才知道是共产党的地下党领导,把日本看守打死了,地下党就领着他们往山里跑,跑到唐山北丰润的大山里,找到了八路军的部队,就这样,他参加了华北八路军第13团当了一名战士。

当时华北八路军就三个团,他就跟部队在长城一带的张家口、唐山和丰润打游击。打仗就是端炮楼,以此分散消灭日军的小股部队。在攻打炮楼子时,日军守备得很严密,炮楼子也坚固,冲到跟前的时候,日军拿棉花蘸着煤油,点着了往下扔,一撇都多老远,烧不着也冲不上去。后来他们团弄来一个平射炮,对着炮楼子开炮,这样才减少了牺牲。在平谷北新庄端炮楼时,日军的三辆汽车拉了一个连左右的人来增援,八路军战士扔了毛驴子驮的两垛子手榴弹,有200多颗,结果一个也没有响。原来是那些手榴弹的撞针没有按上。日军兵一看手榴弹没有响,就端枪冲了上来,八路军被逼得开始了肉搏战。他说:"要是手榴弹都响,日本人肯定被消灭一半。"八路军人多,一个班的人对付日军两个人,转圈包围一阵乱打,连砸带捅。张福奎说:"我们这些八路军都是十几岁的小孩子,我还算是岁数大的,个头高些的,拼刺刀的时候,我就在前面顶着。日本人很厉害,人少拼不过他们,我们仗着人多,我们班一下子就消灭了两个敌人。战斗结束后,我们消灭了50多个敌人,但我们也有20多位战士牺牲了。在下战场的时候,我们这些小孩子从来都没有见过这样的阵势,吓得都不会说话了,那种仗谁也没有打过呀。真是被日本人逼到那了,你不动手不行呀,你不扎他他扎你,要不谁想端刺刀去攮人哪!也就是从那次战斗开始,再有战斗我就不害怕了。"他还说:"跟现在的人不能说这事,都说你这个样子还拼刺刀?人家不信,你说你都逼到那个时候了,那你不行事,谁愿意逗那个能去拼刺刀呀!"

1945年日本投降,张福奎由于发疟子(患疾病)需要治疗,就脱离了原部队,又被分配到了蓟县县大队,参加了解放战争。他们除配合大部队上战场打埋

44. 张福奎——静静的河水

伏外，还经常消灭敌人的还乡团。在河北一个村子打埋伏时，侦察员事先都侦察好了情况，得知还乡团有几百人要出动。晚上8点多钟，部队就埋伏到村子的西面，9点多钟，还乡团大部队好几百人浩浩荡荡过来了，他们没有觉察出有埋伏。他那个时候已经是班长，带领战士埋伏在前面，这边枪声一响，他和战士猛扔了一阵子手榴弹，上去就开始大喊投降抓俘虏，一下子就俘虏了100多个敌人。

张福奎比较精明，遇事爱动脑筋，打仗时机灵，后来当了班长。正月十五部队在蓟县南的上苍过年，张福奎和排长到上窝头村村边警戒。这个时候，路过了一队国民党部队，敌人上来就占领了几所房子，先是用机枪打了几梭子子弹侦察目标。排长没有作战经验，按道理光听着枪响，还没有见着敌人，就不应该接火，等敌人火力侦察没有发现目标也就过去了，或者是等待团和营的命令再集中消灭敌人。但这时，排长发话让开枪打，张福奎当时想阻拦排长别暴露目标，因为他们是独立警戒，远离大部队，可是晚了，枪声已经打响了。敌人一发现目标，大队人马就冲了过来，炮也过来了，机枪也响了。张福奎就觉得"嘭"的一声炮响，就把他和另一个战士炸伤了。他就觉得大腿好像被拍了一巴掌，怎么也起不来了，身上血水就浸透了棉裤。这个时候，排长一看不好，领着另两个人跑了，另一个战士脑袋也被炸坏了，腿还没有影响跑。就剩下他一个人，他勉强摇摇晃晃地站立起来，敌人的机枪子弹打得大地戳得都睁不开眼睛，他好不容易爬到一个坟圈子趴下来，身上的棉袄都被子弹和炮弹打烧糊巴了。这个时候他想，没有了援兵，敌人就在眼前，这次就是个死了，死了就是死了，要不当劳工也活不到现在，想想打仗三四年了，连日本兵和国民党也打死好几十了，现在死了也值个了。这样一想，疼痛就不算什么了，他抄过枪准备和敌人对打拼命，奇怪的是敌人没有冲上来，如果上来一定会抓了他当俘虏。

部队撤到了河的那沿，孤身一人的他，看着身边开化的河水静静流淌，忽然心里那个静，感觉不打仗回家靠着河边清凌凌的河水种地多好，有菜有花的，再

没有光环的英雄
——东北革命根据地农村参战军人战斗生活故事

弄几头牲口……那边营里听到了枪炮的动静,大部队就上来支援,排长和跑的那几个战士迎头上去,营长问缺人不,排长说少了张福奎。营长马上派人去接应,张福奎看自己人来了,在坟圈子里急忙挥手,隔着河战士们冒着子弹的射击冲过来,抬着他一路跑了出来。此时,他已经流血过多,面如土色,再晚10分钟,他也就光荣了。事后,团里把连长和排长都撤了职,因为他们光顾自己,把自己的战士都扔了。

1948年末,张福奎被编到了华北野战军第5师,刚过去就参加了战斗。一个连把守一个地方,他们连分工把守东北角,在一个空房子里,距离敌人的碉堡不远。刚开打,敌人的炮火和机枪就盯上来了,先是一顿枪榴弹,把他们炸得没有躲避的地方,连长当时就被炸牺牲了,战士也伤亡了三分之一。这时,部队开始冲锋,敌人的机枪爆豆子似的一阵猛打,就看战士一面子一面子倒,那也没有阻挡解放军的进攻。敌人的碉堡高,什么炮都打不着它,团里组成爆破组上去爆破,一连的几个战士拿着好大的地雷,好多人掩护,半天上去一个战士,距离老远都炸不着。轮到他了,他心眼实诚,心想近点不就炸着啦,就顶着子弹溜子爬到碉堡跟前,翻身往枪眼里塞个地雷,就看一声炮响,炸得老高了。人都说爆破组十个九个回不来,他囫囵个儿回来了,也没觉得怎么危险,因为他没有拿自己的命当回事。接着打了一天多,就把敌人打垮了,好多敌人都顺地道逃跑了。

张福奎参军时的照片。

44. 张福奎——静静的河水

张福奎在战争后期成了经验丰富的老战士，部队提拔他当了排长，后来由于伤势重，带伤打了一阶段仗，腿瘸实在跟不上了，就于1950年随第一批复员军人复员，部队给他定为三等乙级伤残，送他到荣军学校培训。在临分配的时候，家乡的一个两姨哥哥拉着他回家种地，还说："你一辈子打仗还没有够呀，赶紧回家种点地，娶个媳妇过消停日子就行了。"如今他的日子过得还好，但由于作战时期留下的腿伤，他和结发妻子已经如上图这样相互搀扶着走路了。

张福奎复员的时候，已经当了8年的兵，一年给100斤高粱米。在老家辽宁成家干了20多年的队长，因为那边的生活不好，就投奔黑龙江这边的一家子，在这里落了户，从此干了几十年的社员。那时他就想，能吃饱过好日子，什么都不重要了。

张福奎有6个孩子，和老伴有8亩土地。儿女们现在都出去打工，他和老儿子一起生活。他过日子比较仔细，平时什么钱也不花，穿戴也从不讲究，一套衣服穿了好几年，都褪色打了补丁，还冬夏不离身，他想积攒些钱留给儿子，供孙子上学。

张福奎的房子是到这里落户的时候盖的，现在已经有30多年的历史了，前面是装饰的水泥面，后面是草盖土墙。他和儿子积攒了些钱准备盖新砖瓦房，结果去年儿子种西瓜赔了钱，就耽误了新房的建设，他准备今年收成后卖粮，再凑够钱盖房子。

没有光环的英雄
——东北革命根据地农村参战军人战斗生活故事

张福奎给我讲战斗经历的时候，满口松动的牙齿老是呱嗒呱嗒响，他还是舍不得换口新的。他常年参加劳动，身体状况很好，80多岁的人还满大道骑自行车，下地种地，上山捡柴火。

几年前，镇政府发放复员军人优抚费的时候，委托村委会代发，结果村子里没有给张福奎，欠了他1 000多元钱，后来他要了几次，村子里没有钱。他说："几个钱我再没有去要，看村子里的意思也不想给了。"他看着纸单上的记载若有所思，他是个老实忠厚讲理的人，为这个事情伤过脑筋，但是，他从不去吵闹。儿女们说他太老实，连自己应该得的钱都要不回来。

张福奎现在和老伴同老儿子一起生活，老少同在一个饭桌子上吃饭，儿子、儿媳妇对老人照顾得很周到。他老伴身体不好，常年吃药，花费了很多钱。但他们的生活相对还是比较优渥的。

张福奎给我讲他的战斗故事的时候，他老伴和儿媳妇大多是第一次听说。老伴说："我嫁给他的时候，就知道他是当过兵的，有几个纪念章，是什么排长，具体我也不知道怎么回事。他不爱说话，平时也不讲这些事情。"我对张福奎说："你的资历挺老的，你平时不想讲讲这些故事吗？"他说："那有什么用啊！我现在是老百姓也就是种地。"

45. 赵树清——遥想战场当年

赵树清，79岁，原四野11师32团"钢八连"班长，桦南县孟家岗镇建国村人。1946年入伍，参加了解放辽阳、鞍山的战役，后调师部给师长当警卫员。1950年复员，被分配到哈尔滨保密厂工作，因老父亲不同意而回乡务农。（2006.11.3）

赵树清1946年入伍就在解放军四野11师32团8连，这个连就是有名的战斗英雄连——"钢八连"。他们这个师有三个英雄连，是"铁七连""钢八连""猛冲猛打第九连"，他们这个连是参加了整个东北解放的尖兵。

他入伍不到一个月就参加了临江保卫战。当时东北解放军被国民党重兵包围，正是开创根据地"四保临江"的困难时期。进攻临江前，他们营半夜11点多包围了石灰窑，这里驻扎国民党一个团，先摸了敌人的岗哨，战士们就冲了进

没有光环的英雄
—— 东北革命根据地农村参战军人战斗生活故事

去。敌人武器好火力很密集，敌人看不清解放军的部队有多少，他们英雄连在前方勇猛冲锋，他们趁晚上看不清且敌人又处于慌乱之中，便摸了上去，一阵子手榴弹炸开了花，没有多长时间就把敌人一个团打败了，还俘虏了好几百人。在挺进临江城里时，他们被国民党大部队包围了，就听四周国民党兵大喊"缴枪不杀"。"钢八连"从来都是喊敌人投降的，越是紧要关头他们越英勇善战，就看他们都甩掉了背包，端着刺刀迎头向前。英雄连有英雄气，唱歌震天响，打仗拼命嗷嗷叫，就是普通的战士在这里也都有了英雄气概。赵树清此时也跟着嗷嗷叫着向前冲，将生死置之度外，冲着不可一世上来的敌人，先发制人开枪打死了几个，端着枪左右开弓，就看暗夜的火光中，刺刀寒光亮闪，他乒乓刺死了两个敌人。敌人越来越多，一大片亮闪闪的钢盔蜂拥而至，战士们也越来越少。赵树清意识到，这次是必死无疑了，反正也是死就硬拼下去了。正在关键时刻，解放军的增援部队上来了，他们反过炮头撑着打敌人，又抓住了几百个俘虏，胜利解放了临江。赵树清说："'钢八连'个个是英雄，打仗冲锋都在前头，担负最艰巨的任务，每一仗下来都牺牲好几个。即便这样大家也都愿意去，那真是光荣牛气呀。只要到了'钢八连'，人人都自带英雄豪气，都猛打猛冲不怕死。"

在三保临江时，赵树清由于作战勇敢，秘密入了党，被提升为了班长。从此他们开始打游击战，就是插入敌后搞破坏，打击消灭地主反动武装"清扫队"。那时，老百姓不认解放军，买粮食都没有，到个屯子连个妇女都看不着。国民党造谣说："解放军抓住妇女就送到苏联换枪支弹药"，所有的妇女都被吓跑了。当地的"清扫队"活动很猖獗，不但造谣破坏，还经常打击解放军部队，恨得战士牙根子直痒痒。有一次，部队得到情报，在一个村子包围了一个"清扫队"，准备全部消灭。可是刚打一会，敌人就都藏了起来。部队在屯子里驻扎下来，赵树清正带班站岗放哨，突然发现有人伸脑袋，一看是十几个"清扫队"在一个院墙下面齐刷刷藏着呢，看样子要准备趁机顺着苞米地逃跑。这时候报告上级来不及了，他就跑到岗哨找来副班长，他俩商量，别管自己的危险，先震住敌人再说。他俩就摸到了敌人跟前，副班长上去就一阵子机枪扫射，他就势猛扔手榴弹，炸得敌人不敢还击四散而逃。听到枪响，营长立即带大部队来搜索，在白菜地垄沟里赶出来七八十人，那天一共抓了100多人，整个"清扫队"全军覆灭了。

解放辽阳的战斗，让"钢八连"再显雄风。1948年，过年时部队准备打辽阳，解放军从四面把辽阳城团团围住，那年辽阳下了一场大雪，有没膝盖那么深。部队派了一个团挖雪道，挖了好几道弯，主要是防止枪弹攻击。雪道挖得距离高丽门有两里地，就停止不挖了，每天在一个雪道里放一个排，顺雪道向前进攻，都使用轻重机枪四面攻击进行骚扰。天天打夜夜攻，枪炮声打得呜呜直响。国民党就以为我军开始进攻，敌军当官的就指挥打，打到天亮解放军就撤回休息，国民党回去就和老百姓说："解放军一宿进攻七八十次，都被我们打退了，解放军不抗打没有事了。"后来天天打厌烦了，国民党大官就不来了，他们就换小官，后来小官也不来了，每天就用当兵的打。到过年的时候了，国民党的部队营长以上干部都带孩子老婆过年去了，有的连长也走门子带家属和警卫兵，成天喝酒打麻将耍钱。敌人终于被打麻痹了，认为解放军没有能耐，怎么也攻不上来了。到了腊月二十九过年那天，部队下命令晚上进攻。"钢八连"的任务还是打头阵当尖兵，从太子河沿开始进攻，一直占领高丽门，然后架桥和梯子运送冲锋的战士攻城。进攻那天晚上，部队还像以往一样，继续用几个排佯攻，这边解放军大部队就开始出动，在夜幕中偷偷开拓雪道，大量运兵。敌人的防御工事有鹿寨、铁丝网、丧命壕、地雷区，什么埋雷拉雷拌雷一层一层的。十冬腊月里，太子河里面的冰都被敌人通的电网融化了。解放军开始进攻的时候，国民党还以为是平常那样没事呢，解放军部队也告诉不让猛打，怕惊觉敌人，然后偷偷向上摸。后来进攻到河沿了，敌人火力猛了，而坚固的工事若不突破就过不了河，部队这才下令开始全面进攻。解放军先用大炮炸药炸毁了鹿寨和丧命壕，破坏防守的雷区。冲锋时，第一个扛大旗冲在前面的是"钢八连"。敌人发现后拼命用火力封锁，八连轻重机枪一起打，掩护爆破组送炸药，就看一个烟柱接一个烟柱地爆炸，爆破组战士前赴后

没有光环的英雄
——东北革命根据地农村参战军人战斗生活故事

继,受伤牺牲了下来一个,紧接着就上去一个。刚杀开一条血路,大部队就一窝蜂冲到河沿了,国民党望风而逃。到了河边,战士们用事先准备好的铁桥,底下有几个小铁轮子,"钢八连"一个连的人飞跑推了上去,桥刚搭上岸,战士们就都冲了过去。爆破高丽大门是赵树清他们班的任务,他率先和班里的另一个战士拿着两个炸药包冲上前去,炮楼上的敌人试图用火力阻挡,就看他一冲锋枪扫到炮楼上,趁敌人躲避的刹那间,几个跟头翻到大门前,把捆在一起的两个炸药包一起拉弦,"轰隆"一声把大门炸开了。此时,炮火也把大门楼炸了好几个大窟窿,他紧跟着架梯组上楼房顶上架上机枪就开打,把敌人打得溃不成军。占领高丽门时,八连一个连的人上去插"钢八连"的大旗,敌人还是垂死挣扎,开枪开炮顽抗狙击,只见战士们一个摞一个冒死登上大门,插上了红旗。这边红旗迎风招展,那边敌人就投降的投降,逃跑的逃跑,其余的都当了俘虏。

赵树清打的最后一仗就是解放鞍山的战斗,这一仗成为他永世不忘的回忆。辽阳战役结束刚休息了一宿,他们马上接命令去解放鞍山。他们连的任务就是在城昂堡秘密埋伏,准备总攻后堵击城里跑出来的敌人。这里都是老百姓的玻璃暖窖子,他们就都换上老百姓的便衣,把衣服反穿、帽子反戴,化装埋伏下来。上级命令,无论出现任何情况都不能暴露目标。一次他出去查岗,回来刚把一个饺子放到嘴边,一个穿甲弹从这边房山头打到了那边房山头,连人带桌子一下子都给掀翻到地下去了。第二炮落到了院子里,他们出去一看,原来是国民党用火车拉着炮,边走边试探开炮,火力侦察看看这里有没有解放军埋伏。战士们一看不好,就都跑到大地里藏起来。这个时候来了三架敌机,小飞机扫射,大飞机扔炸弹,把老百姓的房子和柴火垛都炸着了。经过几次生死躲避,他们忍着气没有暴露目标。

晚上部队下命令开始总攻,战士们把老百姓的两节柜子拿出来,装上冰雪块子和土块子当作掩护,都悄悄出来埋伏在通往沈阳的大路两旁。晚上刚黑天,先听城外三面枪炮声像刮风似的呜呜响,总攻鞍山的战斗开始了。不大一会,就看

45. 赵树清——遥想战场当年

国民党部队从城北出来开始突围，黑压压的一片，大道中间敌人还开着小汽车拉着家属。鞍山距离城昂堡不到四五里地，我军埋伏圈在路边延长一里地。战士们都趴在隐蔽处看着黑压压涌上来的敌人，距离他们太近了，眼看就要踩到机枪阵地了。赵树清的心怦怦直蹦，是紧张还是激动说不清，眼看再不打，敌人就踩在埋伏的战士身上了。这时，就听"咣咣"三声指挥炮响，就听"哗"的一下子，所有轻重机枪和火炮都开打了。他就觉得自己的耳朵"嗡"的一下子，什么也听不见了，光看枪弹火溜子的亮光。这时，冲锋号响了起来，大部队全面开始了冲锋。敌人正跑着没有一点防备，汽车在中间，两边好几路纵队，走二三里路大队人马还没有出完呢。突然这么一打，当场消灭了好大一面子，剩下的敌人也都四处逃窜了。看着四面八方的信号弹升了起来，鞍山解放的战斗就全部结束了。

鞍山解放后，赵树清在鞍山照了这个相，留作纪念。他说："我现在还想到当年鞍山战斗的地方去看看，我还能够找到当年打埋伏战斗的地方。"当年"钢八连"的战友，后两人都在之后的战斗中牺牲了。赵树清说："他要不是后来调走，他也早成了烈士了。"（后一为赵树清）

鞍山战役后,赵树清就调到师部给师长当了警卫员,随部队征战南北,参加了辽沈战役、平津战役。跟随当军区司令的首长到了海南岛驻防,后来又调到后勤给现在这个首长当警卫员,这是赵树清和后来的首长的留念照片。(站者为赵树清)

1950年部队减员,赵树清复员被分配到哈尔滨保密厂工作。回家探亲的时候,因为他是独生子,老父亲说什么也不让再走。他回家务农当了民兵连长、队长、支部书记。中间他还跑了几个单位,到森工和粮库当过临时工,到学校打更。

在哈尔滨转回来时,赵树清的档案让县武装部弄丢了,职别没有了。他说:"我给师首长当警卫员,是副排级干部。由于档案没有了,现在按照一般战士给待遇。这不光是待遇的问题,主要是我为之奋斗的光荣没有了。"

45. 赵树清——遥想战场当年

赵树清妻子早年去世了,现在有9个孩子,念书出去不少,他有4亩口粮地,和老儿子在一起住。他已经是见过四辈人的人了,一辈子没有享什么福,生活仍然很简朴,他觉得还很知足。每天,他这里都很热闹,儿子孙子总来看望他,尤其是重孙子来时,他就会乐得什么也不干,童心大开乐一会。

老房子还是赵树清当兵土改那时候盖的,他就是在这个房子里当兵走的。不久之后孙子结婚,还要使用那屋子做新房。他正里外忙活,为孙子的喜事置办酒席,弄了很多木头烧火做饭。他说:"我最大的希望是等孙子成家后,能在这里盖个大砖房,那我就心满意足了。"

46. 于海军——没有拉线的手雷

于海军，76岁，原四野40军120师358团3营9连机枪班战士，富锦市宏胜乡宏胜村人。1950年，抗美援朝战争时参军，在连机枪班当机枪手。在马踏里战斗中负伤，回国治疗后在荣军学校学习培训，后由于精神出了问题，没有分配，1954年复员回家务农。（2006.11.15）

  于海军的家乡在吉林柳溪村。抗美援朝征兵的时候，村里要求哥俩必须去一个保家卫国。他是老大出民工没有在家，村子就让他弟弟去出担架队。于海军很有头脑，他也讲亲情和义气，他回来听说后，就和父母亲商量说："出担架队不如去当兵，担架队没有枪，只有被人家打，再说弟弟岁数还小，还不如我去当兵。"他就自愿报名，替换回了弟弟，唱着"雄赳赳，气昂昂"的军歌参了军。

  1950年正月他随部队从安东（丹东）入朝，火车过了新义州开始行军就遭遇飞机轰炸。飞机围绕他们停车的地方转了几圈，就开始打照明弹，扔炸弹轰

46. 于海军——没有拉线的手雷

炸，机关炮打得四外直冒烟，然后四处搜寻他们的部队，就在山前山后开始轰炸。过江的时候"雄赳赳"军歌是唱了，可是现在他就是不敢抬起头来。他一个农民从来没有见过飞机，更没有见过这样真枪真炮的轰炸，吓得他大腿直哆嗦。大冬天的都是在雪地和晚上行军，走了七八天才到地方，到了什么地方他现在也不知道，就知道当时遇到了正规部队，把他们新兵仨一串俩一伙整编了。他的部队是四野40军120师358团，分配他到3营9连机枪班当机枪手。他说："那时我人小什么也不知道，人家告诉打仗就跟着打仗，告诉走就行军走路，反正前面有干部领着指哪打哪。到了阵地上咱们都是晚间偷着打，能打过就打，打不过就跑上山。"一个农民哪里见过什么战争，懂得什么战术和装备，他虽害怕可是没有后悔，他知道这一切都是为保卫国家，即使他是一个普通人，也知道为国家上战场是很伟大的。

有一次，他们跟敌人打了一会儿就钻了山沟子，敌人都是机械化部队，沿着公路围着山找他们。等敌人过去了，他们就下来埋地雷，设下埋伏，敌人没有撵上就回来了，他们一声号令，拉地雷扔手榴弹，就像包饺子似的围着打，一会就把敌人消灭了。这个时候，他觉得打仗也挺有意思的。后来敌人开始进攻，那美军都是一面子一面子的，满山的枪炮声喊叫声真吓人，他稀里糊涂地和战士一起并排三挺重机枪猛烈扫射。初次打大仗又是晚上，机枪打响了也不知道打哪里去了，着急扔手榴弹忘了拉线，想起来了拉线却没拉响，扔到哪里去也不知道，满地里爆炸声，不知道哪个是他自己拉响的。开始的时候他是真发蒙，后来打几仗有了经验，知道看亮光找目标，也知道不紧不慢地开枪找目标，他最拿手的是扔手榴弹，指哪打哪。他想好了，这是敌人，你不打他他打你呀，只有消灭敌人的有生力量才能保住自己。

部队打到三八线以南，在马踏里（音译）西山又摆开了战场。我军用大炮轰击敌人的主阵地，然后志愿军部队分为三股力量进攻敌人，把敌人都打散了。敌人钻山洞子藏了起来，还开枪扔手榴弹抵抗，战士都急眼了，登上山洞子顶上向下扔手榴弹。于海军来劲儿了，扔了好几颗手榴弹，觉得有时候这个东西管用，能炸死、炸伤很多敌人。可是上级命令不让打死，让他们抓活的。这时，敌人的山洞子都给炸差不多了，战士只好钻进炸塌的洞子里去扒，把那些活的和伤的救出来交上去。

于海军跟连长占领了敌人的一个电台通讯山洞子，忽然前面来报告说，敌人的增援部队从东北方向上来了，连长命令他们机枪班顶住猛打。他们上去一看敌人已经摸上来，距离他们只有100多米远，此时，战壕已经都被炸弹炸平了，没有了可以掩护躲避的地方，他就地卧倒，架上机枪连续打了三梭子，就看前面的敌人一个个往下倒，后面的掉头往回跑，沟里还剩几个没有来得及跑掉的，就都被他消灭了。趁敌人向南跑的时候，于海军让副手简单收拾擦拭一下机枪，他随后抓几颗手榴弹就走了，告诉副手说："我到那边看看敌人跑哪里去了。"

日头偏西的时候他来到山的背面，忽然看见原来向南逃跑的敌兵有二十几个人回头向他这个方向过来了。他估计敌人可能是想从后面包抄，想打他们个冷不防。发现敌人的时候，也就距离他有50米左右了，他知道自己回不去了，没有机会报告自己的部队了，而且他的处境艰难。他不能站起来跑，一跑如果敌人发现就他一个人那就完了。他将面临的不是浴血奋战壮烈牺牲，便是被敌人生擒活捉，他没有了退路，只有咬牙坚持干到底了。在关键时刻，他没有什么时间思前想后，也不知道害怕，害怕也没有用了，这就是绝路了。于海军是一个机枪手，但此时他手里没有机枪，只有来时抓的几颗手榴弹。他四周寻找，又找到几箱手榴弹，他就拽出手榴弹拉着火，一个一个连着扔，边扔边跑动，在不同的地点打击敌人，给敌人个错觉，好像这个阵地上有很多人。敌人受到阻击仓皇地退了下来，也不知道面前有多少志愿军，就跑到下面隐蔽了起来。于海军就在那里趴着监守敌人，一直坚持到日落。敌人被他打死不少，剩下的几个最后退到下面一个沟子里，他一看就剩那么几个敌人了，要是站起来探探身子向下扔手榴弹，也许就都能给他们消灭了，就是炸不着趁着硝烟和天黑跑出去也行。他后来说："我当时没有想到敌人此时也在瞄着我。"他猛然站起来，拉响手榴弹举起手就扔，瞄着他的敌人也同时开了枪，他的手榴弹扔出去了，敌人的子弹也一下子穿过了

46. 于海军——没有拉线的手雷

他的脖子，敌人都炸死炸伤了，他也负重伤倒了下来。

此时，阵地上很安静，他负伤疼痛也不觉得怎么样，就是着急不知道现在怎么办。不一会儿他听着好像有铁锹翻土的声音，就小声问"谁呀？"那边马上回答"是自己人"，他浑身一激灵，激动得眼泪都出来了。这一声答应是他一辈子感觉最亲切的，在生死关头黑暗可怖的战场，突然遇到亲人，激动得他心颤抖起来。他们两个凑到一起一看还都认识，是一个连队的。那个战士是奉命上来侦察找弹药的，结果发现了他。战士问你怎么了？他说我受伤了，子弹从脖子进去，在后肩膀炸开一个窟窿。他们慌忙撕开衣服，用两个人的急救包包扎一下。战士说我把你背下去吧，他说："不行，你得在这里看住敌人，敌人的增援部队要是上来，我们没有个报信的不就都完了嘛。我自己回去找连队报告情况，你就在这里看着。"紧要关头他还想着的是阵地，我问他为什么这样做，他说，我是党员，我有这个责任。他下到不到50米的一个山梁子时，由于流血过多浑身就不听使唤了，他倒下后就手脚并用地爬，刚过山梁南边就遇到连队来支援的人了。人家问谁呀？他一听是自己熟悉的人，就喊了一声是我，然后一下子就昏了过去。抬下去后，他向连长报告了情况，连长还鼓励他别难过，要挺住到最后。因为当时有好多伤员，往下运送要排号，作为党员就得挺住，先人后己。这个时候他的疼劲儿就上来了，加之流血过多，一会儿昏迷一会儿醒过来，他只知道敌人的援兵上来了，同时敌人的炮火也轰击起来，包括他被向下送的时候，伤员也接连不断地下。那天他们连打退了敌人7次冲锋，在阵地坚持一天一夜，战斗结束的时候，他们一个连队只剩下17个人了。

下来后就听首长嘱咐车队说："上去送炮弹回来拉伤员，一个伤员也不许给我落下，都保证给我安全送下去。"当时很多伤员都被首长关心的话语感动得哭了。是的，生命诚可贵呀！伤员装上汽车后，汽车跑了一宿到天亮时，汽车驾驶员告诉伤员说："要来飞机轰炸了，我的车就得快点跑，道路不好，你们都得忍着点伤痛，要不飞机非得都给我们炸死不可。"说完汽车加速飞驰，崎岖的道路把人都颠得老高，别说是伤员，就是正常人也会碰个头破血流。就听伤员们疼得

没有光环的英雄
——东北革命根据地农村参战军人战斗生活故事

哭爹叫娘,有很多人的伤势更重了,好几个伤员当时就牺牲了。他们这台车刚跑到一个兵站的山洞子,敌机果真来了个猛烈的轰炸,后面几辆拉伤兵的车不知道跑哪里去了,他们在战场上又逃脱了一次危险。

到了一个大山沟子里的医院,医生才给他的子弹取出来,包扎好后,他就和好多伤员临时被带到一个大地坑里暂时隐蔽起来。山洞子里的临时医院全部都住满了伤号,他们后来的伤员都被搬到地坑里,上面遮盖一些松树枝子,就把伤员临时都安置在里面。也不知道怎么就暴露了目标,敌人对着医院开始炮击,几颗炮弹下来,一下子就把他们隐蔽的坑给炸塌了,一棵树梁子砸在了他的身边,当时就砸伤了好几个伤员,那个大木头距离他的腿只有一尺多远。外面来了救兵,大喊里面有活的没有,这样才把他和一些伤员背了出去。他庆幸又捡了条命,战场上没有战死,要是在这里被砸死才冤枉呢。

于海军精心镶制的自己和战友的老照片。他说:"从来没有人专门听他讲述战斗经历和故事,说多了人家不理解,还说你吹牛。"他没有孩子,没有亲属,老伴是后到这里的。他拿着自己和战友的相片说,有很多他的战友都是英雄,可是回来后都销声匿迹了,被分到哪里去也不知道。这些年也没听到和看到他们的英雄事迹。他很感叹且遗憾地对我说:"我们都老了,那么多的英雄事迹不去抢救,最后就都带到棺材里去了。"

46. 于海军——没有拉线的手雷

这是一张难得的照片，是于海军在朝鲜战场下来后拍摄的。那天，一个朝鲜人来照相，他们没有通过排长私自拍照，后来被部队严厉批评。战争时期是绝对禁止战士随意照相的。当时，他身着没有领章帽徽的志愿军军服，说是朝鲜人民军的服装。他是机枪手，拿的是苏联造的轻机枪。

于海军的枪伤是从前面脖子射进的，斜着从后肩膀出来的，当时炸了个大洞。部队给他定为三等甲级残疾，现在的新级别为因战七级伤残。

于海军指着光荣之家的牌子说："当过兵的人国家就给荣誉，到什么时候国家也忘不了我们。我受伤后部队很照顾我，回国后就到了部队医院治疗，伤势好些就被送到荣军学校开始学习培训，国家准备给这些有功之臣安排工作的。那段时间我的精神出了错乱，部队看我这个样子就不让学习了，还安排我到疗养院疗养。疗养两年多，自己实在什么也干不了了，只好回家种地。"

1954年于海军复员，回到吉林老家农村，他结婚后就奔亲属来了黑龙江，妻子得病死后他觉得孤单又回了吉林，又娶了一个丧夫的媳妇，带个5岁的女孩，后又回到了黑龙江。他一辈子没有自己的孩子，劳动的时候伤口总复发化脓，后学习做些木匠活，干点技术活。"文革"时在村子参加了远征开荒队，才在现在这里落户。房子是开荒的时候，村子为照顾他是老战士，给他700元补助盖的，如今他就和老伴单独生活在村子里。

47. 温德喜——遥遥望乡路

温德喜，85岁，原四野工兵14团战士，佳木斯郊区大来镇中大村人。1947年，参加四野工兵14团，先后参加了辽沈战役和天津战役，后随军南下。1952年复员回乡务农。（2006.8.17）

温德喜说他当兵是自愿的，他说："那个时候，我大哥已经当了一年的兵，后来有病才回来，后来村里来动员，我也愿意去当兵。"为此，报名体检的时候，因为他人太瘦体重不够不合格，他还跟体检的大夫和军队干部论了半天理才通过。

温德喜临走的时候，母亲、妻子和孩子都有病，他是忍痛咬牙走的。那天，他母亲和媳妇哭得不行，两个几岁小闺女抱着他的腿嗷嗷叫。他说："那时候我心里那个滋味挺难受啊！撇家舍业的，母亲有病，她说你走了我也就没有命了，结果我走后母亲病情恶化真的就去世了。媳妇也得了鼠疮，她哭着对我说，我这病也是不治之症，你回来能不能再见到面就不知道了。当时我跟媳妇说，我两三

47. 温德喜——遥遥望乡路

年打完国民党就回来了。"结果他走后妻子病重了，4岁的小闺女也得了病。那个时候他已经南下到湖南了。他那时想亲人，在元旦他上照相馆照了张相片，给家里邮回来。信到的那天，正好媳妇已经不行了，被抬到了地下，家人拿来温德喜穿军装的照片给她看，她看完后掉了几滴眼泪，点点头就闭眼了。媳妇死后没有几天，得病的小闺女也死了。而这些，是温德喜在三年后解放军南下胜利时才知道的。他说："我这个兵当的，自己没死，亲人却死了。我参军打仗虽是为了自己光荣，可也是为了国家呀，贡献了自己，也贡献了亲人。"

温德喜参军后就打四平战役，他们是第四次打的四平。在解放战争中，四平这个战略要地，解放军共打了四次，前三次都失败了。他说："战士们都说，四平四平，非得打四次才能够平了。"在攻城的时候，国民党在所有的地方都铺设了密集的地雷群，他们工兵配合各攻城部队在前面扫地雷。他们三个人一组扫雷，激烈战斗中，没有时间一点点仔细看，就是拿着扫雷器冲锋，跑着跑着就碰响了地雷，一下子都被炸得血肉模糊，一仗下来，他们排就牺牲了七八个人。温德喜拿着扫雷器也不怎么会使用，连跑带颠地生闯，眼睛是睁着的，可心里是糊涂的。每一脚下去他都惊得脑袋轰然作响，脚下没有爆炸，他又觉得侥幸，轻松释然，身边的战友一爆炸，震得他心里直哆嗦。他当时也想好了，死了就死了，命大就闯过去了。他说："工兵打前站就是用人蹚地雷。还有，打进城去的时候，战斗打得更苦，那人死老了，我包围你，你包围我，里三层外三层包着打，咱们大炮打过头子了，连自己人都打死了。那时候咱们人多，就一拨一拨往上卜，都是用人硬填的。我们打进城的时候，看到那些电线都打得成卷子，房子和墙壁都打得像筛子眼似的，大街上一扫一把炮弹皮子。国民党都按连排把守在老百姓家里，把老百姓撵得没有地方躲，老百姓也死伤不少，这打起仗来老百姓可遭殃了。"

进攻的时候，是尖刀连打冲锋，一个团都有一个尖刀连，都是选英勇能够打仗的。尖兵连的战士都配备了机枪和冲锋枪，他们在前面英勇地冲锋，都跟敌人搅在一起了，牺牲了不少人，最终才杀开一条血路，然后，后面的战士们才冲上

没有光环的英雄
——东北革命根据地农村参战军人战斗生活故事

来,巩固了阵地。

在辽沈战役中,他们部队的任务就是打穿插,引诱迷惑敌人,还四处做增援。他说:"那时候成天成宿地急行军,跑得我们累得都吐血呀!"打锦州的时候他们冲进了城里,和敌人来回拉锯,打了七八天,城里的楼房都打塌了,前后楼都能够听到敌人的动静。这时,解放军就喊话,告诉敌人别给国民党卖命了,你们也是老百姓别给地主资本家卖命了!敌人那边也喊话,说到我们这边来吧,吃饼干大米白面,别跟共产党吃苦了。温德喜最看不上这些国民党兵,说你们也都是穷人,不为自己和家人的生活卖命,反而为欺负你的地主和有钱人卖命,就得狠狠打,教育教育你们。进攻到锦州车站时,他们团遇到个大白楼,上面有国民党一个师的兵力,都是国民党的中坚力量和敢死队,拼死顽抗认死不投降。楼外是里三层外三层的地堡工事,什么东西都炸不开,也打不进去。敌人在里面准备的给养,够他们挺半年时间,解放军上去不少人,怎么也攻不下来。上级命令他们工兵挖地道炸大楼,工兵在距离大楼百十多米的地方,找了一个院子挖地道,他们三个人一组来回换班,用土篮子装土,人挨人往外传,黑天白天不间断地挖,挖了十几天才挖到了楼下面。然后用汽车拉了七车炸药,把炮捻子接上,人退出六七里地,在地底下爆破,把大楼全部炸塌了,炸得敌人一个师没有剩几个人。他说:"打锦州那几天炮火硝烟笼罩了天空,太阳都是红色的,死老人了,城里有个河都抠遍了掩埋死人。"

在天津战役中,温德喜他们工兵就是负责在步兵攻城前清理障碍开道。他那个时候已经去重机枪排当弹药手了,接受的任务是打津塘桥。津塘桥上面有个河汊子,他们先准备好人推的小车子,在上面绑上高粱秆,准备敌人炸桥时,用这些柴火车垫上,让战士踩着冲锋过去。国民党在桥周围布满了工事,还有很多草袋子围的暗堡,解放军一冲锋里面就漏出来枪眼,都是轻重机枪打得很猛。解放军大队人马又是汽车又是炮车都过不去,先冲锋的人死老了就是上不去。组织爆破组一次上去7个人,就回来一个人,还负了重伤,接着又冲上去了几个组,到晚上的时候才上去人了。爆破的战士把爆破筒伸进枪眼里,敌人马上就给扔了

47. 温德喜——遥遥望乡路

出来，有个战士马上站起来，大家眼睁睁看着他把爆破筒拉着火，来回顶进碉堡枪眼好几回，眼看要爆炸了，他也没有躲，硬是用身体顶着。爆破筒的烟雾从他身上冒出来，他躬着腰蹬着腿，使劲用力也不抬头硬往里顶，瞬间轰隆一声爆炸，英勇的战士连同碉堡和敌人一起炸飞了。在英雄生死关头舍命抗争义举中，大家被他大无畏的举动震惊了，感动激奋得连哭带叫，也都生死不顾地奋勇冲锋杀敌。他说："眼看那么多人都死在了枪口下，要说他是董存瑞那不假呀，他不怕死是为了我们哪！一个人堵上枪眼，一下子就保住了一个营！"若不是那个战士还会死更多人。从历经了那次战场上的生死抉择的感慨后，温德喜不再把想念亲人的伤痛当作心中大事，他觉得关键时刻牺牲的那些为大家挺身而出的英雄战友，才是最大的心痛。他说："我欠了家人的，再不能够欠那些为我们牺牲的战友。"

1952年，温德喜因病复员。他们好几百人在省里等待分配，一个秘书说省里留守20人，不算军队编制，每个月给20元钱，还要扣衣服和伙食钱，这时大家都有些情绪。他说："我是党员，没有怎么闹，剩下那些人直接把秘书都骂跑了。"

温德喜复员到了县里报到，从参军那天起算时间，一天给他6斤高粱米，那时一斤米才几分钱，一共有二三百元钱。他回家走到家乡的山坡上，忽然回忆起他参军走的那天，也是从这里经过的，当时他心里伤感，一步一回头，远远望着山下家乡村子想，这一走还不知道能不能回来呢。他突然问随行的亲属："我是真回来了吗，是不是我在做梦，是不是我的魂回来了！"现在，他每天都要从这个院子走出去看看后面的山，他永远也忘不了那条伤感的山路。

没有光环的英雄
——东北革命根据地农村参战军人战斗生活故事

温德喜说:"我是家破人亡的人,当兵走后家里死了几口人,回来说个老伴,躺在炕上病了三年多。我年轻时就带着几个孩子生活,艰难困苦地把他们抚养成人,到现在穷困得翻不过来身,就是到老了干不动了,每天还要当爹当妈地干。"

温德喜每天特别爱看战争的电视剧,常想念那些牺牲的战友。他说:"都是这些人死了才换回来现在的革命胜利。可是,现在一些人都不记得这些呀!"

温德喜说,他复员回到家都30多岁了,带个闺女过日子很艰难,后来就找了个比他小8岁的一个死了丈夫的女人结婚,又生了5个儿子。他说,合作化那个时候我出老力气了,一个人养活全家人也是挺困难的。

温德喜说现在他们家是两个光棍。他和腿脚残疾的二儿子在一起生活,他这个儿子如今都46岁了,由于先天残疾,家庭困难,还没有成家。他说:"我是要死的人了,这个儿子的婚事和将来生活让我操心,就是死了我也闭不上眼睛。"

47. 温德喜——遥遥望乡路

温德喜的房子是他复员后再次成家盖的，现在都将近50年了。看看在周围亮堂气派的大砖瓦房的低洼地里，就剩他们一个破旧老式的茅草房，和他一样历尽风霜。他说："房子要塌，下雨就往屋子里进水，有天晚上我们爷俩换班淘了一夜的水。"

48. 宫本清——《侦察兵》里的侦察兵

宫本清，80岁，原二野13纵39师110团侦察班长，富锦市大榆树乡华胜村人。1947年，在山东文登参军，在威海警备4旅当通信员，被整编到二野当侦察班长，参加了著名的孟良崮战役和解放海阳的战斗。带领战士化装进海阳城侦察，在海阳战斗中负伤。1948年复员，被分配到山东掖县（已撤销，现为莱州市）铜矿工作；1950年，调到莱阳税务局，"文革"时被当成假党员批斗，并开除党籍和公职。后来全家来到东北，落实政策后被调到工商局，后办理退休，回东北农村务农养老。（2007.1.16）

宫本清参军，先是在威海警备4旅当通信员，没几个月就被整编到13纵39师110团，那是解放军大将许世友的部队。宫本清有点文化，做事精明爽快，团里就选拔他当了侦察班长。

1947年7月，解放军13纵开始进攻海阳城，驻守的国民党是一个军，有6万多人。在敌人大部队没有进驻城里的时候，宫本清和他们的侦察兵先进去开始卧

48. 宫本清——《侦察兵》里的侦察兵

底。进城后先召开了党支部会议，安排地下党都隐蔽起来，然后分工侦察掌握敌人的军事力量和部署，摸清地形和敌人装备准备将来攻击。电影《侦察兵》演的就是这一段真实的经历，电影中说的凤城就是海阳城。没有几天，敌人大批进入城里，侦察兵都穿上老百姓的衣服，把脸都抹黑化了装，混进老百姓的人堆里，给国民党修战壕、碉堡。还化装成国民党的官兵，了解敌人的工事和设防情况，然后在鸡叫的时候派人回部队汇报。

侦察兵天天不着家，不穿军装，来去进城也不走大路，都是翻墙越脊黑天行动。什么人不被人注意，他们就化装成什么人，找来老百姓的破衣服，装扮成卖柴的、烟酒小贩、要饭的、赶集的。他们都是白天睡觉，一般不参加直接的战斗，但是他们危险性也很大，受伤死在哪里都不知道，失踪也没有人知道。侦察兵机灵勇敢，都是单独作战，为每一次战斗的胜利立下了汗马功劳。先前打掖县的时候，上级命令他们班外号"刘麻子"和"大脚"的战士，到平都丈量敌人炮楼子宽窄，算计用多少炸药爆破，好在进攻时炸掉它。接到这样的命令他们思想上是一点都不含糊，但是要混到敌人炮楼子边上难度较大，弄不好就会被敌人打死或活捉。在炮楼边他们两个人边喝酒边商量，最后想出个苦肉计来。他们两人装着酒醉打架，"刘麻子"上去狠狠咬了"大脚"后背一口，"大脚"急眼上去就打了"刘麻子"两记大耳光，那是真打，打得嘴角流血，不动真格的敌人也不相信。他们两个边打边跑，围着炮楼子转圈撵，实际上他们两个在丈量尺寸。那边站岗的敌人岗哨看他们打得不可开交，还劝他们说："别打了，一会都打出人命了。"他们两个转了一圈回来一接头，两个人边撕打边小声对情况。一个说周围是380米，那个说是390米，一看数据不对，相差10米，他们说不行，得重新丈量。然后就一使眼色，又重新噼里啪啦地打了一架，重新转圈撵着打，二次打完一圈回来二人碰头，一个说380米，一个说382米，一看数据差不多，就还佯装继续打架，最后不打了才脱离了出来。

在黄村战斗时，宫本清和副班长出去侦察，他们黑天向城里大街走，宫本清在后，副班长在他前面，不知怎么就一下子闯到了敌人的"怀里"了。敌人抓

没有光环的英雄
——东北革命根据地农村参战军人战斗生活故事

住副班长后,他就假装投降,他还对国民党很"忠诚",敌人信任他任命他当了连长,结果他"身在曹营心在汉",不长时间带一个连的国民党投降了解放军队伍。在打青岛北的三家村时,他们侦察兵接通了敌人的电话,得到情报说要从青岛向莱西调弹药,他们报告部队后,就在路上埋好了地雷,敌人真来了50多辆运送弹药的汽车,等敌人车队过来一拉弦,把敌人的弹药车辆都炸了个连环响。莱西的敌人增援向这个地方打,青岛来的敌人来了也向这个方向打,稀里糊涂地被解放军引逗得自己打起自己来了,咱们的部队就跑到山头上看热闹。

宫本清领着全班的战士进入海阳城后,几次化装成各种身份的老百姓仍然接近不了敌人。那时,驻守海阳城的国民党军队都提高了警惕,老百姓根本靠不了前。这时,他们在一个黑夜里抓了几个俘虏,了解情况后,化装成国民党的官兵,开始小心地接近敌人的防地。他们心里也没有底,虽然简单知道一些部队的番号和口令,但是要对付狡猾的敌人没有那么简单,要想混进敌人的要害部门那是不可能的,也是十分危险的。就说他们进城时,部队派了好几个侦察班,其他几个班有的暴露了,当时就被围困打散了,没回来几个。有的化装成国民党打入敌人内部,出来的时候被发觉,当时一班人全部都战死了。在这种情况下,他们就随机应变,打一枪换一个地方。

有一天,他们得知敌人大部队要行动,就看满街的国民党兵四处穿梭,宫本清他们意识到敌人可能有行动,就又穿上了国民党服装,找机会混进敌人内部。实际上化装成国民党兵得情报不容易,也最危险。在大街上不敢明晃晃地走,在胡同里正走呢,又迎头碰上了一大队国民党人马。突然,一个国民党连长模样的人过来,大声问他们:"你们是新兵吧,怎么还不归队,咱们师都换防到城西去了,解放军要攻城了,咱们要从那里突围。"他们在惊险中,获得了情报。可是回过头一看,他们几个战士脸色都吓白了。假如敌人连长问他们口令的话,每天变化的口令他们指定答不上来,如果答不上来,轻者被包围抓了俘虏,重者面对的是一个全副武装的一个连敌人,要是突围那全部都得壮烈牺牲。在将近一个月的时间里,他们在城里就这么巧妙地与敌人周旋,侦察到了大量的情报。眼看要完事的时候,一个

48. 宫本清——《侦察兵》里的侦察兵

战士在敌人驻地侦察时被敌人怀疑，敌人上来要盘查他，他一看不好撒腿就跑，敌人追击开枪打伤了那个战士的头部。枪声响后，在外面接应的宫本清，带领大家冲上去，开枪阻击敌人，把那个战士抬了出来，全班也都暴露了，只好一路激战突围出来。好在他们事先早就探查好了退路，由于计划周密，才得以顺利出城。由于他任务完成得好，部队当时就给他立了两个三等战功，侦察班战士每人立了一个三等功。

当时海阳城被我军设三道防线包围，国民党开始从西边集中兵力突围，虽然解放军加强了防守，结果西边三道防线还是被敌人突破了。这个时候宫本清完成侦察任务后，正在地壕掩体里睡觉，外面怎么回事他不知道。战斗打得很激烈，我军阻击的战士开始向两边撤退，这时，指导员被逃跑的敌人打伤了，他准备到掩体里躲避时，才发现宫本清还在那里睡大觉呢。他就跑进去叫醒他起来，这时敌人已经到他们跟前只有十几步了。宫本清掏出驳壳枪就向敌人射击，敌人一挺歪把子机枪向他们扫射，一下子把他和指导员都打伤了。当时他右胳膊被子弹穿透了，大腿也负了伤，头上毛巾被穿个眼儿，水壶穿了两个眼儿。他胳膊一疼驳壳枪就掉到了胸前，他一看不好怕枪被敌人夺去，就用脚狠劲一蹬，硬是把挂在脖子上的手枪蹬了下来，随后踩到了地里面，这时他们也被机枪压住趴在地上起不来了。他和指导员眼看要被上来的敌人抓住了，他们两个就抓起地上的手榴弹近距离投向敌人，把歪把子机枪打哑巴了，趁敌人散开的时候就向战壕外面跑。宫本清扒上战壕一使劲，就听受伤的胳膊"嘎巴"一声断了，他忍痛跑了出去，几个敌人就追了上来。他跳过战壕翻过墙去，敌人也上墙了，紧要关头，可是敌人没有继续追击，他们可能是害怕这边有解放军的人，如果敌人跳下来，宫本清和指导员就指定被抓了俘虏。

宫本清跑了12里地找到了战地救护所，"青妇队"的四个女民兵抬着他开始向战场下跑。这时，敌人的飞机开始扫射扔炸弹，抬他的女同志很勇敢，冒着敌人的炮火一路跑，后来被敌人的飞机撵上来，一阵子扫射把四个女民兵扫倒了，宫本清和担架被翻到地上，他被四个女同志压在身下保护起来。说起这四个女同志，宫本清感动得眼角都湿润了。他说："我是一个没有结婚的小伙子，从没有这么近距离地接近妇女。她们都是大姑娘和小媳妇，为了保护我什么危险也不顾了，四个女人把我压在身子下保护起来。我作为一个男人应该在炮弹纷飞的战场上保护她们，可是，现在却被她们像护孩子似的保护起来，我感觉她们真是勇敢伟大。"敌人飞机还继续扫射，四个女同志没有经验，像没头的苍蝇似的抬着他团团转。这时，宫本清就指挥她们躲避敌机，他躺在担架上看着敌人的飞机方向，敌机向东西飞他就告诉她们起来跑，敌机转回来他就告诉她们趴下隐蔽，走了一天一宿才到了后方医院。

宫本清拿着干部退休证感慨万千。1948年，宫本清伤好后复员被分配到山东掖县铜矿工作，1950年，调到莱阳税务局。"文革"开始时，红卫兵说他是假党员，怎么打他都没有承认，他写了大量证明材料，又写明了当时的情况和介绍人。因为他是在战场上秘密入党的，没有档案手续，单位花费了大量的人力和物力进行调查，最后找到当时的连长这个入党介绍人，才落实了党员关系。他说："得亏找到了连长，要是他牺牲了，我也就真成了假党员了。"

宫本清在"文革"中遭受到了打击，被开除了党籍和公职。他回家后，孩子和妻子都不愿理他，二儿子为此跑到东北来躲避影响，妻子随后也到了东北儿子那里。宫本清也想上东北来躲避，后来他把全家剩下的人都安排到烟台等着，他偷偷跑出来和家人会合后就到东北来了。

宫本清在村子里声誉高受尊敬，他以干练、诚实受到大家的信任，当过几年生产队书记。

宫本清到东北的第二年，山东的单位就给他落实了政策，特意派人到东北来找他，问他是上班还是退休，他赌气倔强地说："我不能再干了！"他那时想，要不是为儿女，他一个人真就不回去了。他要求从税务局调到工商局，远离原单位的矛盾，在新单位干了两年就实行接班，他让二儿子从东北到莱阳接了班，他和老伴还有几个女儿就留到了黑龙江农村种地养老。

48. 宫本清——《侦察兵》里的侦察兵

宫本清现在的生活很如意,他在村子里有土地,每月有1 000多元钱的退休费,还有在乡复员军人的抚恤金。他说:"我很感谢毛主席和共产党,原来我家穷得都逃荒要饭,死了好几个,现在我们一家人都很好,真要好好感谢毛主席。"就是这张毛主席和华国锋的照片,他保留了30多年,走到哪里就带到哪里,他说:"这是我们家最重要的宝贝,毛主席让我解放过上了好日子,华国锋同志那时给我落实了政策,我永生永世不能够忘记。"

宫本清有6个孩子,除二儿子接班外,按他的话说,其他的都出去自己找食儿吃。他和妻子受到村子照顾,分给了6亩口粮地,有两间小房独立生活。从去年开始,由于和老伴年岁大行动不便,在前面居住的大女儿每天来给他们做饭吃。"

49. 岳奎山——长短两支枪

岳奎山，79岁，原四野39军30团2营通讯排长，桦川县新城镇四合村人。1950年，抗美援朝时参加四野39军当通信员、通讯班长、排长，先后参加了中线和东线战役，后因为作战紧张，患神经疾病，到后方治疗。1956年在疗养院复员，被分配到齐齐哈尔地方工作，因为家庭人口多、负担重而放弃，回乡务农。（2007.5.16）

岳奎山到朝鲜战场后，因为他聪明伶俐，被抽调到2营3连当通讯班长。他说："我那时候积极，到部队指导员就介绍入了党，后来还提升了通讯班长。当兵打仗不动脑筋不行，尤其是当干部的，你就得眼观六路，耳听八方，这样才能够尽量保证你的兵不伤亡。"

部队在东线临近三八线289高地打守备战的时候，他们打了18天仗，他在连里起早贪黑地送信。他经验多，地形熟，骑马快，挎冲锋枪，手里还掐个手枪，

49. 岳奎山——长短两支枪

这长短两支枪双家伙总是不离身,枪里子弹上膛,随时准备迎战。他们的阵地距离敌人很近,他为了防止敌人的袭击,都是穿插着走,哪次都不走一个固定的路线。有一次黑夜,他接受任务给团里送信,走到西北的小河就遇到了敌人。树棵子里趴着30多个美国兵,在前面封锁路线,敌人没有开枪,可能是等待他到跟前准备抓活的。他一看不好,急忙拽住马缰绳,掉头从一侧的小桥下面穿过去。跑到桥头的时候,旁边有两个美国兵站了起来要阻挡,没有等敌人开枪,他把早已经攥在手里的48瓣手榴弹鸭子嘴压开,顺手就扔了出去,就听"轰"的一声爆炸,把两个美国兵炸飞了。这次他有幸逃脱了出来,知道美国兵已经掌握了他们行动的路线,所以,他更小心机灵地应对各种情况。后来,他们营的一个战士出去送信,由于没有灵活改变路线,就被敌人打死在了半路上。

在高地坚持了好几天,他们的阵地被敌人封锁与周围的部队失去了联系。那天,排长叫来岳奎山,说:"三班长,你经验多,咱们两个出去联系部队。"排长自己扛个机枪,岳奎山带着一长一短两支枪,还给排长背着子弹带子。他俩出来往左边走,刚出去不远,到了山坡下面的小河,他通过树棵子里看到有几十个敌人在对面过河呢。他小声告诉排长说:"你看河里有敌人,他们正在蹚河呢。"排长开始没发现,问他说开枪行吗,岳奎山说:"你怕什么,敌人蹚河都到胸口了,趁他们行动不便,都打死他们。"排长一听来了劲儿,抄起机枪突突了一梭子,一下子就打倒好几个。这一打不要紧,就看从两边又蹚出了好多人,足有100多个敌人,他们两个吓了一大跳,看来敌人来的是大部队,可能是准备偷袭我军阵地的。排长领着他赶紧撤退回去,到阵地上报告了团长,团长立即部署下了三道卡子,轻重机枪和山炮都预备上了。不一会儿,敌人就摸上来了,敌人刚爬到半山坡,就被我军的枪炮打得吱哇乱叫,连滚带爬,其中有个指挥官被打伤了,好大一帮美国兵抬着他就逃跑了。战后团部给他和排长立了三等功,后来提升他当了通讯排长。

岳奎山说:"当了排长后就开始吃辛苦,更得用脑袋,你思想不灵活,就没办法指挥。"他们通讯排也和其他步兵排一样在高地分段坚守阵地,参加阻击敌

没有光环的英雄
——东北革命根据地农村参战军人战斗生活故事

人的进攻。他们守的那个山头像个馒头似的,敌人用汽车运兵送到山下,一大帮人就开始向上进攻,冲到山漫坡的时候,战士们就用手榴弹一顿猛炸,然后就是机枪和冲锋枪扫射,打得敌人慌忙往回跑。上甘岭那边38军打得激烈的时候,他们营被派去增援。他说:"到那边阵地一看,那人死得尸体遍地,敌人都是重磅炸弹,四处炸得尸体乱飞,很多伤员都顾不过来,也没有时间收拾阵地。"他和战士上去后,开始就打得昏天黑地,他东一下西一下来回跑动指挥战士,观察敌人的动静,还端着冲锋枪和战士一样阻击大批冲锋的敌人。这时,敌人的炮火盖了上来,阵地上又着起了大火,一个炮弹下来爆炸起了一团大火,着得像一条火龙似的,他被燃烧的炮火伤了眼睛,当时就什么也看不见了。他说:"上甘岭的胜利死了好几千人,都是拿命换的。"

岳奎山他们部队在上甘岭下来,部队损失了很多战士,他们整编补充了一茬湖南和广西的新兵,配备了苏联支援的各种新武器,就又被派往中线,而且马上就上了阵地,参加守备阻击战。他最后一次参战很激烈,那天还下雨,四周能见度很差,他们排负责的阵地战线很长,老远一个战士。当时就听四周枪炮声不断,也不知道敌人什么时候冲上来,急得他来回跑步观察看情况,紧张得他头脑高度紧张有些疼痛。突然,敌人开始向他们这边冲上来了,发现的时候,敌人眼看就要冲到阵地边上了。这次敌人派了大量的人上来冲锋,就看钢盔闪亮一大片,数都数不过来,他大喊开火,由于紧张,自己就听自己的动静都差声儿了。这时,就看枪炮一起响,不一会,就觉得身边一声炮火响,他就被炸伤了腿。他坚持带伤继续打仗,这个时候,什么也看不清了,打没打着敌也不知道,后来他就被战士们送下了阵地。

到了后方医院,医生怎么也检查不出他哪里出了毛病,一边的团长说,他可能得了精神分裂。几个医生和护士按着他,从后脊梁骨穿刺,打的什么药也不知道,从此,他就被送下了前线。

49. 岳奎山——长短两支枪

岳奎山参加朝鲜战争获得的纪念章和军功章。"和平纪念章"被孩子砸得已经面目全非。他们听说这个纪念章里面含有金子。

岳奎山在朝鲜战场战斗6年,后期因为精神分裂进行治疗。那时候他吃不下饭,整日精神恍惚,身体素质急剧下降,人瘦得皮包骨。后来始终没有见好,1956年,部队安排他复员,被定为三等乙级伤残。他说:"我回来后病就好了,从那以后再也没有犯毛病。"说到这里,他自己乐了起来。

岳奎山复员回家后,他才知道他的6岁儿子得病死了,为此他伤心了好长时间。就是现在说起来,他心里还是很难受。他一再跟我念叨,那个胖儿子,白胖白胖的,可惜了。

在采访中,岳奎山身体很不舒服,老是找止痛片吃,好缓解一下疼痛,在那期间他还不好意思地回到小屋躺了一会。他说:"我实在是坚持不住了。"他目前的身体状况特别不好。

岳奎山回乡务农后,当了半年队长,还干了几年公安助理员。由于脑袋不好,他就长期当社员干活,而且任劳任怨。后来大队安排他当第五副书记,他说:"就是挂个衔照顾他不干活。"

没有光环的英雄
——东北革命根据地农村参战军人战斗生活故事

岳奎山的身体每况愈下,就靠吃点药挺一会儿,还得坚持帮家里干点什么。他现在住的房子是用原来的房子换的,就为多得点木料,满指望盖个新房子。他对我说:"我现在就一个想法,什么时候能让二儿子盖上新房子我就满足了。"

岳奎山的老伴前几年去世了,他有6个孩子,有4亩土地给儿子种,和二儿子一起生活。儿媳妇头几年插秧的时候得了风湿病,已经半瘫痪在炕上好几年了,花费了不少钱也没有治好,给家庭带来了很大的负担。他说:"我这一家是老的老小的小,死的死病的病,就没有摊上个好时候。"瘫痪的儿媳妇很苦恼,她说家里又要攒钱盖房子,又要张罗给已经快成人出去打工的儿子筹备结婚娶媳妇的钱。男人们想的都是这些事情,可她想的是再拿些钱,出去到城市里好好治疗她的病。

50. 孙中海——初生牛犊不怕虎

孙中海，80岁，原东北野战军1纵17师51团3营8连战士，富锦市大榆树乡华胜村人。1946年入伍，在东北野战军1纵17师51团3营8连当战士，参加了德惠、吉林、长春、四平战役；1948年战斗负伤，部队给定为三等乙级残疾安排他复员。政府给他分了房子和9垧土地，还有一辆大板车，安排他到区政府扫地生炉子干清扫工，他觉得干这种活没有出息，就自己要求回家种地了。（2007.1.16）

孙中海是穷苦人出身，他恨国民党和地主。他说："国民党祸害人，整死人就像弄死个小鸡。大地主欺负人，整得穷人都没有活路。"可是让他参加解放军他还有顾虑，他的想法很简单，害怕解放军打输，早晚遭国民党和地主的报复，他就亲眼见过国民党和地主往死迫害共产党人。1946年征兵的时候，他先是不愿意，后来又觉得共产党给了他好日子，人家让当兵报效国家，要是不去就不讲良心了，所以，他就答应参加了解放军。他说："那个时候工作队好几个人，黑天

没有光环的英雄
——东北革命根据地农村参战军人战斗生活故事

白天给你做工作,动员你参加革命……"

他参军后就到哈尔滨过江打德惠,晚上进攻,枪炮一响他就蒙了,跟着冲锋的部队边跑边开枪,一会子弹就打没了。攻上城墙的时候,他手里抓颗手榴弹,看着大批的敌人跑,他跑步撵上去把敌人炸个大开花。他一看敌人不抗打,就抓起剩下的几颗手榴弹,四处寻找追击敌人撵着打。人们说他这个新战士勇敢,有些初生牛犊不怕虎的精神,从此,他的虎劲儿出了名。从那时开始孙中海打仗就没有数,打了哪里是什么战术他都不太清楚,有些是过后才知道的。他说:"当战士的就这样,叫你打哪就打哪,打仗前面有连长领着,后面有指导员拿枪看着,临阵脱逃就枪毙了你。"在他们进军吉林打小丰满的时候,当时部队开始过江,前面部队蹚过去一些,大部队还没有全过去,这个时候,国民党在上游小丰满水库开闸放水,不大一会水就漫到胸口,就看在江中的战士被大水冲得东倒歪斜的,水越来越大,马上就淹没了人,很多战士被大水冲走淹死了,跑回来的人都冻得像冰糖葫芦似的,十冬腊月把很多战士都冻伤了。而蹚过去的少部分战士被江那边的敌人包了饺子,有打死的,也有被俘虏的。孙中海是蹚到不到一半的时候退回来的,他眼见过江的战士被敌人打死或俘虏欺负得挺惨,他恨不得跳跃过去用炸弹把敌人全部炸飞。他跳着喊着叫大家打过去消灭敌人,给战友们报仇雪恨,急得他动静都变了,哭了个满脸花。从那时起,他更加痛恨敌人。

1947年5月,他参加了三打四平的战役,在扫外围的时候,部队接到情报,说一个村子里的大地主家里秘密藏着武器,他们班奉命去搜查。那个大地主态度非常强硬,辱骂解放军,说解放军打不过国军!孙中海气急眼了,趁别的战士出去搜查的当口,拿一根绳子把大地主吊了起来。他问地主说:"你跟国民党一伙儿,看着蒋介石没有?"地主说没有,他就把绳子往上拽,还说:"你没有见过蒋介石,你跟他跑什么,你让他来救你呀!"孙中海说:"他这招是跟地主和国民党学的,他们对付共产党就是这样的。"他继续审问地主武器在哪里,这个时候,地主的老婆老往天棚上看,孙中海就疑心上面一定有

50. 孙中海——初生牛犊不怕虎

什么秘密。他上炕用刺刀挑开了天棚,就看噼里啪啦掉下来很多棉花和布匹捆子,他用刺刀挑开一看,里面全都是手枪、三八枪。他又到天棚上继续搜,又发现了大量的手榴弹。部队正缺武器弹药,就用这些做了补充,这一次他立了一次小功。

总攻四平的时候,他们8连担任尖兵连,战士们每人都抱着几十斤的炸药,专门爆破敌人的工事和碉堡。敌人修筑的战壕深有2米多,宽也有4米,周围都是一层层的铁丝网,地下挖的都是大坑,坑底下还用树棍子削成尖尖的木头签子,插得一排一排的,很多战士没有过去都被穿死了。战士们在大沟子里向上冲锋,敌人的机枪立刻就扫倒了一面子。他们尖兵连都抱着七八十斤的炸药包开始爆破,先把铁丝网炸开,然后再用几个炸药包崩平了战壕,这样,后面的战士才冲了过去。国民党修筑的地堡到处都是,有两节的也有三节的,还有很多暗堡,一路上他们爆破了很多碉堡才冲进城里。这时,国民党在道南顽强抵抗,解放军在道北多次进攻,两军就开始打拉锯战。孙中海说:"那人死得满地都是,没有工夫收拾,天气热,第二天生的都是蛆,爬得到处都是。咱们解放军都是晚上进攻。"

白天敌人的飞机有百十多架进行扫射轰炸,战士们就挖个坑躲在里面睡觉。子弹和枪挂在脖子上,随时做战斗准备,晚上就听口哨响集合进攻。打了20多天,最后遇到了几个地堡,怎么也攻不下来。三四层高好粗的大碉堡,全部都是钢筋水泥的,四周全都是密集的枪眼,武器都是水压机枪上下分层扫射。那些重机枪都是一挂一箱子弹,枪筒子打红了就换备补筒,用水浇凉了再打,战士们冲锋好几次死很多人也没有拿下来。这个时候营长急眼了,掏出枪对着连长说:"我限定你马上给我把碉堡拿下来,要是拿不下来,你就拿脑袋来见我!"全连的战士又冲锋了多少次,最后集中十几伙人,都抱着炸药硬冲。轮到孙中海上的时候,连长一把把他抓住,没有让他去,说你人太小了,就放在后面吧。孙中海眼睁睁看着死了好几十人,最后才把那个坚固的堡垒崩平了。孙中海这时就想哭,他打心眼里感激连长对他的爱护和关心,为那些保护他而牺牲的战友感到痛心难过,他发誓,今后不做出个样来就不是人!

打到土门眼看要解放四平了,这个时候国民党调来7个师的增援部队,把已经突破了土门进攻的解放军包围了起来。仗越打越艰苦激烈,原先解放军是两个师打国民党一个师,现在是国民党两个师打解放军一个师。结果解放军边打开始边撤退,他说:"很多伤员哭爹喊娘的,部队撤退时都顾不过来了。"孙中海的一个老乡在撤退时被打折了胳膊,疼得他又哭又叫。在生死关头,孙中海把他硬是背了下来,累得他肺子都快吐出来了。这个时候连长看他打仗勇敢坚决,就给他立了一次小功,还让他火线入党。

这一仗下来重创了国民党力量,解放军的部队也伤亡很大。他们8连140多人,四平战役下来就剩20多人,师里开大会奖励他们连爆破勇敢,集体荣立一等功一次。

1948年春天,孙中海他们部队进军南满朝阳。那天他们紧急集合,连饭都没有吃上,一宿急行军180多里地,跑得他上气不接下气,满脚大泡,他疼得抱着两脚哇哇大哭,营长过来把他的子弹袋子和手榴弹接过去,让他骑到了马上去。孙中海把这个小事牢牢记在心上了,他为此感激一辈子,他说:"我再也没有见过那么好的首长,再也没有经历过那么温暖的感情。"晚上休息到半夜又紧急集合出发,说国民党来了要打阻击,部队在距离吉林龙台山不远处埋伏下来。国民党大部队过来时,先放过前面的尖兵和几台汽车,当敌人部队走过一半的时候,一声令下开始进攻,就看机枪炮火一顿猛打,把敌人的三路纵队当时就打散了。眼看就要胜利了,敌人开始打炮,孙中海不顾生死,冒着炮火追赶着敌人抓俘房,结果一个炮弹落下来,把他左手和大腿炸伤了,担架队抬着他走了七天七夜才送到后方医院。

50. 孙中海——初生牛犊不怕虎

这是孙中海的"东北荣军学校"的校徽。当年,所有在战场上负伤的军人,都由部队送到各地的荣军学校培训,这是国家培养安置伤残军人的学校,经过培训后都给分配工作。孙中海不愿意工作,要了一次性的补助自愿回家务农。

孙中海在讲述战斗经历的时候很有特点,他专门找来一根棍子做样子,连比画带动作,讲得绘声绘色。这是他给我讲述敌人的防御工事的设置和最后怎么突破的情形,告诉我铁丝网有多高,竹签子有多长,地雷挂在什么地方。

1948年,孙中海伤好后复员,他的手指头不能够回弯,部队给定了个三等乙级残疾。部队送他到荣军学校学习,照顾他们残疾军人,问他们能干什么都可以分配。他回来时安排他到区政府扫地生炉子干清扫工。他觉得20多岁没有文化,干这种活没有出息,就自己要求回家种地了。为此,政府给他分了房子,给了9垧土地,还有一辆大板车。

没有光环的英雄
——东北革命根据地农村参战军人战斗生活故事

孙中海有9个孩子，和老伴每人有4亩土地，和老儿子一起生活。儿子多年来种植细菜得了很好的收入，十几年前就盖了村子里很气派的大砖房，现在生活比较富裕。

孙中海复员回来的时候，谈对象，人家嫌他腿脚不好黄了一个。现在的老伴当时不知道他受过伤就嫁给了他。他伤口里面的炮弹皮子没有取出来，受伤的左手始终佝偻不好使，先前生产队给半拉工，到老了活动更不方便了，尤其是大腿里面的炮弹皮子时常发作，有时候疼得都起不来。

孙中海参加了解放战争的一个战役，获得了一个东北解放纪念章。他非常珍惜，还说，这个纪念章最重要，没有东北解放就没有全国的解放。

孙中海参军的时候前后去了他们哥俩，二哥和他一起打四平，半路上看打死那么多人，就偷偷换了老百姓的衣服当了逃兵，跑了一个多月才回到家。他和他弟弟孙中桥都成了战斗英雄。弟弟孙中桥在南河村生活，在原39军117师当战士，先后参加了辽沈战役、淮海战役、抗美援朝战争，比他哥哥孙中海经历多，功劳大。只可惜，他现在患脑血栓失忆症，所有辉煌的战斗经历都没有记忆了。

51. 李生——亲如儿子的警卫员

李生，78岁，原公安一师警卫员，桦南县名义乡朝阳村人。1947年，参加县大队，后改编为四野39军115团警卫连当警卫员。参加了辽沈战役、平津战役。在北京被改编为公安一师，给中央领导做警卫。1949年，参加了中华人民共和国成立的阅兵式；1950年，参加朝鲜战争，右臂负伤；1953年复员回乡务农。

（2006.11.1）

李生文化高，是国民高等学校的学生。就差一年毕业了，他父母双亡。遭受了打击，他就不想在家里待，征兵的时候他就参加了县大队，后被改编为四野39军115团警卫连。因为他有文化，就被选中给团长当了警卫员，这一干就是6年，直到复员。

1948年，他们在分水岭扫外围，围困长春。有一天，他外出发现有个背粪筐拾粪的农民在团部驻地周围转悠。李生脑子灵，顿生疑问，心想，这里围困这么严密，怎么会有拾粪的呢？他怀疑此人是特务，就直接把那人带团部去了。这边团政治委员边聊天边审问，李生就在一边烧水观察动静。那人开始讲得头头是道，不一会说着说着就急眼了，他伸手向裤腰摸去。李生在一边大喊一声"不许动"，手枪早已经顶到那人的脑袋上了。李生说："当警卫员的必须灵活呀，特务要干什么他早就留心好了。要不首长说什么也不舍我们，比他儿子还亲呢，我们保他命呀。"随后他叫特务靠墙搜查，就在他裤腰兜里搜出个小撸子（小口径手枪）来，他真是国民党的探子。团长开始做那人的工作，让他立功受降，他就一五一十地交代了国民党驻守的情况，然后就让他带路去端敌人的团指挥部。团长立即决定带领团部几个人和警卫班，由那个探子带路，就直接去端敌人的老窝。半夜里他们偷偷赶到国民党驻地，国民党兵正在赌钱，他们就一直等到天要亮的时候，在敌人都困了睡觉时，他们分几个组同时行动。动手的时候，他们先把岗哨抓住，进屋后就扔几颗手榴弹，炸完收拾收拾枪支弹药就走人，把俘虏都用缰绳拴住牵着赶紧跑回来。

李生很佩服他们团的一个侦察英雄。据说，这个英雄有个外号叫"老西子（山西人）"，是老侦察班长了，他上长春街里侦察时，穿国民党衣服，用国民党钱买马肉吃。他每次去，转一圈再回来。后来有一次，他和另两个侦察员又去侦察，就被敌人发现了。敌人的骑兵撵那两个战士，"老西子"在公路的桥洞子看到了，就开火把敌人吸引过来。这个时候两个战士跑到了山边，也被敌人打死了。"老西子"一个人，就一把王八撸子（日式手枪）十发子弹，打完子弹就把枪卸了扔掉了，最后牺牲了。部队为抢夺英雄"老西子"的尸体而开展了一场战斗。首长派一个营加一个尖刀连去强夺，告诉大家要不惜一切代价。敌人也知道解放军非得来取尸首，就加强了防守和进攻。敌我双方的机枪对机枪开战，打死了不少敌人，解放军又牺牲了三四个战士，最后到底把"老西子"尸体抢了回来。首长特意给弄个老百姓的大棺材子，底下铺上国民党的被褥，前面竖个三角牌，顶上做个帽子，写上地址原籍和姓名，当作烈士的待遇埋了。

李生说："我们团部的人都很敬佩'老西子'勇敢的精神，我们虽然没有

51. 李生——亲如儿子的警卫员

上战场表现的机会，但是平时我们在保卫首长的时候，也都学他尽忠报效。"国民党在长春占领了北大顶子，他们团部就住在穷棒子沟，距离敌人很近，也经常拉锯战斗。有一天，国民党来把他们团部包围了，当时来了两伙敌人，一伙是"青草驴子"，都是当地的土匪和地主武装"清扫队"，另一伙是国民党正规部队。团长和政委没有来得及撤退。他说："这个时候就看没有帽徽领章的'青草驴子'冒面冲了上来，其中还有好几个女的，都骑马使用匣子枪，打得可准了，从我们隐蔽的地方过来时，那子弹壳子都蹦到我和团长躲避的屋子里来了。"警卫连长带领战士在外面堵击敌人，"青草驴子"在坟圈子里埋伏向这边射击，这个时候已经打死解放军四五个战士了，国民党的正规军也从山上下来进行合围。解放军所有的警卫战士都端着卡宾枪跟敌人打，连续扫射打倒了很多敌人，但是仍然阻挡不住太多的敌人，眼看敌人就要冲进来了，后来那边二营接到信都上来了，这才把敌人全部打跑了。

长春的敌人投降后，李生他们就开拔进关，打完张家口和天津，部队就开到北平南苑包围北平。他说："傅作义出来谈判投降接收的内幕一般人都不知道，我在团部当警卫员这些事情都知道。接收的第一步是先头部队先进去帮助傅作义，解放军挑些高大壮实的伪装成国民党的军官，都穿国民党的军装插进去。国民党的大官也都互相不认识，傅作义亲自召开军团级干部会议，事先咱们都安排好了，在开会的时候，傅作义问都到了吗，说都到了。这个时候他的警卫员借机让傅作义接电话他就脱身走了，在边上埋伏的我军战士立马进屋动手，大声喊不许动就都押出来了，把军团级干部全部控制住，当兵的不知道怎么回事稀里糊涂投降了。接收整编的时候，我们一个班接收他们投诚过来的两个人，多了怕他们闹事，然后就跟部队南下了。当时接收时，有些国民党兵还不服气，咱们首长告诉我们说，别吱声，俘虏过来以后慢慢教育，思想改变就好了。"

李生他们的部队经过改编留在北京负责警备任务。他说："毛主席要四野做警卫部队，就要我们这些翻身的贫农，这样我们这个师就留下来没有南下，编入中央纵队扫外围，就住在蓝靛厂和海淀镇，负责中央领导的警戒任务。毛主席进北京时,是从南苑机场坐小汽车进来的,到天下第一泉玉泉山万寿山北边就住那里了。他和朱总司令给我们讲话,当时还伸大拇指说,东北部队了不起,自己装备自己,从东北打到关里来。1949年中华人民共和国成立时,我们开始练兵准备接受检阅,天天训练。1949年10月1日,我们全部参加了阅兵式,10点检阅,我们站队像一条线似的,怎么看都成行。海陆空都有,飞机三架一个纵队,我们部队枪上带刺刀亮闪闪可齐刷了,参加游行的还给我们发了中国政治协商会议发的证件和纪念章呢!"

1950年,朝鲜战争爆发,李生他们部队也整装待发入朝参战。他说:"我们身穿朝鲜人民军军服,冬天下着雪,从鸭绿江大桥唱着'雄赳赳,气昂昂'的歌过的江。一过江就挨飞机炮弹炸,我们身上披着白布伪装,趴在雪地里不敢动弹,炸死老多人了,这样走走停停一天一宿才走了30多里路。"他还说:"敌人轰炸我没有看过太多的,就看轰炸清川江时,美国有300多架飞机轰炸,他们飞机就停在银川航空母舰上,用首长的望远镜都能够看到起落。有一次从国内来的慰问团来表演节目,大家都去看演出了,留守在大炮阵地的战士用超倍望远镜看到美国航空母舰动弹了,在没有接到命令的情况下开炮了,这是个新式大炮秘密阵地,隐蔽在山洞子里,敌人一看不知道什么炮打这么远,还以为有什么新式武器呢,就这一炮吓得敌人后退100里,但咱们也过早暴露了目标。"

李生历数他参加的各次战役说:"朝鲜战场是我参加所有战争最为艰苦残酷的。那时我就想,这里条件这么艰苦,我在国内能干6年,在这里干不了3年,非得死这里不可,我没有想到能回来,也没有想到还能活七八十岁。我们部队驻守在大福里,都是晚上打游击战,白天连防空洞都不敢住,都躺山坡上晒太阳。吃住不冒烟,饿了都是吃炒面,渴了就吃雪,一到晚上就出去打游击。在朝鲜的时候最想家,领导开会时我们三个警卫员在山上休息,都是老乡,在山上我们聊天,都说今后能不能回家还不好说呢。在那里隐约能看到国内的集安县,我们想家就唱'我的家在东北松花江上,那里有我的同胞,还有那衰老的爹娘……哪年哪月才能够回到我那可爱的故乡'……"

51. 李生——亲如儿子的警卫员

有天晚上,李生的部队接国内来的几车新兵,遭遇了敌人的空袭。他说:"当时防空警报响声传过来了,汽车司机没有及时关灯就被敌机发现了,先一阵飞机扫射把副司机打死了,子弹从肚子上穿透了,司机跑到汽车底下猫着去了。敌人的大轰炸机(B-29轰炸机)来了,扔的炸弹比大缸还粗,跟前有个苹果园子都被炸成了大坑,里面都出水了。战士们不会关灯,我们就跑过去把汽车灯给砸了。我掩护首长跑到防空洞里去了,保护首长要紧,要不就是失职啊!我们刚到防空洞,防空洞就给炸塌了,掉下来的石头就把我的膀子给砸断了,手脖子也砸伤了。大夫先把我的膀子端上了,7天没敢动弹,后来手术扒开皮才发现有韭菜叶那么大的炮弹皮。"

李生在历次战斗中获得的纪念章。左下角那个就是他参加中华人民共和国成立阅兵式时,由政协发给的纪念章。

后来师首长要李生当警卫员,催促了七次他没有去,他觉得到那里还是个警卫员没意思,他说:"后来我受伤的胳膊耽误了,要不早送我到南京军官学校学习去了。"刚回来时我们都自力更生,就是部队给钱我都不要,毛主席说:"自力更生,奋发图强,要立新功不要吃老本。现在不行了人老了,要靠这个钱来养活自己。"

没有光环的英雄
—— 东北革命根据地农村参战军人战斗生活故事

李生于1953年复员回乡务农，有3个儿子，老伴去世好几年了，有6亩口粮地交给儿子种，和二儿子住一个房子。他们家是这里的老户，这个房子到他这里已经是第三代翻盖的了。

李生每天自己做饭自己吃，养鸡养鸭单挑门户。他和那屋的儿子、儿媳妇过不惯，他说："我吃饭软了硬了不习惯，我身体还行干点什么也不费劲，在生产队那个时候，无论是铲地背大垄，我都是棒劳力。"

我们临走的时候，他开始烧火做饭暖屋子，他笨拙艰难地干活，他有他乐观自信的生活。

52. 姚庆山——长白山上的敌情

姚庆山，76岁，原吉林军区公安2团通讯班长，桦南县孟家岗镇建华村人。1950年，抗美援朝时在吉林九台参军，在四野38军2团3营警卫连当通信员。入朝后3个月患严重胃病回国治疗，留在当地部队吉林军区公安2团当通讯班长。1954年复员回九台老家，被安排在交通局做交通稽查员，因工资少就下来做了暖器临时工，后下放回农村到了黑龙江。

（2006.11.2）

1953年，朝鲜战争临近尾声，台湾向长白山空投了一大批特务。国民党（败退到台湾的国民党）用直升机空运一个加强连，有180多人，都是清一色美式现代武装，在山上潜伏，伺机下山策反当地民众。

其中有个家乡是吉林德惠的当地人，他化装被派往山下侦察。他到了山下的吉林周边一看，社会光景很好，社会主义建设蒸蒸日上，翻身解放的老百姓幸福安乐。尤其是他的老家德惠，一个过去最穷的地方，现在人们都有土地耕种，有粮食和衣服，人们眉开眼笑，没有了过去被欺压和被侮辱的那种黑暗。他被深深地感染了，着实动了心，一看共产党天下太平，一想我们不就是要过这样的日子嘛。这跟国民党宣传的共产党共产共妻，民不聊生相差甚远。于是，他就想，我还跟国民党卖命跑什么呢？最后，他就到政府来自首投降，当时就交代了具体情况：说台湾用直升机在长白山空运了特务，一共有180多人，都是经过特殊训练的特种部队，已经在长白山全部都分散化整为零，带着吃喝用具，掏山洞盖窝铺都隐蔽了起来。而且，他们按组划分了地区，都有具体的分工，目的和任务就是要等待时机，下山找地主和反革命，组织武装力量反抗共产党，迎接台湾国民党反攻大陆。他还积极表示要带队抓特务，要立功赎罪回家过好日子。

特务都空投好几天了，我们竟然一点都不知道。政府当即报告了吉林军区，上级委派辽宁的军区司令谭震林亲自指挥，由吉林出兵2个团，辽宁出兵1个团，集中了3个团的兵力，立刻开拔到长白山进行围剿。部队快速出发行军好几天，到山上也没有休息整顿，就直接拉网上山开始搜索。姚庆山他们这个分队爬了一天山，到山顶上的古洞河，它是松花江的上游，水淌得清清凉凉的，哗哗的都是瀑布。忽然，他们看到河面上有两个老百姓装扮的人在那钓鱼。他们奇怪呢，这深山老林里都是獐、狍、野鹿、黑熊、老虎，怎么会有人钓鱼呢？他们立即推断这指定就是敌人。姚庆山就和另一个战士从两边包抄，偷偷就上去把那两个人抓住。姚庆山单刀直入审问他们说："你们是国民党特务吧，不说实话就毙了你们！"那两个人马上就承认自己是特务，是专门管电台的通信官。两个俘虏被带到指挥部，团长亲自作他们思想工作，要他们投降立功。两个人说很愿意投降，就交出了枪支武器和电台，还表示积极配合。他们还说："我往台湾去电话，就说我们坚持不了了，让台湾来飞机取我们。我保证飞机能来，你们隐蔽好了后好把飞机打落下来。"当即他们就给台湾发了电报，第3天敌人的飞机真的来了。解放军当时埋伏的是一个营，都在山上披着树樱子，躲在树丛里。等待了七八个小时，敌人的直升机过来了，在天上旋

52. 姚庆山——长白山上的敌情

了好几个圈向地下开始寻找。这时，投降的那两个人其中一个就上了树，他说你们给我一个小红旗，听我的指挥，看我摆红旗你们就打它。他爬上树后，飞机就扔下个钩子，想把他吊上去救他走。他假装来回晃悠抓不住，抓来抓去抓了一会，一看飞机够低了，忽然他把小红旗一挥，就看埋伏的解放军机枪火炮一起向上打，一顿下子把飞机打冒烟落了下来。飞机晃晃悠悠落在了地上，立即从上面跳下来两个美国兵和一个中国驾驶员，战士们蜂拥而至都抓了起来，然后送到下山审问去了。

投降的那两个人还要继续立功，表示要把山上的特务一网打尽。他们和台湾继续联系，又过5天，台湾又来信了，说派飞机来空投给养，让下面拢5堆火为信号。到了第5天，战士们在冰天雪地里埋伏，不知道飞机什么时候来，事先拢了3堆火取暖。结果敌人的飞机来了，那架飞机就以为是地下同伙发的信号，也没有查几堆火，隔着树梢不高就扔下来5个麻袋。上级这次没有下命令打飞机，可能是害怕敌人警觉下次不来了，就眼看它空投完跑掉了。连长让打开麻袋看看，有两麻袋罐头，都是牛肉掺大米饭，那3麻袋都是10元成捆的人民币。把钱拿到山下银行化验，还是真的人民币。谭司令就下令，凡是参加搜索的战士，把敌人的罐头分了，一人还发了10块钱慰劳。解放军3个团的战士在山上搜索3个多月，穿的是羊皮大衣不挂面子，白天黑天都在外面，风餐露宿，睡觉就铺松树枝子。部队8月上的山，到11月才下来，战士们浑身生的虱子都长尾巴了。给养是山下给送，由于没有道路，好东西送不上来，都是饼干和苞米哑巴豆子。水倒是有的是，大家就喝满山清凉的泉水。

战士们后来开始天天拉大网搜山，逐渐收缩包围圈，每天都能够搜到一伙两伙的，一共180多个特务全搜索抓获了。这些敌人个个都有枪，有一两个打枪反抗的，其余大部分也没有反抗。他们可能也觉得在这里孤单没有什么援助和力量，都非常害怕。那些特务个个都是受过专门训练的，装备也很现代化，住的是自己挖的一个个小地洞子，隐蔽得非常好，外面都是用树枝和草覆盖的，里面都很大很宽敞。地下对面放两个小钢丝床，走的时候能折叠一提就走了，吃的是牛肉加大米饭罐头，怕凉还专门有铁制的小酒精炉子，有橡皮那么大的固体酒精块，还有小铁丝架，点着了加热还不冒烟，让你发现不了目标。

到姚庆山家采访时，他听说部队上来人慰问他，他急匆匆从外面回来。县武装部的政委很关心老战士，特意买了水果和我一起来看望姚庆山。正好是要过年的时候，姚庆山非常感动，还说，现在上级很关心老战士。

姚庆山说，你们来得不巧，老伴出门了不在家。我们说他家整齐卫生，他就赞不绝口地夸起了老伴。他说，我这老伴是后找的，1954年我复员回九台老家，回家后就退婚了，接着又找了个媳妇生活到现在。

姚庆山拎起地下的一袋面粉跟我们说，村子也对我们这些老战士很照顾。这不，要过年了，每人给我们一袋面粉。

临走的时候，姚庆山一再表示，党和政府没有忘记他们这些老战士，他们很高兴满足。"

52. 姚庆山——长白山上的敌情

说到他的经历，姚庆山说，复员时人家武装部给我安排到交通局工作，做交通稽查员，干了3年，因为当时挨饿，养活不了3口人，就下来自己做暖气临时工。后来不在职的临时工都下放，这样我就回了农村，后来就到了黑龙江。他指着豆秸垛和苞米楼子跟我说："我现在土地多，和老伴有8亩土地，交给儿子种，一年收很多粮食，到黑龙江我不后悔。"

53. 丁德斌——"小兵班"的娃娃兵

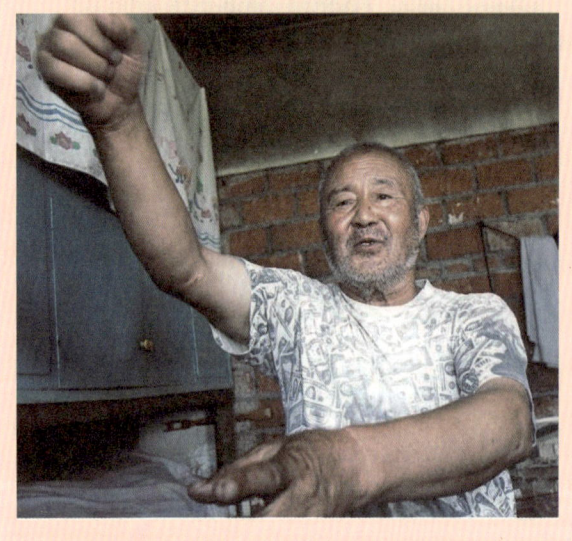

丁德斌，75岁，原四野炮兵一师通信员，抚远市抚远镇红光村人。1948年参军，在合江老五团小兵班当战士，参加了围困长春战斗，在解放锦州的战斗中被改编为炮兵当通信员。参加了天津战役和太原战役，荣立一次大功。南下参加了解放海南岛渡海战役，1950年入朝参战，荣立一次大功。1956年复员回乡务农，后又到双鸭山公安局工作，简编后下放农村务农。（2006.11.6）

丁德斌从小就喜欢玩枪，喜欢当兵打仗。1948年，家乡老五团征兵的时候，他就报了名，结果第一次因为人小人家没要。后来有人给他出招，在衣服兜里揣了两块砖头，检查的时候跷起脚，又多报了几年岁数才蒙混过关了。可是到了部队，人家还是发现了他是小孩，就把所有蒙混过关的小孩编成一个"小兵班"，部队照顾他们，什么战斗都不让参加，总是在后面训练观战。

丁德斌不怕死，也不知道什么是死，他看到那么多英雄战士视死如归战死沙

53. 丁德斌——"小兵班"的娃娃兵

场,是那么光荣和壮烈,他就把牺牲当作很伟大、很光荣的事情。

打了半个辽沈战役,不让他们"小兵班"参加,他人小也不记什么事,领导一批评还哭鼻子。到了解放锦州的时候,部队伤亡很大,在重新整编的时候,他才到炮一师当了瞄准手,他的真正的战斗生涯也是在这里开始的。训练没有几天他就参加了战斗,他听从指挥,告诉打哪里,他就设好标尺,向左向右调整,瞄准开炮。

进关攻打天津的时候,他已经被锻炼成一个出色的瞄准手。解放军攻进城的时候,双塔寺下有两个重机枪阵地,疯狂的射击阻止了战士的冲锋,牺牲了很多战士。炮兵的炮火多次支援轰炸,都因为机枪阵地小打不着目标。这个时候,指挥所命令炮击双塔,打倒塔后砸毁敌人的机枪阵地。两个双塔距离有50多米远,他和其他炮位的战士都认真瞄准,只几炮就打倒了西面那个距离敌人机枪阵地最近的塔,严严实实地把敌人都压倒在废墟下,这样,战士们才欢呼冲了上去。接着,他们又接到命令,炮击发电厂,仅仅打了一会,就把发电厂灯打灭了。这场战斗,他们炮兵立了大功。

太原战役是解放战争中最残酷的战役,阎锡山的部队死守太原城,高大厚实的城墙上能够跑两辆大汽车,敌人修筑的碉堡高大结实,都是用大石头块子建造的,修完后自己用大炮和炸药先实验轰炸一下,看看结实不,如果炸坏了就再重新修得更坚固。敌人的阵地也是一层套一层的,机枪重火力靠人冲锋上不去,攻城的时候,炮弹打在宽厚的城墙上一打一个白点,解放军强攻牺牲的人躺了可麦子地。丁德斌说:"解放军真厉害,大家就想个办法,发明了用迫击炮打炸药的办法,才最后解决问题。"战士们把炸药包绑在迫击炮弹上,射击的时候,炮弹顶着个大炸药包,嗷嗷叫着,在天上转着圈飞向敌人的碉堡,强大的爆炸力,把敌人坚固的碉堡一个个都炸开了花。大炮小炮开始一起轰炸城墙一个地方,打了好几阵,最后把城墙打了个豁口,解放军就冲进了城里。丁德斌那个时候已经被调到3营当骑兵通信员,来回上前线观察取送消息。炮火准备轰炸碉堡城墙的时候,他骑马上观察获得情报,回来提供给营的炮兵阵地好炮击。他早上骑马冲

没有光环的英雄
——东北革命根据地农村参战军人战斗生活故事

过敌人的火力封锁线，回来的时候就被敌人发现了，敌人机枪阵地冲着他就是一阵猛烈地扫射，他在枪林弹雨中策马猛跑。突然，他的马被敌人的机枪扫中，他连人带马一头趴在了地上，他的身上也被炮弹皮子炸伤了。他刚要起身冲出去，一阵机枪把他压在了地上，他心里着急，如果他牺牲了信就送不到，那可就耽误了整个进攻的战机，他几次试图冲出去，都失败了。他紧紧抱着公文包，躲在死马的后面，等了很长时间，他趁着硝烟四起敌人发现不了他的时候冲了出去。那次，他荣立了一大功。

南下打到广西海边上，丁德斌他们部队开始准备渡海解放海南岛。他们天天练习游泳和海上进攻，结果他头一天就被海水淹了一回，差点没被淹死，从此晕水不敢下水。渡海的时候，他是用绳子绑在身上开炮的，就怕落在水里。进攻那天晚上，他们炮兵一个团，一共12门炮，两个小船连一个木排。一个排上两门炮。黑夜里，就看炮火打得通亮，敌人军舰瞄不准移动的小船，木排上解放军的炮也瞄不准，一开炮船就一下子退老远。快到海岸边的时候，敌人的炮火密集轰炸，有的木排被炮弹击中炸沉了，连炮带人都炸水里去了。他说："共产党是真勇敢哪！那炮火和机枪那么狠，我们这些战士划船冒死还往上冲，瞄不准也狠狠向岸上打炮。炮兵是军中之胆哪！大炮一开，步兵就嗷嗷往上冲，最后解放了海南岛。"

1950年，朝鲜战争爆发，12月25日，丁德斌他们部队出国到了西海岸龙头山，修筑炮兵阵地，攻打394.8高地。开始时使用日本炮，一点也不管事，他们又回国到长春又取的苏联加农炮。在打上甘岭的时候，美军的飞机封锁得很厉害，成天炸得遍地开花，他们40多天没有吃着粮食，天天吃野菜。丁德斌仍然当通信员，上前沿观察所取送信。有一次，他上前沿炮兵观察所送信，当时敌人的燃烧弹把观察所炸起火了，团政委正好在观察所里观察呢，炸得政委浑身起火。丁德斌上去就扑到了政委身上，黏稠的凝固汽油把他们两个烧得浑身起火，他完全不顾自己的安危，奋力把政委身上的火扑灭了，他也就地连滚带爬，最后在战友们的抢救下，他才扑灭了身上的火苗。这次，他又荣立了一次大功。

53. 丁德斌——"小兵班"的娃娃兵

在朝鲜战场上送信，敌人的封锁线很多，经常遭遇危险，通信员牺牲的很多。在394.8高地的时候，他送信走到一个河沟子里时，突然从树丛里钻出来两个美国兵，敌人的枪口已经都对准了他的脑袋和胸膛。他估计这俩美国兵可能也是送信的敌人通信兵，看敌人没有动静，当时他身上带着两支枪，一个是手枪，一个是卡宾枪，他紧急猛一转身，抄起卡宾枪反过来高声大喊："不准动！"敌人也不知道听没听明白，有些吓住了，真的就没敢动弹。他这边喊出声后，手中的卡宾枪也响了，当时就打死了一个美国兵，剩下那个扑通就跪下来，俯首投降了，他抓了一个俘虏，缴获了两支枪，受到了团里的通报表扬。

中秋节的时候，团里派出几个到前沿观察所送信的通信员都没有完成任务，其中有两个还牺牲了，这个时候首长就派他去执行任务。他们驻地距离观察所有8里地，要经过敌人的三道封锁线，还要过两道河，每个河面上都有敌人的机枪阵地封锁。当时他想，这次自己也指定是死了，还是个有去无回，连尸首都找不回来。他不怕死，因为有那么多战士和英雄都不怕死，他也经历了几次危险，也是死里逃生。但是真正轮到他死了，他心里也不好受，他把新衣服新帽子都穿戴整齐，把新手巾当包脚布子裹个新鲜，出门的时候，看到排里新发的月饼都整齐地放在坑道里的木头板上，他的月饼早吃完了，他顺手就把副排长的那块拿了吃，他想，反正是死了，临死也闹个不当饿死鬼，就义无反顾地冲了出去。跑到第一道敌人的封锁线过河的时候，敌人的机枪就把他打得周围开花，他滚了一身水，躲到一个大鹅卵石后面。半天，敌人可能以为把他打死了，就放松了警惕，他偷偷爬了出去。结果，8里地他走了6个小时，最后安全躲过了敌人的封锁线，把信送到了前沿观察所。等他回来的时候，听说副排长被炮弹炸牺牲了，他愣在那，半天才伤心地大声哭了起来。他说："副排长呀，我对不起你呀，我把你的月饼偷吃了，你临死也没有吃到月饼。"

丁德斌于1956年复员回乡务农，后来他到双鸭山找了个公安工作。后来单位精简，他负责精简工作，自己把自己精简下放了，他又到民政局去管了一段时间的结婚登记，自己不喜欢，就回家种地了。丁德斌有6个孩子，女儿多都出嫁了，

没有光环的英雄
——东北革命根据地农村参战军人战斗生活故事

只有一个儿子现在和老两口生活在一起。儿子和儿媳常年在江上以打鱼为生。老两口在家也不闲着,开了个简易的小卖店,小打小闹挣点钱补助生活。

丁德斌的妻子是市里国有饭店的服务员,和他一同下放到家乡农村。现在妻子还埋怨他说,那时一门心思要回农村,就是因为喜欢打猎,现在耽误了孩子的前程。他反口说老伴:"城里有什么好,我不下农村打猎怎么养活孩子。"丁德斌在村子里是有名的"丁炮",枪法准,野味打得多,当年最多一次打了7只狍子,1只狍子卖13元钱(现在已不允许射杀野生动物)。

抚远有着传统的拥军爱民历史,10年前就专门包扶老战士的生活,还给在乡老战士盖了三栋大砖房,命名为"功臣一条街"。丁德斌指着功臣街牌子说:"县里都给老战士盖了房子,没有盖房子的给一万元钱,还拿出不少钱给我们办了低保。"

在采访中,丁德斌总是提起驻军边防四连平时照顾他的好处,我来采访刚一见面,他就高兴得了不得。他兴奋地说:"可把你们盼来了,我早就想找个人报道一下四连的模范拥军事迹,人家官兵年节和平时都来慰问,打扫卫生给我干活,我感激地找了好多报纸电视,都没有满足我的意愿,这次你来了我可要好好说道说道。"在他的邀请下,我们专门到了四连来访问,见到指导员他们好一顿亲热。四连指导员专门安排我们看望了平时经常慰问帮助丁德斌的战士何文涛,老人家和这些战士有着那么多的依依不舍之情。

去年丁德斌得了脑血栓,住院好长时间,住院药费花了一万多。他说:"我忘不了共产党,在我生命危急的时候,在我生活困难的时候,是党和政府救了我，所有药费都给我报销了。我这江山没有白打。"

丁德斌指着照片说："这是张世斗，就是那次我偷月饼执行任务回来后，他和副排长一起被炮弹炸牺牲了。为这个事我后悔了一辈子，就是怎么说对不起，心里老是觉得良心上过不去，复员后，我还到副排长老家看了一次。"

54. 刘长贤——隐瞒历史的海军少尉

刘长贤，81岁，原华东南海军第7舰队"临沂"号少尉，抚远市海青乡永发村人。1947年，在山东泗水参加国民党区中队；1948年，逃跑到兖州被俘虏，参加了解放军鲁南军区炮兵营后勤当战士。参加了济南战役、淮海战役、渡江战役，到浙江剿匪，加入共产党，荣立三等功一次，四等功两次，被抽调分配到华东南海军第7舰队"临沂"号当炮手。后部队准备提升其为上尉副舰长。1955年军队"肃反"，因为隐瞒地主成分，被部队开除党籍，复员回乡务农。在家乡教学三年，1950年因为灾害困难，到黑龙江佳木斯糖厂工作，1962年因为没有户口，下放依兰县农村种地，1986年随儿子支援边疆，到抚远永发开荒建点。（2007.8.4）

1947年解放战争的时候，刘长贤参加了泗水县国民党的区中队，也就是当时的保安团。他是自己去参加的，不是因为国民党好，也不是为保障自己的财产。他家是个破落地主，他爷爷和父亲那个时候有过30多垧土地，他父亲当过国民党

54. 刘长贤——隐瞒历史的海军少尉

的伪保长,到他这里已经什么都没有了。可是国民党老跟他们宣传,说共产党不好,他也看到国民党抓住共产党的武工队就杀头活埋。他因为害怕共产党也像国民党一样,抓住他们也一样杀头,所以为避难他就参加了国民党队伍。

1948年解放军攻势势如破竹,他和国民党的队伍逃跑到兖州城躲避,7月间兖州城解放,他一枪没有放就投降了。当了俘虏后一看解放军特别好,不像国民党说的那样,他就参加了解放军,入伍到鲁中南军区炮兵营直属的杂务班当战士。他随着部队参加了解放临沂和韩城的战斗,接着又参加了淮海战役和解放南京战役。因为他是后勤,始终没有上战场,但是他工作勤恳,爱护老百姓,经常做好事,由于表现得好,这期间荣立了三等功一次,四等功两次。到了浙江兰溪,他的部队炮兵营被改编到了30军,他临时被抽调到剿匪部队给营长当警卫员,参加了清剿国民党残余部队的行动,由于他表现得好,在这个时期加入共产党,后来又回到了原部队。

1950年,解放军开始建立第一支海军,抽调有初中以上文化,身体好,表现好的战士参加海军,刘长贤被营里保送到了海军部队。先到南京海校学习了一个阶段,就被分配到了华东南军区第7舰队"临沂"号当了炮手。军舰在舟山群岛执行巡逻任务,有一天遇到了大陈岛来的国民党的军舰,敌我军舰相遇就开炮进行了海战。"临沂"号是我军用商船改造的,定员173人,火炮是苏联制造,射程远,他和战友们开了几炮就把敌人的军舰打跑了。因为敌人的军舰是美国制造,火炮射程短,但是跑得快,敌军舰眼看要被我军的炮火击中,就开船急忙逃跑了。我军的军舰速度慢,开足马力也撵不上,结果让敌人溜了。

刘长贤在军舰上干了7年,从副班长升迁到少尉副排长,部队保送他上大连海军学校学习,准备培养回来当上尉副舰长,结果这个时候出事了。刘长贤从心里热爱党热爱解放军,他也总想好好干,给自己找个光明的前途。可是,他参加解放军的开始就隐瞒了自己的成分,在入了党提了干之后,他心里也觉得是个事总放心不下。1955年全国开始"肃反"运动由于刘长贤在参军时隐瞒了自己的地主成分,所以被开除党籍,部队打发他复员回老家务农,生产队安排他当了民办

没有光环的英雄
——东北革命根据地农村参战军人战斗生活故事

小学的教师。1950年闹粮荒，他家里有4个孩子，生活苦吃不饱，他就和妻子商量，自己到黑龙江找出路了。他到了佳木斯就被糖厂安排了工作，可是好景不长，1962年，他又因为没有户口下放到了农村。他回老家接妻子和孩子，妻子说什么也不同意，他好说歹说才把一家人接到了依兰县农村。刘长贤从小没有干过农活，人家说他不像干活的样子，他下决心从头干起，什么开荒铲地扶犁都吃力学，双手都磨出了血泡，又结上了厚厚的老茧子。他说："我这个时候最艰苦了，心里苦，生活苦。什么都从头学起，干了六七年没有睡过午觉，原来心情不好老喝闷酒，后来也不喝了，也喝不起了。过年的时候，孩子妈让我打点酒喝过下瘾头，我拿着钱给孩子买学习的本子了。为了节省，孩子的学习本子都挨片记了号码，用完了正面再用反面，最后都用完了，还得给我卷烟抽。"说到这里，他一声长叹说："我可苦了这些孩子了！"原来因为成分不好，在老家的大女儿考上中学，就因为成分不好没有去成，最后只好投奔父母来到黑龙江受苦。大女儿和姑爷恋爱去登记结婚，人家登记的还讽刺他姑爷说："你这个大小伙子挺好的，怎么找了个地主姑娘。"为此，刘长贤二次隐瞒了成分，他害怕孩子跟他受罪，不管走到哪里，户口不迁，成分不报。一直到了改革开放后解除了成分论，他才落实了户口。他说："那个时候，上市场上买个瓜还问你什么成分呢。"

1980年，国家征召农民到边远地区的抚远县开垦"北大荒"，建设东北大粮仓，刘长贤因为隐瞒成分的心病老是放心不下，就决定继续换个环境生活。他的大儿子报了名，他就随着大儿子来到了荒无人烟的地方来建点二次创业。这里是一片沼泽地，到处是野草和水泡子，野兽成群，蚊蝇小咬叮得人畜受不了，很多人都中间打了退堂鼓打道回府了，他们爷几个却充满希望地坚持了下来，还把老伴和一家人都接到这里扎了根。这里远离人烟，人们相处平和，没有那么多阶级斗争的火药硝烟。刘长贤为此很欣慰，少了许多的烦恼和惆怅，他不觉得后悔，反倒觉得充实和自由。就是在夜深人静的时候和平时闲暇的时候，他时常拿出他保留的海军军官军装和复员证书，为他一辈子追求的光明前途而伤心，也期盼着有朝一日再次出头。

54. 刘长贤——隐瞒历史的海军少尉

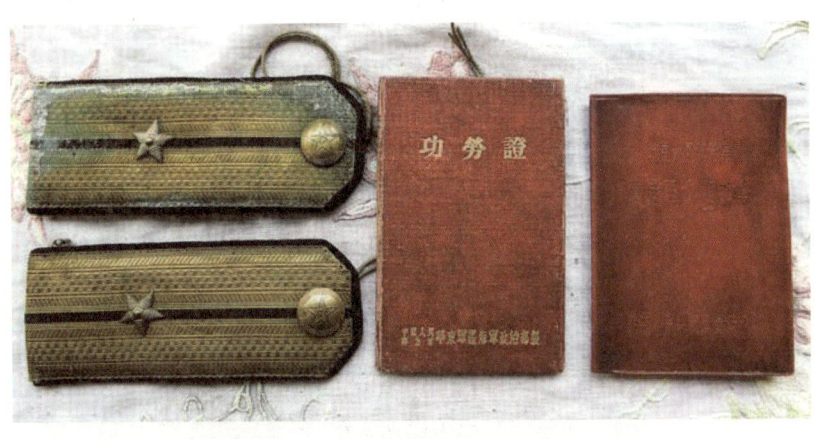

刘长贤的海军少尉肩章和立功证书、复员证书。

在生活最艰苦的时候,刘长贤不为逆境而退缩,经常读书习字锻炼意志。他拿出朋友给他的字画时说:"有一年过年的时候,朋友送给我一副对联,上面写道'一生坎坷历尽沧桑,多福多寿子孙满堂',这副对联是我生活的真实写照。"

改革开放后国家取消了成分,刘长贤彻底松口气,无限地感叹国家和政府的英明伟大。他们家从此"解放"了,他的儿子们都当上了乡和村的书记和干部,他也因为年老不能劳动,和老伴从农村搬到了城镇,和大儿子一家生活,颐养天年。

刘长贤一家人在草房里生活了30多年,他搬迁走后,一直不敢回头再看那个令他饱含辛酸屈辱的旧居。在我的请求下,他和老伴第一次回到了老房子里,结果只待了那么一会,老两口满脸阴云密布地急忙走了出来,有谁知道他们心里到底有多少阴影,而这阴影还要笼罩到什么时候呢?

老村子现在还有刘长贤的3个孩子生活在那里,更有一大帮孙子孙女留在了那里,他们老两口人走了,心还牵挂那里的骨肉,80多岁的人了,还经常回来照看生活不易的子女。这次来老人又遇到了新难题,二儿子得病去世了,儿媳妇领着一帮孩子生活,今年周边的农场划分占地,把他们家的土地都划走了,老人们特意来询问出主意。

刘长贤把海军少尉的肩牌和奖状再次拿出来的时候,他心里激动,笑逐颜开,看得出,他为有今天的出头之日高兴。当我问起刘长贤是否还想入党时,他迫不及待地说:"怎么不想呢!我从被开除党籍那天起就想。"

55. 刘向田——漫漫伤寒路

刘向田，81岁，原三野26军78师233团副班长，抚远市浓江乡浓江村人。1945年，在山东蒙阴县参加解放军当炊事员。先后参加了鲁南战役、孟良崮战役、淮海战役。1950年，参加朝鲜战争；1955年，在部队被提升为副班长后复员，被分配到小煤窑没去，档案和党组织关系不要，自己回乡务农；1959年，支援边疆到黑龙江建筑公司工作；1963年下放，到尚志农村落户参加生产；1989年，投奔儿子到抚远落户。（2007.7.2）

刘向田说他当兵入伍晚，准备打日本侵略者，可是不到3个月日本就投降了。他参加的部队也是有名的八路军三野，打国民党参加了好多战役，可就是个炊事员、押运员，虽然没有上过战场拼杀，可惊险的经历也遭遇了不少，光掉队就两次，也算自己战斗中的一点可以说的故事。

接下来，刘向田就开始讲述他的故事：我参军就开始打鲁南和孟良崮战役。孟良崮打了三天三夜，我们跟国民党74师的张灵甫来回拉锯，整天撤退冲锋阻

没有光环的英雄
——东北革命根据地农村参战军人战斗生活故事

击,老是行军转大山,连饭都吃不上,在鲁西一天两宿没有吃上饭,过运粮河的时候,饭刚做好,敌人就上来了,饭锅一倒就跑,饭都扔了。到了下一站首长说包饺子,面还没有和好呢,敌人就撵上来了,只好扔了面团和馅赶紧跑。部队打到河南开封的时候,战斗打了八天八夜,我病了发疟子(患疾病),背着行军锅走不动,就掉队了。部队先上了前线打铁佛寺,一直打了三天三夜,消灭了敌人一个军。我在后面全身发冷发热,一点力气都没有,还遭遇了敌人的队伍,眼看着5辆大车过来了,拉的都是给养和弹药。当时我就想,我一个人没有枪支弹药,一身的病,怎么也不能够打过敌人,要是被抓住那就完了,怎么想办法也要找到部队,不能当逃兵和俘虏。我急忙躲到庄稼地里藏着没敢动弹,要是再晚一会指定就被敌人抓了去了,后来我费好大的劲儿才找到部队。

抗美援朝的时候,部队战士都不知道,当时发了新衣服和鞋子,一路坐车急行军到了东北,我问排长,一路往北走是不是要到朝鲜打仗,排长不吱声。一入朝鲜美国的飞机就成天轰炸,那战士炸死老(多)了,部队有纪律不让打飞机,气得当兵的直骂,后来才知道遍地都是部队,如果暴露了目标那轰炸起来可就惨了。敌人的飞机贴着树梢飞,子弹可粗了,一炸遍地火光。我们在大雪壳子里就那么一动不动地蹲着,有被炸死炸伤的,有的是时间长了手脚被冻坏了的。急行军的时候,战士们的米袋子都被树枝刮碎了,炒面都撒没了,饿得大家都走不动路了。后来也不知道前面的部队怎么了,扔得满路都是被子衣服什么的,我无意间蹚到个炒面袋子,我扛在肩膀上,一边走一边抠个窟窿就着雪吃。这一吃就把大家引来了,这才解决了大家的饥饿问题。

在第四次战役的时候,我就被调去押运运输炸弹粮食的火车,我们3个月押运一列火车怎么也上不去,敌人飞机轰炸得很厉害,炸死的战士多得不用说,我的老乡就被炸死了6个。在磨盘山时,我们营在高地阻击敌人,那时我已经下连当战士了。当时我得了伤寒病,不知道是怎么回事。我四天四夜病得吃不下饭,烧得可难受了,感觉就是马上要断气了似的,就能够喝一点水。第四天往下撤的时候,我病得实在走不动了,到营地也就那么几里路,我拄个棍子还直打晃,我

55. 刘向田——漫漫伤寒路

说不行了，我实在不能走了。副排长说，人都走没了，剩下你我两个怎么办？我说你走吧，给我扔个武器就行，敌人上来了我打死他几个也值了。副排长身边也没有武器，只好把我放在那追赶部队去了。我勉强往回爬，半路上遇到个拉伤兵的汽车，说我没有受伤不让我上。我又坚持爬行，眼看要到营部的伙房了，这时，敌人的7辆坦克冲了过来，伙房和营部的人都跑上山阻击去了，又扔下我一个人在敌人的眼皮子底下。我跑不动也打不了，眼看敌人高大的坦克车碾压过来，炮塔上的指挥官戴个眼镜呜哇乱叫在指挥呢，我恨自己没有枪，要是有个家伙，就指定和他们拼命了。结果敌人光往山上冲，没有发现我，他们进攻到山下光开炮上不去，后来就停在山根下不动弹了。这下又坏了，我在敌人的堆里，就距离敌人坦克200多米，眼看着山上的战友我却不能够上去，我小心绕过坦克，好几个小时一点点爬，太阳快落山的时候，我才爬到山上。这个时候，营里的战士早就撤没了，敌人的坦克还是不断地轰炸，好几次在我身边爆炸，土块子都埋在我身上了。我在树林子里爬了一夜，天亮的时候发现有人的动静，我吓得不敢动弹，后来一听说的是中国话，我就放心了，原来他们是二营的通信兵，上山找炸断的电话线来了。

费尽千辛万苦，黑天的时候我赶到了二营驻地，结果二营也撤退了，碰到个熟悉一点的人，他说一营距离这里才5里路，我水米没打牙就往一营驻地走，这5里地我一天一宿才赶到。在那里遇到了送伤兵的排长，就叫我跟他上团部。一队担架十几个人，四个人抬一个担架，担架上都是重伤号。我没有伤但实在走不动了，排长说走不动也得走，要不就把你扔在半路上了。等我到团部时，就昏迷不省人事了。迷迷糊糊中，就知道有一男一女两个大夫来检查，就听他们小声说：“赶快抬走，这个人烧了40多度，是伤寒病，眼看要不行了。”人家写个纸条塞到我的兜里，就把我抬到外面去了。我命大没有死，卫生队就把我送师部包扎所，半路上又遇到了敌人炮火封锁线，过个小河的时候，炮弹炸得我浑身都是泥水，护送我的卫生员腿炸断了，他顾不过来我，我就支撑着爬到师部，又是三天三夜。我住院了却再也站不起来了，就好像没有腿了一样。这时，我心里才觉得

没有光环的英雄
——东北革命根据地农村参战军人战斗生活故事

那样难过,自己趴在门框上哭了,一想这次是真的完了。

师部运送伤号的汽车连夜把我们这些伤病号运送回国,半路上敌机来轰炸,车颠得人起来老高。奇怪,这一颠我倒好了,到下半夜知道腿颠疼了,我一下子竟站了起来。我们一起拉伤兵的5辆车,被飞机打着火了一辆,当时我又想,好不容易过了这么多难关,如果被飞机炸死了就又完了。到了朝鲜的后方一个医院,人满为患不接收,让我们自己去山登医院,说是就十几里路,一天就走到,还给我发了三天的粮食。这一路就看满大道都是伤兵,我们几个伤兵走了一天,我看到几个箱子扔在路旁,我说好像到医院了,果然一打听这里就是医院,医院早就被飞机炸没有了。当时我是又急又饿,看看路边有块大葱地,就掏出几毛钱恳求朝鲜老乡买点吃。老乡可好了,说你是志愿军,随便吃不要钱,就这一把大葱救了我的命,后来我遇到了朝鲜人民军的汽车,一直把我拉到平壤,住了三天院我的病就好点了。我拖着病歪歪的身子到外面去晒太阳,这才感觉浑身痒得难受,脱下衣服一看,满身都是虱子,在衣服里都是一个蛋一个蛋滚成了球。我自从到了朝鲜好几年不脱衣服能不生虱子么!我把内衣全脱下来扔了,只穿外衣就上火车回国了。一周到了新义州,晚上坐火车闷罐子,全都是重伤号,火车刚要开,敌人就来飞机轰炸,火车扑哧扑哧光冒气不敢动弹。这时,我们一个车厢的重伤号哭喊着,疼死我了,喊了一会儿就快没气了。我大声喊卫生员,卫生员让等会说有飞机,卫生员过来给他打了一针,那个战士又苏醒了过来。苏醒过来的战士这时感动得哭了,说多亏你救了我的命,包里有烟和点心,都给你吧!我说,什么吃的抽的都不要,我们能够回家就行了。

刘向田参加了抗日战争、解放战争、抗美援朝战争,军装也从八路军、解放军换到志愿军。

刘向田从朝鲜回国后,在医院治病,后来就回部队当了后勤副班长,部队"三反五反"的时候,有人给他提意见,说部队发给战士每人的18元补贴费都没有了,有的人还举报他贪污。他说:"我的命早就当没有了,还贪污那么几个钱干什么!"他还说:"什么荣誉和利益我早就拿它不当回事了,我什么都看开

55. 刘向田——漫漫伤寒路

了,能够这么好好地活着就不错了。"

刘向田1955年复员,分配他到地方小煤窑他没有去,档案和党组织关系他也都不要了,干脆回家种地。1959年支援边疆,他来到黑龙江一个建筑公司参加工作,1963年下放到了尚志农村,1989年投奔儿子来到抚远。刘向田的妻子去世多年了,他有6个孩子,现在他和小儿子一起生活,全家生活比较富裕,平时他干点零活,闲暇的时候四处转悠锻炼身体。

刘向田比画着说:"当初在朝鲜就是这么一把大葱救了我的命,现在的人对这些理解吗?这江山打下来可真是不易呀!"刘向田对现在的生活很满足,他说:"上边给我们老战士一个子儿我就使一个子儿,比起那些死了的呢,这就不错了。还有我这一大家人口,有这么好的社会养活着。有人让我去找政府多要些,我才不去呢,天下也不是你一个人打下的,是共产党领大家伙打的,别摆什么老资格。"

附 录

1.老战士军功章和纪念章

附 录

2.老战士各种证件

没有光环的英雄
——东北革命根据地农村参战军人战斗生活故事

/ 356

3. 老战士奖状、军人证、烈士证

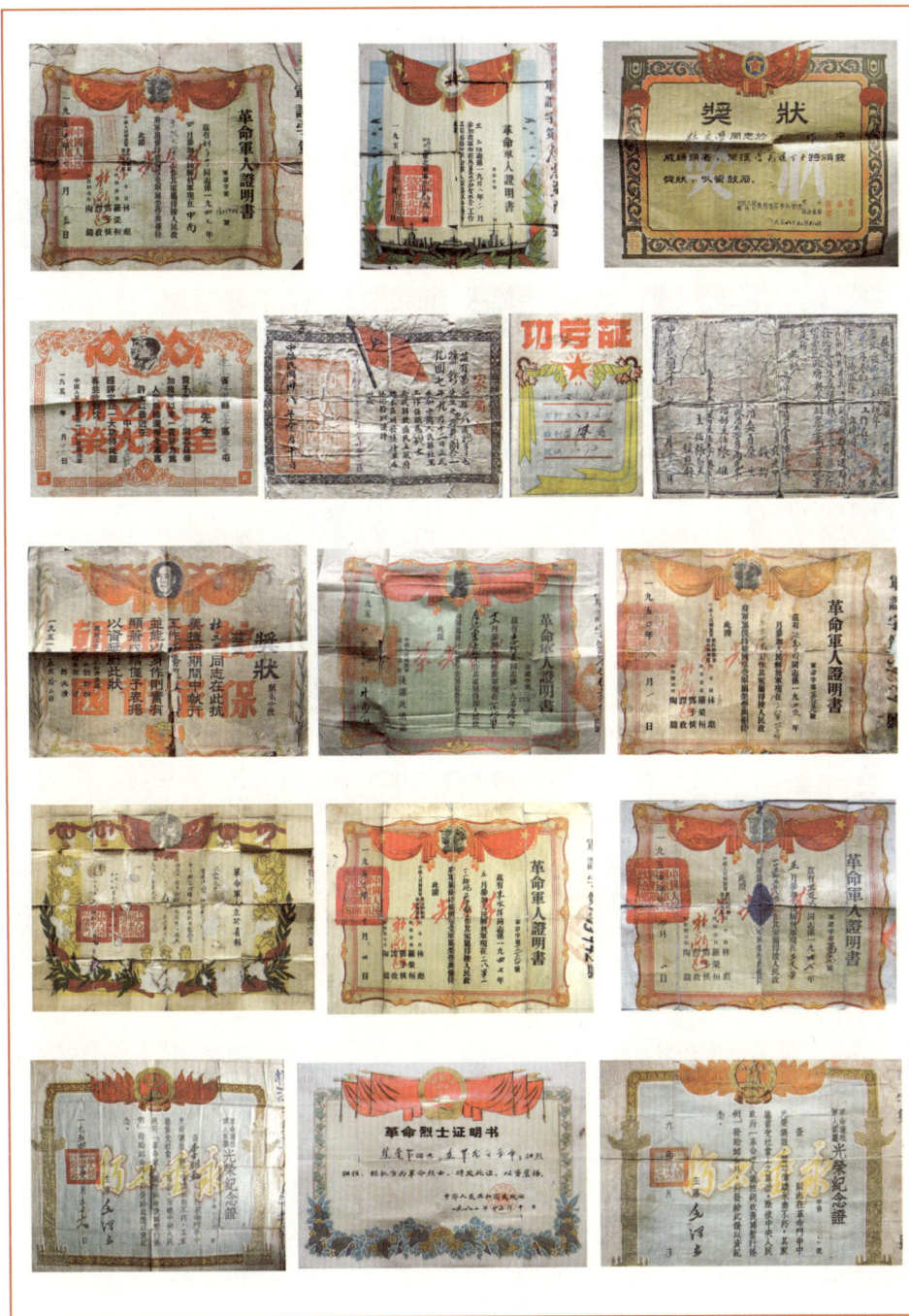

4.老战士保留的纪念物品

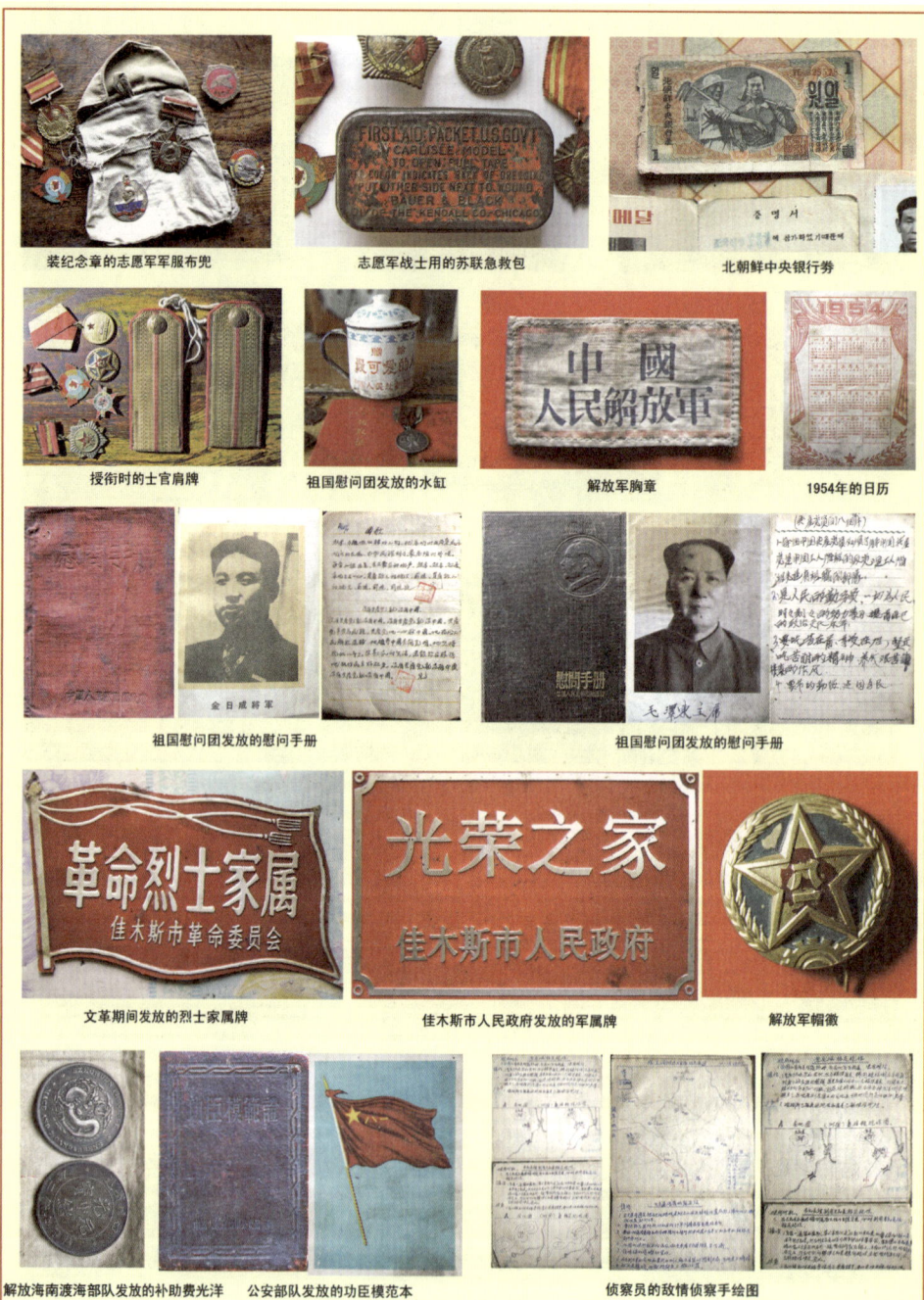

附 录

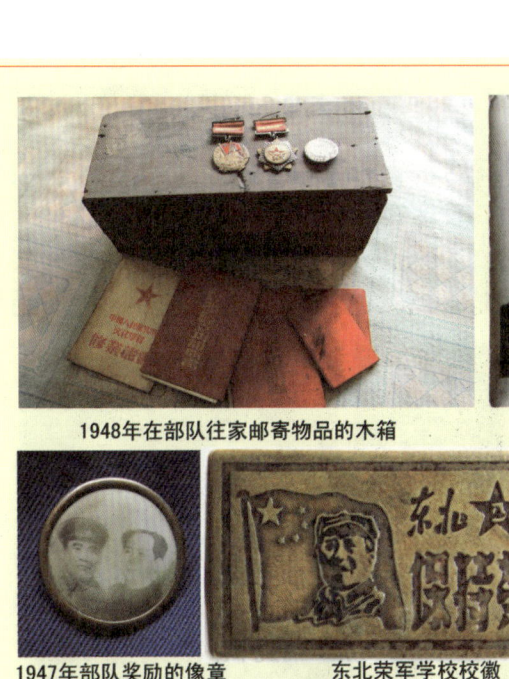
1948年在部队往家邮寄物品的木箱

1949年开国大典保存的相片

1947年部队奖励的像章　　东北荣军学校校徽　　佳木斯政府发放发烈士牌

抗美援朝国内人民缝制的针线包

祖国慰问团发放的纪念背心和缸子

在湖南湘西剿匪的手枪子弹壳

侦察兵用的要饭棍子

军队授衔时的肩牌和领章

5.老战士珍藏的军旅照片

附 录

6.老战士功臣图

没有光环的英雄
——东北革命根据地农村参战军人战斗生活故事

/ 364

附　录

没有光环的英雄
—— 东北革命根据地农村参战军人战斗生活故事

/ 366

附 录

没有光环的英雄
——东北革命根据地农村参战军人战斗生活故事

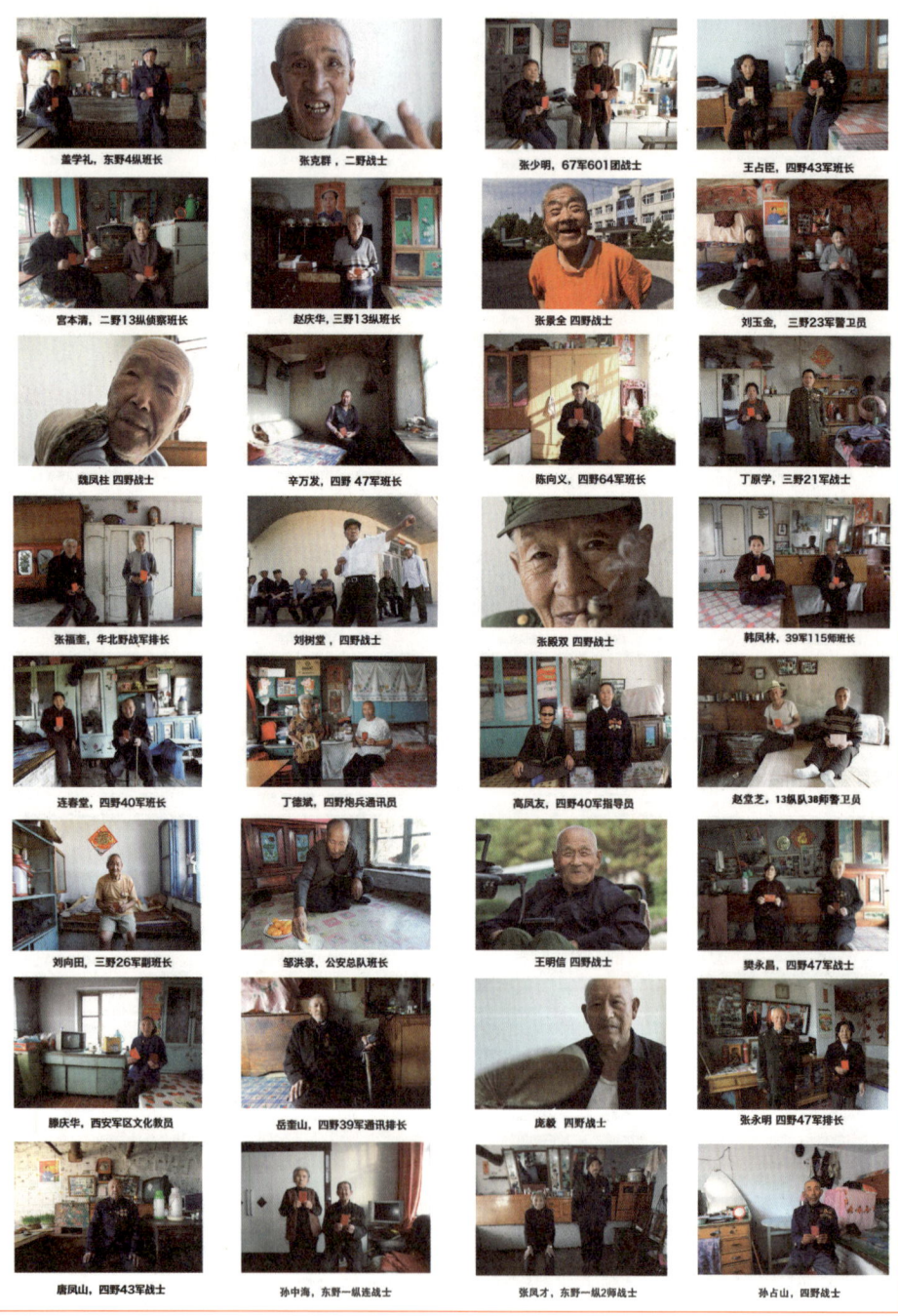

附 录

没有光环的英雄
——东北革命根据地农村参战军人战斗生活故事

/ 370